인학

인학 중국근현대사상총서 001

초판 1쇄 발행 2016년 2월 1일

지은이 담사동
옮긴이 임형석
펴낸이 강수걸
편집장 권경옥
편집 정선재 양아름 문호영 윤은미
디자인 권문경
펴낸곳 산지니
등록 2005년 2월 7일 제14-49호
주소 부산광역시 연제구 법원남로15번길 26 위너스빌딩 203호
전화 051-504-7070 | 팩스 051-507-7543
홈페이지 www.sanzinibook.com
전자우편 sanzini@sanzinibook.com
블로그 http://sanzinibook.tistory.com

ISBN 978-89-6545-332-1 94150
978-89-6545-329-1(세트)

* 책값은 뒤표지에 있습니다.
* 이 도서의 국립중앙도서관 출판예정도서목록(CIP)은 서지정보유통지원시스템 홈페이지(http://seoji.nl.go.kr)와 국가자료공동목록시스템(http://www.nl.go.kr/kolisnet)에서 이용하실 수 있습니다.(CIP제어번호: CIP2015034885)
* 이 도서는 산지니출판사와 경성대학교 글로벌차이나연구소가 함께 기획하였습니다.

중국근현대사상총서
001

인학

仁學

담사동 지음 • 임형석 옮김

산지니

발간사

금세기에 들면서 '21세기는 중국의 세기'라는 말이 회자한 적이 있는데 당시는 반신반의하는 분위기였다. 하지만 2008년 미국 금융위기 이후 중국이 G2의 반열에 오르면서 세계는 더 이상 이 말을 의심하지 않는다. 미국의 경제발전 원리인 워싱턴 컨센서스에 상대하여 베이징 컨센서스가 대두되었고, 중국이 지배하면 세계가 어떻게 변할 것인지에 대한 예측이 나왔으며, 더 나아가 중국의 사회실험이 신자유주의의 대안세계를 창출할 것이라는 기대감이 표출되고 있다.

포스트사회주의 중국의 핵심적 가치를 공동부유사회 건설로 인식하는 정책 및 그와 직간접적으로 연계된 이론들을 보면, 생산수단의 사회화를 사회주의의 기본전제로 인식하는 전통적 이론의 틀에서 벗어나 있다. 이들은 소자산 계층과 그 재산권의 인정 · 확대를 통해 인민의 기본적 생계와 사회 안정의 근간을 마련하고, 국유자산의 수익을 사회복지 및 공공서비스의 재원으로 활용하려는 공통점을 지닌다. 과거 사회주의 중국이 무산자혁명론에 기대고 있었다면, 지금은 부유하고 자유로운 개인들의 연합체 건설을 꿈꾸는 이른바 유산자혁명론으로 나아가고 있는 것이다. 그야말로 자본주의와 사회주의 정책이 연계된 혼합발전의 길이지만 대안세계가 될 수 있을지는 불투명하다.

사실 중국의 이러한 임기응변식 행보는 아편전쟁 전후 세계 자본주의 체제에 편입된 이래 지속되어온 것이다. 근현대는 중국 현재의 문제가 발생한 근원지이자 다각적으로 출로를 모색한 실험장이었다. 전통의 속박을 강력히 부정하면서도 그 출로를 전통사상 내부에서 찾으려 했고, 서구 근대문명을 추구하면서도 그 그늘에서 발아한 사회주의·무정부주의 등의 진보사상에 대해 사유의 끈을 놓지 않았으며, 자본주의적 발전의 유효성을 인정하면서도 노동과 분배 문제의 중요성을 고민하고 있었고, 민족국가 건설을 목표로 하면서도 동시대 세계와의 긴장관계를 유지하고 있었다.

물론 근현대 중국의 텍스트에 현재의 대안이 속 시원히 나와 있는 것도 아니며, 오늘날의 입장에서 보면 그리 새로울 것도 없는 내용일 수 있다. 하지만 그 속에는 세상이 불투명한 오늘날의 텍스트에서 찾아보기 힘든, 어둠을 뚫고 나오는 미래의 빛을 발견할 수 있다. 그 빛은 20세기의 입구에서 미래 세상을 살아갈 후세들을 향해 비춘 것이지만, 불행하게도 그 빛은 전쟁과 혁명으로 점철된 극단의 시대에 막혀 오늘날의 우리에게 고스란히 전달되지 않았다. 이러한 단절로 인해 우리는 그들이 던진 삶에 관한 근원적인 질문을 계승하지 못하고 있다. 미래가 불투명해진 것도 이러한 단절과 연계되어 있으며, 다시 우리 시대의 문제가 파생되기 시작한 시점으로 돌아가 잊혀진 질문을 환기하는 일이 바로 대안세계를 찾아가는 길이 될 수 있으리라.

근현대 중국에 대해 우리는 근대화론에서 내재적 발전론에 이르기까지 다양한 시각으로 해석하고 있지만, 정작 그 시대의 고민이 담긴 텍스트들을 온전하게 읽어볼 기회가 적었다. 특히 근대 텍스트는 언어의 장벽을 넘기가 녹록치 않기 때문이다. 이에 총서를 기획하여 중국 근현대사상이 던진 삶의 근본문제와 대안세계의 의미를 이해하고, 나아가 우리 시대가 만들어가야 할 문명사회를 상상하는 유익한 사상자원이 되기를 바란다.

이종민

일러두기

1. 번역의 저본은 『亞東時報』가 열네 번에 걸쳐 연재한 『仁學』(1899년 1월~1900년 2월)이다. 교감 및 대조를 위해 蔡尙思, 方行이 편집한 『譚嗣同全集』(北京, 中華書局, 1981)에 수록된 『仁學』과 湯志鈞, 湯仁澤이 교정하고 주석을 단 『仁學』(臺北, 學生書局, 1998)의 지대한 도움을 받았다. 우리말로 옮기기 전에 영어 번역 『인학』과 일본어 번역 『인학』이 벌써 나와 있다. 영어로 번역한 『인학』은 Chan Sin-wai, *An Exposition of Benevolence : The Jen-hsüeh of T'an Ssu-t'ung*, Hongkong, The Chinese University Press, 1984(우리말 번역에서는 영역본이라고 부르겠다)이다. 일본어로 번역한 『인학』은 西順藏 · 坂元ひろ子, 『仁學 : 淸末の社會變革論』, 東京, 岩波書店, 1989(우리말 번역에서는 일역본이라고 부르겠다)이다. 우리말로 번역하면서, 특히 주석을 다는 과정에서 많은 도움을 받았다.
2. 『譚嗣同全集』本과 學生書局本은 교감이 장점인데 우리말 번역에서는 굳이 교감한 내용을 일일이 주로 달지 않았다. 어느 정도 정본이 완성된 상태라고 판단하기 때문이다.
3. 본문은 우리말로 쉽게 풀어 쓰려고 가능한 한 노력했다. 주에서는 한자를 비롯한 외국어를 그대로 노출시켜서 썼다.
4. 담사동이 인용한 문장 원문은 모두 주로 처리했다. 주에 '원문은'이라는 말이 등장하는 곳은 모두 『인학』에 기재된 그대로이다. 만약 원문 문장이 본디 어떤 꼴인지 알기 힘들 정도로 축약되어 있거나 또 다른 이유가 있다면 마지막에 출전과 더불어 원문 문장을 그대로 다시 옮겨 『인학』 원문과 비교할 수 있게 해두었다.
5. 문장이 아닌 낱말 형태의 인용 원문은 본문에 괄호를 치고 적어두는 것을 원칙으로 했다. 그중에서 설명을 덧붙일 필요가 있는 낱말은 낱말 원문마저 주로 옮기고 설명했다.
6. 『인학』은 본디 장을 구분하지 않고 上, 下 두 권으로만 구분하고 있다. 현재 대부분의 판본이 장을 구분하고 있기 때문에 그에 따라 나눴다.
7. 『인학』의 장마다 다시 문단을 나눴다. 문단 나누기도 『인학』에는 원래 없는 것인데 영역본과 일역본이 문단을 나눈 선례도 있고 내용의 흐름을 파악하기 쉽게 만들기 위해 문단을 나눴다. 문단 나누기는 영역본이나 일역본의 문단 나누기와 대부분 비슷하지만 다른 곳도 있다.

차례

저자 서문[1)]

인(仁) 자는 두 이(二) 자와 사람 인(人) 자로 구성되어 있다. 인간은 사회성이 있다는 뜻이다. 원(元) 자는 두 이(二) 자와 사람 인(儿) 자로 구성되어 있다. 인(儿) 자는 인(人) 자의 다른 쓸이기 때문에 '원'도 '인'이다. 무(无) 자를 보자. 허신(許愼)[2)]은 '원' 자가 '무'자와 바꿔 쓸 수 있는 글자라고 한다. 그래서 두 이(二) 자와 사람 인(人) 자로 구성되어 있는 '무'도 '인'이다. 그러므로 '인'을 말하는 사람은 시작(元)[3)]을 모르면 안 되는데 '인'의 유효한 작용(功用)은 무에서 끝난다.

'인'의 시작점에 있는 동시에 '무'까지 아무런 장애도 없이 신통할 수 있었던 사람은 부처, 공자, 예수 셋이다. 부처는 공자와 예수보다 낫다. 공자와 예수의 '인'은 같은 등급이지만 부처의 '인'은 그들과 차

1) 원래 제목은 自敍이다.

2) 許愼(30~124)은 西漢 때 학자이고 자는 叔重이다. 古文學을 배우고 六書를 밝혔는데 중국 문자학의 시조이다. 대표작은 『說文解字』이다. 『인학』 첫머리를 문자 풀이부터 시작하는 것은 청나라 고증학의 문맥에 충실하다기보다 고증학에 익숙한 사람들을 끌어들이기 위한 방편 내지 유인책이라고 볼 수 있겠다.

3) 元은 여러 가지 뜻을 가지고 있는데 여기서는 시작이라고 옮기는 편이 다음에 이어지는 말, '무에서 끝난다'와 호응하기 때문에 시작이라고 옮겼다. 元을 근원이라고 옮길 수도 있겠지만 담사동은 나중에도 그렇게 생각하지 않는다.

원이 다르기 때문이다.

공자와 예수 사이를 조절하고 융합시킬 수 있는 사람은 묵자(墨子)일 것이다. 주나라 때부터 진나라 때까지 학자들은 공자와 묵자를 꼭 함께 언급했다. 묵자도 공자와 마찬가지로 '인'의 시조이기 때문이다. 다만 묵자가 검소함을 숭상하고(尙儉) 음악을 비난했기(非樂) 때문에 모두 어울려 하나 되는 상태(大同)로 나아가기 부족해 보인다.[4] 그러나 너나들이 아끼는(兼愛) 뜻을 표방하고 있었기 때문에 묵자의 부족한 점은 충분히 상쇄된다. 너나들이 아낀다면 남과 나는 구분이 없어질 것이기 때문에 묵자의 주장은 아마 검소함을 숭상하고 음악을 비난해서 사람들을 고통스럽게 만들려는 집요한 세상 사람들과 애초에 다를 것이다. 그러므로 묵자가 검소함을 숭상하고 음악을 비난한 것은 너나들이 아끼는 일과 충분히 상쇄시킬 수 있다. 이것은 마치 대수방정식[5]에서 정수와 음수가 상쇄되는 것과 같다. 아낀다면 서로 아끼는 것이지 일방적으로 아끼기만 하는 대상은 없다.

---

4) 墨子는 전국시대 제자백가의 일파이다. 창시자 墨翟과 제자 그룹이 지은 글들은 오랫동안 흩어져 있다가 청나라 乾隆帝 때 畢沅이 학자들을 모아 재편집하게 된다. 참고로 일역본의 주를 대략만 옮기면 다음과 같다. '장인 집단인 묵가가 지닌 도구를 기독교의 십자가로 상정했고 기독교와 닮은 것으로 견강부회해서 이해했다. 예를 들어 陳熾는 『庸言』에서 「기독교의 원류는 묵자」라든가 「모세는 묵적을 바꾼 말」이라고 하기도 했다. 담사동의 시대에 정치변혁의 주체로 여긴 志士는 묵자의 任俠을 슬로건으로 내세운 정도였다. 담사동도 시대의 영향을 받기는 했지만 仁을 任俠과 동일시한 것은 독특한 생각이고 어려서 回族 출신의 협객 大刀王五에게 검술을 사사한 영향이라고도 생각할 수 있다.'

5) 대수방정식의 원문은 '天元代數'이다. 天元術은 고대 중국 대수학의 일종이고 고차방정식을 가리킨다. 대표적인 저작은 금나라 수학자 李冶가 지은 『測圓海鏡』과 『益古演段』, 원나라 수학자 朱世傑이 지은 『算學啓蒙』 등이 있다.

묵가에는 두 갈래가 있다. 하나는 내가 '인'이라고 부르는 임협(任俠)이다. 한나라 때는 당고(黨錮)가 있었고 송나라 때는 영가학파(永嘉)가 있었는데 묵가와 거의 동일한 내용을 가지고 있었다. 나머지 하나는 내가 '학(學)'이라고 부르는 과학[6]이다. 진나라 때는 『여씨춘추』(呂覽)가 있었고 한나라 때는 『회남자』(淮南)가 있었는데 각각 묵가 학설의 일부만 알고 있었다. '인'에서 시작하더라도 '학'을 행해야 하고 '학'에서 시작하더라도 '인'을 행해야 한다. 현실에서 멀리 동떨어진 것을 지식인이 오늘날 행해서는 안 된다. 묵가의 두 갈래가 가깝게는 공자와 예수에 부합하고 멀게는 불교의 진리를 찾았다고 말한다면 아마 지나친 말일 것이다.

나는 어릴 적부터 장성할 때까지 삼강오륜의 재앙을 두루 만났고 고통 속에 허덕였다. 산 사람이 거의 견딜 수 없는 고통이었고 죽기 일보 직전까지 간 적도 여러 차례이지만 죽지는 않았다.[7] 그래서 나는 내 목숨을 더욱 가볍게 생각하게 되었다. 남을 이롭게 하는 일을 제외하면 한 덩이 껍데기일 뿐인 내가 아까워할 만한 다른 무엇이 있겠냐고 생각하게 되었다. 이런 생각을 깊이 잊지 않고 높은 이상을 바라보던 나는 '정수리를 갈고 발꿈치를 베어내더라도 너나들이 아끼겠

6) 과학의 원문은 '格致'이다. '格致'는 『大學』의 '格物致知'를 줄이고 합친 말이다. 객관적 인식과 주관적 깨달음을 일치시켜 도덕적 주체를 세운다는 주장은 송명 이학의 이해 방식을 가리킨다. 근대 중국이 서양 학문을 받아들일 때 물리학이나 화학, 또는 넓은 의미의 자연과학 등을 의미하는 번역어로 썼다.

7) '삼강오륜의 재앙'이란 담사동이 열한두 살 때 겪은 일, 곧 일찍 세상을 떠난 어머니 대신 들어온 계모에게 핍박받은 사정이나 형과 누나가 요절한 사정을 말한다. '죽기 일보 직전까지 갔다'는 것은 담사동이 열한 살 때 북경에 유행한 디프테리아에 걸려 죽을 뻔한 일을 가리킨다.

다던'[8] 묵자처럼 되겠다는 의지를 품게 되었다.

지혜와 용기가 뛰어난 사람들도 유교(敎)[9]가 사라질지 모른다고 지금 절실하게 걱정하지만 나는 내심 그렇다고 말하지 않는다. 감히 이렇게 말할 수 있는 것은 무엇 때문인가? '교'는 사라질 수 있는 것이 아니기 때문이다. '교'인데도 사라지는 종교라면 존속할 이유가 충분하지 않은 '교'인 것이 틀림없다. 그래서 사라지더라도 안타까워할 이유가 없다. 자기 몸을 극도로 소진하더라도 자기 이름만 사라질 뿐이지 '교' 자체는 사라질 수 없는 것이기 때문에 '교'는 대단한 것이다. 성인이 다투는 것은 이름이 아니다. 성인도 이름이지만 성인의 이름이니 성이니 하는 것도 모두 이름이다. 그래서 내가 인이네, 학이네 말하는 것도 모두 이름이다. 이름은 실재가 있든지 없든지 상관없다.[10]

'말을 부를 때 말이 부름에 호응하면 되고 소를 부를 때 소가 부름에 대응하면 된다'[11]라거나 '도는 똥과 오줌에도 있다'[12]라거나

---

8) 원문은 '摩頂放踵'이다. 『孟子』「盡心 上」에 나오는 말이다.

9) 敎는 공자, 예수, 묵자, 부처의 뛰어난 가르침들을 묶어서 가리키는 말이다. 오늘날 우리가 '종교'라고 부르는 것을 가리키기도 하지만 이데올로기가 아닌 실재를 직시하게 해주는 것이라고 이해하면 되겠다. 담사동은 여기서 '교' 가운데 하나인 유교를 가리키기 때문에 '가르침'이나 '교'라고 옮기지 않고 유교라고 옮겼다. 『인학』에서 실재를 직시하게 해주는 '진짜 종교'라는 뜻으로 쓸 경우에는 '교'라고 옮긴다.

10) 실재와 이름에 대한 담사동의 주장은 고대 중국 名實論의 영향을 받았다고 할 수도 있지만 불교의 영향을 받았다고도 할 수 있다.

11) 원문은 '呼馬, 馬應之可也. 呼牛, 牛應之可也'이다. 『莊子』「天道」에 나오는 말이다.

12) 원문은 '道在屎溺'이다. 『莊子』「知北游」에 나오는 말이다.

'불교의 진리는 똥 친 막대기'[13]라고 해도 안 될 것은 없다. 왜 이렇게 말할 수 있는가? 불교든지 똥 친 막대기든지 모두 이름일 뿐이라서 불교의 실재 자체는 없어질 수 없기 때문이다. 실재만 있을 때라도 실재라는 것을 이겨내지 못하는 사람은 남들도 이름과 실재를 구분하지 못하게 만들 뿐 아니라 이름과 실재의 구분을 도리어 고통스러워하게 만든다. 내가 겪은 것을 사바세계[14]와 비교한다면 마치 바다에 흘러든 물 한 방울과 같을 뿐이다. 그런 고통이야 어찌 말할 만한 가치가 있겠는가.

나는 곰곰이 생각해보았다. 우주가 생겼다 사라지는 긴 시간(劫)[15]을 수없이 반복하는 동안 수많은 고통과 불행을 남김없이 구제했다는데, 오늘날 이 땅에 사는 어리석은 사람, 힘없는 사람, 가난한 사람[16]의 모든 고통을 다시 이야기한다면 속이는 말이라고 비웃고 다시는 믿지 않을 것이다. 그렇다면 수많은 고통 가운데 하나라도 글로 남겨서 고통받는 사람들을 위해 눈물 흘리고 울부짖으며 고통받는 사람들을 버리지 않고 억지로라도 두둔해주며 속박을 깨트리는 일[17]에 내

---

13) 원문은 '佛法是乾屎橛'이다. 『無門關』 스물한 번째 말이다. 어떤 스님이 雲門文偃에게 '부처는 어떤 것입니까?'라고 묻자 '똥 친 막대기'라고 대답한 것에서 나왔다. 더러운 것, 쓸모없는 것을 가리키는 말에서 부처를 특별한 것으로 보거나 절대적인 것으로 보지 말아야 하고 佛性도 마찬가지라는 것을 가리키는 말로 禪宗에서 쓴다.

14) 원문은 '婆娑世界'이다. 부처가 교화해야 하는 영역, 곧 괴로움이 많은 인간세계를 가리킨다.

15) 업에 의해 생기는 成住壞空의 거대한 윤회를 말한다.

16) 당시 중국이 처한 위기의 세 가지 원인으로 지목된 것이다. 嚴復이 「原强」(1885)에서 제기하면서 성행하게 된 주장이다.

17) 원문은 '衝決網羅'이다. 담사동의 궁극적인 마음이다.

가 앞장섰다는 증거를 남기지 않는다면 어찌 괜찮겠느냐!

속박은 겹겹이다. 무한한 허공만큼 속박은 무한하다. 먼저 정치, 경제, 관료 따위가 유착해 있는 기득권자의 속박을 깨트려야만 한다. 그다음에는 학문지상주의에 빠진 학자나 예술지상주의에 빠진 문학자처럼 상스러운 학예의 속박을 깨트려야 한다. 그다음에는 전 세계 모든 학문의 속박을 깨트려야 한다. 그다음에는 군주의 속박을 깨트려야 한다. 그다음에는 윤리 규범의 속박을 깨트려야 한다. 그다음에는 불변한다고 믿는 이념의 속박을 깨트려야 한다. 그다음에는 전 세계 모든 종교의 속박을 깨트려야 한다. 마지막으로 불교의 진리라는 속박까지 깨트리려고 들 것이다. 그러나 사실 깨트리려고 해도 불교 자체는 속박이 없다. 불교 자체는 사실 속박이 없기 때문에 깨트린다고 말해도 괜찮은 것이다. 그러므로 속박을 깨트려야 한다고 해도 속박을 깨트린 적이 없는 셈이 된다.

'둥근 옥팔찌는 끝이 없다'[18]라거나 '도는 하나로 통한다'[19]라는 말이 있다. 내 글을 읽는 모든 사람은 여기 두 마디 말의 뜻을 이해할 수 있을 것이다. 두려운 것은 지혜와 자비가 완전하지 않거나 내 이야기에 엉성한 구석이 많지 않을까 하는 점이다. 하나하나 뜻을 생각할 때마다 너무 오묘한 이치와 너무 복잡한 사례가 물줄기가 치솟아 오르듯, 말이 뛰어오르듯 나타났다. 그래서 붓을 들어 써보려고 하면 마음이 급해서 적당한 말을 고를 겨를이 없었기 때문에 써내려간 말들이 비난을 받기 쉽게 되었다. 그저 내 견해를 직설적으로 표현하려고만

18) 원문은 '循環無端'이다. 『孫子』「勢」에 나오는 말이다.

19) 원문은 '道通爲一'이다. 『莊子』「齊物論」에 나오는 말이다.

했고 그래서 글짓기를 잘하려고 바라지 않은 것도 자연스러운 일이다. 게다가 신통한 깨달음이 약간 있었지만 지금 세상(世間)의 언어나 문자로 샅샅이 표현할 수 있는 것도 결코 아니고 지금 세상의 신경(腦氣)이나 심리 작용(心思)으로 재빨리 도달할 수 있는 것도 아니다. 이것은 고대의 통달한 사람들도 말하지 않았나? '슬프구나! 말은 의도를 해치고 의도는 의지를 해치니'[20] 그래서 '차라리 끝내 침묵할 뿐이다'[21]라고 말이다. 장자도 말하지 않았나? '세상이 천 번 바뀌는 동안 겨우 한 번 위대한 성인을 만나더라도 옳은 풀이를 아는 사람에게는 마치 아침에 만났다 저녁에 다시 만나는 것 같다.'[22]

여러 편의 글을 써놓고 보니 과거의 거친 흔적으로 굴러 떨어진 것 같고 현재의 옳은 풀이를 알기는 쉽지 않게 되어버렸다. 이 모양이 된 것은 무엇 때문인가? 과학처럼 새로운 이치가 아직 제대로 싹트지 못한데다가 깨달아 들어갈[23] 수 있는 예전의 길도 없어져버렸기 때문이다. 그래서 이렇게 알기 어려워졌다.

오늘날 새로운 학문[24]이 다투어 일어나고 집단지성[25]도 점점 열리

20) 원문은 '悼夫! 詞害意, 意害志'이다. 『孟子』「萬章 下」에 나오는 말이다.

21) 원문은 '寧終默爾'이다. 『論語』「陽貨」에 나오는 말이다.

22) 원문은 '千世而一遇大聖人, 知其解者猶旦暮也'이다. 『莊子』「齊物論」에 나오는 말이다.

23) 원문은 '悟入'이다. 서양의 과학, 동양의 정신 따위의 당시 유행한 사상이 드러나는 말이다.

24) 원문은 '新學'이다. 중국 전통에서 新學은 새로운 학문이라는 뜻 말고 王莽의 新 왕조의 학문이라는 뜻도 가지고 있었다. 그러나 담사동 당시에는 서양 학문이라는 뜻, 특히 과학을 가리키는 말로 썼다. 우리말에서 신학문에 해당한다.

25) 원문은 '民智'이다. 당시 서양에서 들어온 민주주의 사상에 따라 민중의 각성을 요구하는 생각이 많았다. 전혀 인정받지 못하던 민중 내지 대중의 지적 능력을

고 있다. 지구의 운명이 씁쓸한 데서 달콤한 데로 향하고 있다는 것을 나는 알고 있다.

독자들이 곰곰이 뜯어보거나 들어본다면 내 글이 부족하다는 것도 부끄럽다. 그러나 옳은 풀이를 알게 될 사람이 장래에 누가 있을지, 내가 드러내지 않고 숨긴 뜻을 명백하게 들춰낼 사람이 과연 생길지 생기지 않을지는 내가 걱정할 일이 아니다.

완성한 글은 모두 쉰 편인데 두 권으로 나눴다. 첫머리에 「인학의 정의」(界說) 스물일곱 가지가 있다.

충충충천(蟲蟲蟲天)의 미대홍호정사(微大弘弧精舍)[26]에서

화상중생(華相衆生)[27]이 서문을 쓰다

바탕으로 한 힘이라는 의미에서 이렇게 옮겼다.

26) 蟲蟲蟲天은 『莊子』 「庚桑楚」에 근거한 말이다. '夫工乎天而俍乎人者, 唯全人能之. 唯蟲能蟲, 唯蟲能天.' 微大와 弘弧는 각각 걸림이 없이 두루 통한다, 유연하게 자신을 근거로 존재한다는 뜻이다. 弘弧는 弘孤라고 쓰기도 하는데 어느 쪽이 옳은지 의문이 남는다. 精舍는 서재를 가리키는데 불교에서 유래한 말이다.

27) 華相衆生은 『觀無量壽經』에 나오는 말이다. 아미타불이 아미타정토에 왕생하기 위해 보여준 相의 하나인 阿彌陀佛華座相을 직관해서 왕생하려는 중생이라는 뜻이다. 불행한 가족사 때문인지 서재 이름은 도가 사상에 입각해 있고 호는 불교에 기울어 있다. 『인학』 26에서 '『대학』이 유식불교'라는 주장을 하는 '아무개'는 근대 중국 불교의 중요 인물 楊文會(1837~1911)인데 담사동은 南京에서 그를 만나 본격적으로 불교를 배운 적도 있다.

인학의 정의

인학의 정의[1]

스물일곱 가지 정의

1 '통한다'는 것이 인의 가장 중요한 뜻이다. 에테르[2]라든지 전기라든지 정신 에너지[3] 같은 것은 통하게 만드는 도구를 가리킨다.

---

1) 원래 제목은 仁學界說이다.

2) 에테르의 원문은 '以太'이다. 에테르(ether)는 우주를 만드는 어떤 것이라고 생각한 개념이다. 에테르 개념은 고대 그리스 철학에 나타난다지만 형이상학적 요청에 의해 물체 사이의 연속적 매질의 존재로 17세기 데카르트가 『철학원리』에서 상정한 개념이라고 보아야 좋을 것이다. 17세기 호이겐스는 '에테르의 작용 이외의 아무것도 아닌 것이 중력'이라고 말하기도 했는데 이처럼 상대성 이론이 나타날 때까지 물리학에서 물체 사이의 매질로 이해했던 것이다. 그러나 많은 사람들이 데카르트를 따라서 물질뿐 아니라 정신, 생명도 설명하는 것으로 이해했다. 康有爲, 梁啓超, 嚴復 등 당시 중국 지식인들도 서양 과학을 장려할 때 즐겨 사용했지만 담사동은 이태-에테르를 정신과 물질의 양면성을 가진 독자적 개념으로 사용하고 있다. 불교의 영향이 크다고 할 수 있겠다.

3) 정신 에너지의 원문은 '心力'이다. 일역본의 주는 정신 에너지가 헨리 우드의 영향을 받은 개념일 것이라고 추측한다. 그렇다면 정신 에너지는 서양 개념일 테고 mental energy 또는 psychic energy를 옮긴 말일 가능성이 크다. 정신 에너지 개념이 본격적으로 논의된 것은 정신분석학이 등장한 다음이지만 개념은 이전부터 있었다. 에너지 개념 자체는 아리스토텔레스의 에네르게이아 개념에서 유래한다. 정신 내지 심리 분야에서 에너지 개념은 헨리 무어(Henry More)의 1642년 작품 *Psychodia platonica*에 '영혼의 에너지' 개념으로 등장한다. 19세기 후반 정신 에너지 개념이 열역학의 영향을 받아 나타나게 된다. 에너지 보존 법칙, 곧 열

2 에테르라든지 전기 같은 것은 차원이 낮은 도구이다. 이런 이름을 빌려 정신 에너지를 설명한다.

3 '통한다'의 뜻에 대해서 '도는 하나로 통한다'라는 말이 가장 개괄적일 것이다.

4 '통한다'에는 네 가지 뜻이 있다. 중국과 외국이 통한다는 중외통(中外通)은 『춘추』에서 뜻을 가져온 경우가 많다.[4] 태평세[5]에는 멀든 가깝든, 크든 작든 모든 나라가 한결같다고 했기 때문이다. 높은 것과 낮은 것이 통한다는 상하통(上下通)이나 남자와 여자가 통한다는 남녀내외통(男女內外通)은 『주역』에서 뜻을 가져온 경우가 많다. 양이 음보다 아래에 있는 「태괘」 같은 것은 길하고 음이 양보다 아래에 있는 「비괘」 같은 것은 인색하기 때문이다. 남과 내가 통한다는 인아통(人我通)은 불교 경전에서 뜻을 가져온 경우가 많다. '타자의

역학 제일 법칙을 발견한 물리학자 헬름홀츠(Hermann von Helmholtz)와 공동으로 연구한 독일 생리학자 브뤼케(Ernst Wilhelm von Brücke)는 1874년 정신 동역학(psychodynamics) 개념을 제기할 때 모든 생명체를 에너지 시스템으로 보아야 하고 열역학 제일 법칙의 지배를 받는다고 보아야 한다고 제안했다. 브뤼케처럼 19세기 후반의 많은 생리학자들이 생리학의 분과로 심리 연구를 시작하면서 에테르 개념의 영향을 받았고 이것이 정신 에너지의 개념을 만드는 데 결정적인 영향을 끼쳤을 것이다. 담사동이 에테르와 정신 에너지를 연결시켜서 생각할 수 있었던 역사적 배경을 이해하기 좋은 논문이 있어서 소개해두겠다. Richard Noakes, "Ethers, Religion and Politics in Late-Victorian Physics: Beyond the Wynne Thesis", *History of Science*, Vol. 43, 2005, pp.415-455.

4) 『春秋公羊傳』「隱公 元年」 조에 대한 何休(129~182)의 주를 참고하라.

5) 원문은 '太平世'이다. 태평세는 춘추공양학의 三世說에서 가장 좋은 시절로 규정하는 시대이다.

관념도 없고 자아의 관념도 없기'[6] 때문이다.

5 '인'도 이름이다. 그래서 이름에 다시 이름을 붙일 수는 없다. 이름에 이름 붙이는 것을 싫어하기 때문에 이름을 싫어한다. 이름을 싫어하는 것을 안다면 인학은 거의 없을 것이다.

6 인을 제대로 인식하지 못하기 때문에 이름에 의해 인이 어지러워졌다. 이름에 의해 어지러워졌기 때문에 통하지 않게 되었다.

7 통하는 것의 이미지는 평등이다.

8 통한다면 틀림없이 영혼을 존중할 것이다. 평등하면 육체(體魄)도 영혼이 될 수 있다.

9 영혼은 지혜에 속한다. 육체는 업식(業識)[7]에 속한다.

10 지혜는 인에서 생긴다.

11 인은 천지만물의 근원이다. 그러므로 천지만물은 오로지 마음일

---

6) 원문은 '無人相, 無我相'이다. 『金剛般若波羅密經』「寂滅分」에 나오는 말인데 순서는 뒤바뀌어 있다.

7) 智慧는 부처의 平等智를 달리 부르는 말이고 業識은 중생의 차별심 또는 분별심이다.

뿐이고 오로지 인식일 뿐이다.[8)]

12 인은 '절대적으로 고요하고 움직이지 않지만 감응해서 결국 천하의 모든 일에 통하는'[9)] 것이다.

13 생성하지도 소멸하지도 않는 것[10)]이 인의 실체이다.

14 생성하지 않는 것과 소멸하지 않는 것이 평등하면 생성과 소멸도 평등하다. 생성과 소멸이나 생성하지도 소멸하지도 않는 것은 평등하다.

15 생성은 새롭게 오는 것에 가깝고 소멸은 지나가 버리는 것에 가깝다. 새롭게 오는 것이나 지나가 버리는 것은 평등하다. 그러므로 과거와 미래는 평등하다.

16 과거도 있고 미래도 있지만 현재는 없다. 과거와 미래도 모두 현재이다.

17 인은 동일할(一) 뿐이다. 상대적[11)]이라는 말은 모두 깨트려버려야

---

8) '오로지 마음'의 원문은 '唯心'이고 '오로지 인식'의 원문은 '唯識'이다. 화엄종과 유식불교가 융합된 이후의 생각을 담사동도 받아들이고 있다.

9) 원문은 '寂然不動, 感而遂通天下之故'이다. 『周易』「繫辭上傳」에 나오는 말이다.

10) 원문은 '不生不滅'이다. 龍樹가 『中論』에서 八不中道를 지적할 때 나오는 말.

11) '상대적'의 원문은 '對待'이다. 본래 '둘씩 짝을 지어 맞선다'는 뜻이다. 앞으로 상대적이라거나 상대성이라는 말로 옮긴다.

한다.

18 상대성을 깨트리려면 상대적인 것들을 변화의 운수에 맞춰서 이리저리 뒤섞어야 한다.[12)]

19 상대성을 변화의 운수에 맞춰서 이리저리 뒤섞기 때문에 헷갈려서 평등을 모른다.

20 상대성을 변화의 운수에 맞춰서 이리저리 뒤섞어야 평등해진다.

21 상대성이 없어져야 평등해진다.

22 없어지는 것조차 없어져야 평등해진다.

23 평등이 온갖 변화를 낳는다. 대수방정식이 이런 것이다. '그것의 사물 됨됨이는 한결같다. 그러므로 예측할 수 없게 사물을 낳는다.'[13)] 한결같기 때문에 상대성이 없고 예측할 수 없기 때문에 상대성을 변화의 운수에 맞춰서 이리저리 뒤섞는다. 대수는 무게를 다는 저울과 같다. 변화의 운수에 맞춰서 이리저리 뒤섞는 일이 끝이 없고 틀림없이 평등하기 때문에 없어지는 것조차 없애게 된다.

'생성하지 않는 것과 소멸하지 않는 것이 평등하면 생성과 소멸도 평

---

12) 원문은 '參伍錯綜'이다. 『周易』「繫辭上傳」에 나오는 말이다. '參伍以變, 錯綜其數, 通其變, 遂成天下之文.'

13) 원문은 '其爲物不貳, 故生物不測'이다. 『中庸』에 나오는 말이다.

등하다. 생성과 소멸이나 생성하지도 소멸하지도 않는 것은 평등하다'라는 열네 번째 정의의 이치를 대수로 풀어볼까 한다. 생성을 A라고 가정하고 소멸을 B라고 가정하며 χ는 미지수(乘數)라고 하자.[14] 그러면 다음과 같은 방정식이 된다.

A = 생성

B = 소멸

미지수 = χ

A = B

$\chi \times A = \chi \times B$

$B = \dfrac{\chi \times B}{\chi}$ [15]

A+B[16] $= + \dfrac{\chi \times B}{\chi} + \dfrac{\chi \times A}{\chi}$

$\chi \times (A+B) = \chi \times B + \chi \times A$

$\chi \times (A+B) = \chi \times (B+A)$

$A+B = B+A$

$A = 2B-A$

$B = 2A-B$

$\chi \times A + \chi \times B = \chi \times B + \chi \times A$

---

14) 『인학』 원문은 A를 甲, B를 乙, χ를 不이라고 쓰고 있다. 그리고 A+B를 甲丨乙, A-B를 甲丨乙이라고 쓰고 있다.

15) 일역본은 $\chi \times B$에서 B는 A여야 하지 않는지 의심하고 있다.

16) 일역본은 A+B의 원문이 甲丨乙이어야 하는데 甲丨乙이라고 잘못되어 있다고 본다.

$$\chi\times A = 2\chi\times B - \chi\times A$$

$$\chi\times B = 2\chi\times A - \chi\times B$$

$$\chi\times A + A = \chi\times B + B$$

$$\chi\times A = \chi\times(B+B-A)$$

$$A = \chi\times B + (B-\chi\times A)$$

$$B = \chi\times A + (A-\chi\times B)$$

$$A+B = \chi\times A + \chi\times B$$

24 평등은 결국 동일한 상태로 만드는 것(致一)을 가리킨다. 동일해지면 통하고 통하는 것은 인이다.

25 인학을 연구하는 사람이라면 『화엄경』과 심종,[17] 상종[18] 같은 불교 서적에 통달해야 한다. 『신약성서』 및 대수학,[19] 과학, 사회학(社會學) 같은 서양 서적에도 통달해야 한다. 『주역』, 『춘추공양전』,[20] 『논어』, 『예기』, 『맹자』, 『장자』, 『묵자』, 『사기』 및 도잠, 주돈이, 장

---

17) '심종'의 원문은 '心宗'이고 禪宗의 다른 이름이다.

18) '상종'의 원문은 '相宗'이고 法相唯識宗의 다른 이름이다.

19) '대수학'의 원문은 '算學'이다. 算學은 수학 가운데 대수학에 해당하는 것이고 기하학을 포함하지 않기 때문에 '수학'의 번역어로 사용할 수 없다.

20) 중국 전통에서 고문학 경전인 『春秋左傳』을 언급하는 것이 옳겠지만 담사동은 춘추공양학 계보에 속하기 때문에 『春秋公羊傳』을 취했다. 『春秋左傳』을 취하지 않는 것은 經世致用을 중시한 금문학의 입장과 동일하다. 담사동 당시에는 고문학인 청나라 漢學보다 18세기 이후 莊存與, 魏源, 龔自珍, 廖平 등으로 이어지는 금문학 내지 춘추공양학이 유행하고 있었다. 게다가 廖平의 영향을 받은 康有爲는 『新學僞經考』나 『孔子改制考』 등을 통해 고문학 경전의 권위를 뒤흔들어놓았다. 춘추공양학의 三世說은 나중에 社會進化論을 수용할 때 응용되기도 했다.

재, 육구연, 왕수인, 왕부지, 황종희[21] 같은 중국 서적에도 통달해야 한다.

26 대수학에 대해서 깊이 알지 못하더라도 기하학(幾何學)을 익히지 않으면 안 된다. 아마 사물을 이야기하고 사물을 처리하는 조리는 여기에 있을 것이다.

27 과학에 대해서 정밀하게 알지 못하더라도 천문학, 지리학(地輿), 생리학(全體), 심리학(心靈) 네 가지 학문을 몰라서는 안 된다. 아마 모든 학문(群學)과 모든 종교(群敎)의 입문은 여기에 있을 것이다.

---

21) 『사기』 이후에 등장하는 인명을 원문에서는 '陶淵明, 周茂叔, 張橫渠, 陸子靜, 王陽明, 王船山, 黃梨洲'라고 적고 있다. 이들의 본명을 밝히지 않고 호를 적은 것은 존중의 뜻을 표시하는 중국의 전통적 관습 때문이다. 또한 전통적으로 존중받은 朱熹 등을 배제하고 氣學을 내세운 張載나 王夫之를 높이 평가한 것도 시대를 반영한 것이다. 당시 王夫之와 黃宗羲는 민본주의 정치사상을 내세우고 청나라에 대항한 민족주의자의 이미지를 가지고 있었다.

인학 1

인학 1

1

넓디넓은 법계(法界), 허공계(虛空界), 중생계(衆生界)에는 지극히 큰 것도 있고 지극히 자잘한 것도 있다. 이것은 달라붙어 있지도, 꿰뚫고 있지도, 연결되어 있지도 않지만 세계에 충만해 있는 동일한 물질이다. 눈에 보이지 않지만 빛깔이고 귀에 들리지 않지만 소리이며 입으로 맛볼 수 없지만 맛이고 코로 냄새 맡을 수 없지만 냄새이다. 그것에 이름 붙일 방법이 없지만 '에테르(以太)'라고 부르겠다.

에테르가 작용[1]으로 나타나면 공자는 '인'이라고도 하고 '원'이라고도 하며 '성(性)'이라고도 한다. 묵자는 '겸애'라고 한다. 부처는 '성해'[2]라고도 하고 '자비(慈悲)'라고도 한다. 예수는 '영혼'이라고도 하

---

1) '작용'의 원문은 '用'이다. 여기서 담사동은 중국 전통의 體用論을 구사하고 있다. 불교에서 유래한 體用은 각각 본질과 현상 정도로 이해할 수 있다. 담사동은 體를 어떤 것 자체 내지 실체, 用을 체의 작용이라고 이해한다. 體用 개념에 관해서는 錢鍾書『管錐編』第1冊「乾: 體用之名」, 中華書局, 1986, 第2版, PP. 8~15를 참고하라.

2) 원문은 '性海'이다. 아주 흔한 불교 용어이다.

고 '자기를 사랑하는 것처럼 남을 사랑하라',[3] '원수를 친구처럼 사랑하라'[4]고도 한다. 과학자(格致家)는 '친화력(愛力)'이나 '인력(吸力)'이라 부르기도 하지만 모두 같은 물질이다. 넓디넓은 법계는 여기에서 생기고 허공계는 여기에서 성립하며 중생계는 여기에서 나온다.

사람에게 가장 절실하며 가까운 것이 몸이다. 몸의 뼈는 이백여 개이고 힘줄, 핏줄, 오장육부도 약간 있다. 몸을 완성시키고 이어 붙여서[5] 흩어지지 않게 만드는 근거는 오로지 에테르이다. 내 한 몸에서 남편과 아내가 생기고 아버지와 아들이 생기고 형과 아우가 생기고 임금과 신하, 친구가 생긴다. 내 한 몸에서 집안이 생기고 나라가 생기고 천하가 생긴다. 그러나 이것들을 서로 이어서 흩어지지 않게 만드는 것은 오로지 에테르 덕분이다. 몸은 눈, 귀, 코, 혀, 피부로 나뉜다. 눈은 어떻게 볼 수 있고 귀는 어떻게 들을 수 있고 코는 어떻게 냄새 맡을 수 있고 혀는 어떻게 맛 볼 수 있으며 피부는 어떻게 촉감을 느낄 수 있는가? 오로지 에테르 덕분이다.

몸과 가장 가깝게 붙어 있는 것은 지구이다. 지구는 여러 분자(質點)가 이어 붙어 이루어진 것이다. 무엇이 이어 붙여주는가? 오로지 에테르 덕분이다. 어느 분자를 잘게 자른다고 가정해보자. 분자가 거의 없어질 지경까지 잘라서 무슨 물질에 의해 한데 엉겨 뭉쳤는지 관찰해본다면 오로지 에테르 덕분일 것이다. 지구와 지극히 가까운 것,

---

3) 『신약성서』「마태복음」에 나오는 말이다.

4) 『신약성서』「누가복음」에 나오는 말이다.

5) '이어 붙여서'의 원문은 '粘砌'이다. 粘砌은 돌을 이용해 건축할 때 모르타르 따위를 이용해서 돌과 돌을 붙여 쌓는 것을 가리킨다. 돌은 각각 완전하고 독립적이지만 다시 건축 전체의 일부가 된다는 이미지를 보여준다.

그것은 달이다. 달과 지구는 서로 끌어당기기 때문에 흩어지지 않는다. 달을 거느린 지구는 또한 금성, 수성, 화성, 목성, 토성, 천왕성, 해왕성과 함께 여덟 개의 행성이 되기도 하고 또한 무수한 소행성이나 무수한 혜성과 끌어당기기도 하기 때문에 흩어지지 않는다. 금성이나 수성 같은 여러 행성도 각각 그들이 거느리고 있는 달이 있으며 서로 끌어당겨 흩어지지 않는다. 여덟 개의 행성과 그들이 거느린 달과 소행성과 혜성을 합쳐서 태양 주위를 빠르게 돌고 있지만 서로 끌어당겨 흩어지지 않는다. 이것이 하나의 세계가 된다. 한 세계의 태양은 행성과 달을 거느리고 플레이아데스 성단(昴星) 주위를 빠르게 돌고 있다. 모두 갠지스 강의 모래알 숫자(恒河沙數)만큼 많은 별을 얻어 은하성단(天河之星團)을 이루고도 서로 끌어당겨 흩어지지 않는다. 이것이 하나의 대천세계(大千世界)가 된다. 한 대천세계의 플레이아데스 성단은 태양과 행성과 달, 심지어 은하성단까지 거느리고 다시 무엇인가의 주위를 빠르게 돌고 있다. 모두 갠지스 강의 모래알 숫자만큼 많은 성단, 성림(星林), 성운, 성기(星氣)를 얻어도 서로 끌어당겨 흩어지지 않는다.[6] 이것이 하나의 세계해(世界海)[7]가 된다. 갠지스 강의 모래알 숫자만큼 많은 세계해는 하나의 세계성(世界性)이 된다. 갠지스 강의 모래알 숫자만큼 많은 세계성은 하나의 세계종(世界種)이 된다. 갠지스 강의 모래알 숫자만큼 많은 세계종은 하나의 화장세계(華藏世界)[8]가 된다.

---

6) 아마도 칸트-라플라스 星雲說을 받아들이고 하는 말일 것이다.

7) '世界海'는 『華嚴經』「世界成就品」에 나오는 말이다.

8) '華藏世界'는 비로자나불의 정토세계를 가리키는 말이다. '世界性'과 '世界種'은 『華嚴經』「華嚴世界品」에서 나온 말이다.

화장세계 이상에 이르러야만 비로소 하나의 단위(元)가 된다. 그래서 '원'이라는 단위는 아무리 셈에 밝은 사람(巧曆)[9]이라도 계산할 수 없는 것이다. 그래서 끝나는 때는 끝내 없는 것이고, 그래서 모두 서로 끌어당겨 흩어지지 않는 것이다. 이것은 오로지 에테르 덕분이다. 소리, 빛, 열, 번개, 바람, 비, 구름, 이슬, 서리, 눈이 거기에서 생기는 까닭도 오로지 에테르 덕분이다. 하나의 잎사귀만 하게, 눈으로 구분할 수 없을 정도로 작은 하나의 티끌만 하게 세계를 축소하더라도 산이나 강이며 동물이나 식물 등 없는 것이 없다. 사소하리만큼 작은 것도 우리가 밟고 사는 대지처럼 하나의 작은 지구이다. 하나의 물방울에도 수천수만의 미생물 등 없는 것이 없으며 끊임없이 생긴다. 미생물의 세계를 없어질 정도로 다시 축소하고 또 축소하더라도 미생물 등 없는 것이 없이 공기 속을 떠다닌다. 이것은 오로지 에테르 덕분이다. 학자는 우선 에테르의 본질과 작용을 명백하게 인식해야만 한다. 그래야 더불어 '인'을 말할 수 있게 된다.

2

에테르의 작용 가운데 가장 잘 반응하기 때문에 에테르의 존재를 증명할 만한 것이 있다. 인간의 뇌이다. 뇌는 대뇌, 소뇌, 간뇌(腦蒂), 연수(腦橋), 척수(脊腦), 사지와 전신의 피부에 분포되어 있는 신경(腦氣筋) 여섯 부분으로 구성되어 있다.[10] 허공에서는 전기이겠지만 전기는 허공

---

9) '巧曆'은 뛰어나게 계산을 잘하는 사람이다. 『莊子』「齊物論」에 나오는 말이다. '一與言爲二, 二與一爲三. 自此以往, 巧曆不能得, 而況其凡乎!'

10) 오늘날 우리가 쓰는 解剖學 용어와 다른 번역어를 쓰고 있다.

에만 깃들어 있는 것이 아니다. 전기가 채우지 않거나 꿰뚫지 않는 사물은 아마 없을 것이다. 뇌도 그중 하나인데 아마 전기가 모양과 성질을 가지게 된 것이리라. 뇌가 모양과 성질을 가진 전기라면 전기는 틀림없이 모양과 성질이 없는 뇌일 것이다. 모든 감각기관과 모든 골격에 신경이 통해서 한 몸이 된다는 것을 알기 때문에 천지, 만물, 남과 나에게도 마찬가지로 전기가 통해서 한 몸이 된다는 것을 알아야만 한다.

그러므로 생각 하나가 튀어나오면 충실한 생각인지 충실하지 않은 생각인지에 따라 '열 사람의 손가락이 가리키고 열 사람의 눈이 보고 있으니 얼마나 삼엄한가!'[11] '한 마디를 말하면 말이 선한지 선하지 않은지에 따라 천리 밖에서도 호응한다.'[12] '잘 드러나지 않는 것보다 잘 드러나는 것은 없기' 때문에 표정에서 뜻을 확인할 수 있다. '잘 드러나지 않는 것보다 잘 보이는 것은 없기'[13] 때문에 남이 보지 않는 곳에 홀로 있는 것은 바로 공공장소에 나온 셈이 된다.

내가 가진 정신 에너지는 남을 감동시켜 나와 같은 생각을 하게 만들 수 있다. 그러므로 보고 느끼고 생각하는 관념의 출발점에서 내가 마주하고 있는 것의 품격이나 부류가 뛰어난지 못났는지 알게 된다. 내가 마주한 것과 내 사이에는 틈이 벌어져 있지 않기 때문에 남의 마음을 내 마음처럼 꿰뚫어 볼 수 있다. 또한 전기가 바로 뇌이고 어디라도 전기가 아닌 것이 없기 때문에 어디라도 내가 아닌 것이 없다는

---

11) 원문은 '十手十目嚴之'이다. 『大學』에 나오는 말을 조금 달리 썼다.

12) 원문은 '出一言, 善不善, 千里之外應之'이다. 『周易』 「繫辭上傳」에 나오는 말이다.

13) '잘 드러나지 않는 것보다 잘 드러나는 것은 없기'의 원문은 '莫顯乎微'이고 '잘 드러나지 않는 것보다 잘 보이는 것은 없기'의 원문은 '莫見乎隱'이다. 모두 『中庸』에 나오는 말이다.

점, 함부로 남과 나를 구분하는 짓이 생기면 즉시 '인'이 아니게 된다는 점을 학자는 명백하게 인식해야 한다. 그렇지만 전기와 뇌는 에테르가 특정한 측면에서 표면적으로 드러난 것일 뿐이다. 에테르는 더구나 차별을 용납하지 않기 때문에 전기라거나 뇌라는 이름도 성립하지 않는다.

3

에테르 가운데 신체를 예로 들어 '인'을 증명해보도록 하자. 어떤 사물이 갑자기 내 몸에 닿으면 나는 감촉이 생겼다는 것을 안다. 감촉이 가중되면 나는 가렵다든지 아프다는 것을 안다. 무엇이 그것을 아는가? 뇌가 아는 것이다. 닿은 것 자체는 손끝이나 발끝이지 뇌가 아니다. 뇌는 무엇 덕분에 아는가? 뇌가 전기라는 것을 전제로 한다면 신경이 신체에 두루 분포하는 것은 전선이 사방으로 퍼져 있는 것과 같고 대뇌와 소뇌가 서로 연결되어 있는 것은 전선이 모여드는 것과 같다. 일단 닿는 것이 있으면 전선은 즉시 뇌로 신호를 전달하게 되고 뇌는 감촉, 가려움, 아픔을 안다. 뇌의 기능은 지극히 잘 반응하기 때문에 움직임이 매우 빠르다. 만약 감각상실증(痲木)이나 신체마비증(痿痹)을 앓게 되면 뇌는 감각을 모르게 된다. 전선이 망가졌기 때문에 뇌까지 신호를 다시 전달할 수 없게 되었고 비록 한 몸이라도 먼 나라에 있는 것 같다. 그러므로 의학에서는 감각상실증이나 신체마비증을 감각이 없는(不仁) 것이라고 한다.[14]

14) 중국 고대 의학서 『黃帝內經』 등에서 이런 생각을 찾을 수도 있지만 程顥를 비롯

감각이 없으면 한 몸이라도 먼 나라 같아지는 것처럼 감각이 있으면 먼 나라도 틀림없이 한 몸 같아질 것이다. 먼 나라가 한 몸 같다는 것은 꼭 전부 감각할 수 있는 것은 아니지만 본디 한 몸인 바에야 이상하게 생각할 것이 없을 것이다! 한 몸이 먼 나라 같다는 것은 지극히 이상한 일이고 모든 사람에게 생기지 않기 때문에 그것을 이상하다고 생각하지 않는 사람은 없다. 그런데 에테르처럼 형태도 없는 신경이 천지, 만물, 남과 나에게 통해서 한 몸이 되게 한다는 것에 대해서만 유독 이상하게 생각한다. 그래서 남과 나를 함부로 나누기도 하고 내 편과 네 편을 나누는 편견을 함부로 가지기도 하며 그저 자기 이익만 찾고 자기를 제외한 나머지 사람을 동정하지도 않으며 남이 병에 걸려 아프거나 말거나 죽거나 살거나 잠시도 신경 쓰지 않는다. 도리어 제멋대로 따돌리기도 하고 갉아먹기도 하며 와그작와그작 씹어 먹기도 하고 마구 죽이기도 하지만 이상하다고 생각하지 않는 사람이 더욱 이상하지 않은가! 이런 것을 돌이켜 생각해보면 인의 실체를 인식할 수 있다.

4

그러므로 인인지 인이 아닌지 구별하는 것은 그것이 통하는지 막혔는지 구별하는 데 달렸다. 인인지 인이 아닌지가 통하는 것과 막힌 것의 근본이기 때문이다. 통하는 것은 전선이 사방으로 퍼져 있는 것과 같다. 아무리 멀어도 뻗지 않는 데가 없기 때문에 먼 나라도 한 몸 같

한 송명이학의 출전도 있다.

다. 그러므로 『주역』은 처음에 '원(元)'을 말하고 이어서 '형(亨)'을 말한다. 원은 인이고 형은 통한다는 말이다.[15] 만약 인이라면 통하지 않는 것이 없는 법이다. 그리고 통해야만 인 전체는 비로소 완전해진다. 그래야만 자신도 이롭게 하고 남도 이롭게 하며 영원히 올바르게 유지된다.

촌스러운 자식들과 바보들이나 좋은 옷 하나, 맛난 음식 하나를 얻으면 표정이 확 바뀔 정도로 기뻐한다. 그것이 내게 생겼다는 것을 기뻐하기 때문일 테다. 그때 갑자기 내가 있다는 것을 보게 되는데 보는 힘은 결국 자기한테서 그치고 남에게는 통하지 못하게 된다. 빼앗으려고 다투는 근심이 일어나면 부자지간이나 형제지간이라 할지라도 '맛대가리 없는 길양식을 가지고도 의가 난다.'[16] 이보다 조금 현명하다면 한 집안은 통할 수 있어도 마을에 통하지는 못한다. 좀 더 여유를 주더라도 한 마을이나 한 고장은 통해도 한 나라에 통하지는 못한다. 좀 더 여유를 주더라도 한 나라는 통할지 몰라도 지구 전체까지 확대한다면 전에 했던 말과 어긋나더라도 떠맡으려고 하지 않을 것이다. 그래서 이 정도로 인한 사람은 드물다. 지구 전체를 한 몸이나 한 집안보다 멀다고 생각하는 것 때문이 아니겠는가! 그러나 한 몸과 한 집안이 쌓인 것이 지구 전체이다. 내 몸에 가까운 것이 집안이기 때문에 집안은 멀리 있는 것이 아니다. 내 집안에 가까운 것이 이웃이기 때문에 이웃은 내게서 멀지 않다. 내 집안과 조금 멀리 떨어져 있는 이웃도 내 이웃과 가까이 있기 때문에 조금 멀리 떨어져 있는 이웃이라

15) 元은 시작하다, 亨은 형통하다, 곧 통한다는 뜻이다.

16) 원문은 '乾餱以愆'이다. 『詩經』「小雅」'伐木' 시에 나오는 말이다. '民之失德, 乾餱以愆.'

도 멀리 있지 않다. 내가 멀리 떨어져 있다고 생각하는 이웃도 내 이웃이 볼 때는 가까운 이웃이기 때문이다. 내 이웃이 멀리 떨어져 있다고 생각하는 더 멀리 떨어진 이웃도 조금 멀리 떨어져 있는 이웃이 볼 때는 역시 가까운 이웃이다. 물고 물려 이웃이 되고 이웃과 이웃이 끊임없이 이어지는 것을 무한대까지 밀고 간다면 한 바퀴 돌아서 다시 시작하게 된다. 그러면 지구 전체의 추세가 완성된다. 또한 지구를 파 내려가서 통하게 하면 중화의 이웃이 바로 미국이기 때문에 중국과 미국도 떨어져 있는 것이 아니다. 정신을 확장시켜 통하게 하다 보면 지구의 이웃은 허공계에 가득 찰 것이기 때문에 떨어져 있는 것이 아니다. 지구 전체는 크기만 하고 한 몸이나 한 집안은 작기만 하다고 볼 수 있겠는가![17]

최근 수십 년 동안 학문이 깊은 사람들이나 벼슬이 높은 사람들 가운데 경전과 서적을 깊이 생각해본 사람이나 '깊지만 놓치기 쉬운 뜻을 파고들'[18] 때 자신이 인을 찾고 있지 않다고 생각한 사람은 하나도 없었다. 그러나 중국과 외국 사이의 일을 이야기할라치면, 그들은 입만 뻥긋하면 '세관을 닫고 교역을 중단하자'라든지 '해외무역 금지를 재천명하자'라고 한다.[19] 어찌 이렇게 인하지 않을 수 있는가!

에테르의 작용이 인이다. 천지와 만물은 그 덕분에 생기고 그 덕분에 통하게 된다. 머나먼 별자리나 희미한 귀신도 인 덕분에 통할 수

17) 이 논리는 韓愈에게서 이미 나타난 것이고 맹자의 논리를 이은 것이라고 할 수 있다.

18) 원문은 '極深研幾'이다. 『周易』「繫辭上傳」에 나오는 말이다. '夫易, 聖人之所以極深而研幾也.'

19) '세관을 닫고 교역을 중단하자'의 원문은 '閉關絕市'이고 '해외무역 금지를 재천명하자'의 원문은 '重申海禁'이다.

있을 텐데, 하물며 여기 지구에서 함께 사람으로 태어난 처지에 어찌 한두 사람의 사적인 의도로 그것을 막을 수 있겠는가? 막는 것은 역시 자신의 인을 스스로 막은 것일 뿐이다. 저들이 우리보다 잘 연구한다면 우리는 그들을 스승으로 삼아야 한다. 저들이 우리보다 소홀하다면 우리는 그들을 구해줘야 한다. 학문도 통하게 할 수 있고 정치도 통하게 할 수 있고 종교도 통하게 할 수 있는데 하물며 무역처럼 생활에 꼭 필요한 일은 말해서 무엇 하겠는가! 몸에 비유하자면 틀림없이 이런 법을 제멋대로 세운 것일 테다. '왼손은 오른쪽으로 가면 안 되고 오른손은 왼쪽으로 가면 안 된다. 삼초[20]와 모든 맥락은 서로 통해서 흐르면 안 된다.' 세상 어디에 이런 이치가 있을 수 있는가? 그래서 중단하자거나, 닫자거나, 금지하자는 터무니없는 말은 통하지 않는다. 그저 인하지 않기 때문이다.

5

천지 사이에는 역시 인밖에 없다. 부처는 이렇게 말한다. '수백, 수천, 수만, 수억의 갠지스 강 모래알 숫자만큼 많은 세계에서 자그마한 존재인 중생(衆生)이 하나의 생각을 일으키더라도 나는 그것을 안다. 비록 빗방울 하나만큼 미세한 것이라도 그 숫자를 알 수 있다.' 부처의 말에 무슨 신기할 것이 있겠는가? 인이 완전해지면 저절로 모르는 것이 없어진다. 머리카락 한 올을 당기면 온몸이 움직이게 되는 법이

20) '삼초'의 원문은 '三焦'이다. 三焦는 체내의 흐름을 관장하는 기관이라고 한의학이 상정한 개념이다.

다. 산 사람은 알아도 죽은 사람은 모른다. 손가락 하나만 다쳐도 하루 종일 불편하다. 핏줄이 잘 뚫려 있는 사람은 불편함을 알아도 신체마비나 감각상실에 걸린 사람은 모른다. 천지, 만물, 남과 내가 하나로 통하는 것을 내가 모른다고 해서 통한다는 것을 아는 사람이 안다는 것에 놀라면서 이상하다고 생각한다. 사실 모든 것이 통해서 한 몸이 되는 상태에 도달하고 모르는 것이 없다고 말하더라도 이상한 것은 절대 없다. 아느냐 모르느냐의 구분도 인이냐 인이 아니냐에 달렸기 때문이다. 그러므로 이렇게 말한다. 천지 사이에 역시 인만 있을 뿐이지 지혜라고 따로 말할 만한 것은 없다.

6

공자는 이렇게 말한다. '인한 사람은 틀림없이 용감하다.'[21] 손과 발이 머리와 눈을 지키는 것처럼 아랫사람이 윗사람을 지키는 것,[22] 자식이 부모를 지키거나 아우가 형을 지키는 것은 사정이 급박하고 절실하기 때문이다. 어찌 머뭇거리면서 이것저것 고려하고 감히 앞에 나서지 않을 수 있겠는가. 용감한지 용감하지 않은지의 구분은 자기가 인한지 인하지 않은지에 달렸다. 그러므로 이렇게 말한다. 천지 사이에 역시 인만 있을 뿐이지 용기라고 말할 만한 것은 따로 없다. 정의

21) 원문은 '仁者必有勇'이다. 『論語』「憲問」에 나오는 말이다.

22) '手足'과 '頭目'은 본디 손과 발, 머리와 눈이라는 뜻이다. 일역본은 실제 이렇게 옮기고 있다. 그러나 부하와 두목이라고 옮겨야 하는 것처럼 보인다. 어쩌면 일역본은 다음 문장에 나오는 손과 발의 비유 때문에 이렇게만 옮긴 듯하다.

(義)가 적절한지(宜)[23]는 본래 상태(固然)에서 나오는 것이기 때문에 설명을 덧붙일 필요가 없다. 나는 알고 있다. 발이 하는 일을 손은 못하고 손이 하는 일을 발은 못할 것이 틀림없다는 것을. 만약 손이 발처럼 기능하거나 발이 손처럼 기능할 수 있고 손해가 전혀 없다면 적절하지 않을 것도 없다. 믿음(信)이 충실한(誠)지도 본래 상태에서 나오는 것이기 때문에 설명을 덧붙일 필요가 없다. 아픈지 가려운지 알고 막을 것을 안다면 말이다. 나는 알고 있다. 이것이 다른 데서 빌리는 것도 아니고 마음먹을 준비를 했다가 그렇게 하는 것도 아니고 내가 아닌 남에게 바랄 수 있는 것도 아니라는 것을. 자신이 행한 흔적이지만 나중에 거기 이름을 붙인 것이 예의(禮)이다. 그래서 예의는 본래 상태가 아니고 오히려 나중의 결과(末)이다. 예의냐 아니냐는 모두 인이냐 인이 아니냐에 달렸다. 그러므로 이렇게 말한다. 천지 사이에 역시 인만 있을 뿐이라고.[24]

7

나는 슬퍼한다! 세상 사람들이 분별하는 마음을 함부로 일으키고도 결합시키지 못하는 일이 엄연한 것을. 잠에서 설핏 깬 사람은 비몽사몽 기분이 좋다가[25] 갑자기 내가 있고 나와 마주한 남이 있다는 것

23) 義와 宜는 소리가 같은 글자이고 가까운 뜻을 가지고 있다. 義에 몫이라는 뜻이 있으니 몫을 제대로 나눈다는 뜻에서 宜가 짝을 이룰 수 있다.

24) 仁義禮智信, 곧 五常에 대해서 말하고 있다. 五常 가운데 본래 상태가 아닌 것은 禮 하나라고 파악하고 있다.

25) 원문은 '寐者蘧蘧'이다. 『莊子』「齊物論」에 나오는 胡蝶夢 이야기의 뜻을 취해서 쓴 말이다. '昔者, 莊周夢爲胡蝶, 栩栩然胡蝶也, 自喩適志與, 不知周也, 俄然覺,

을 본다. 이런 체제(機)는 남도 있고 나도 있다는 데서 시작하기 때문에 보는 것마다 결국 남과 내가 아닌 것이 없다. 보는 것이 작아지면 작아질수록 나라고 보는 것도 더욱 가까워진다. 어리석은 세상 남녀들은 가정에서 포효하듯 위세를 떨친다. 관계가 가까우면 가까울수록 더 심하다. 가족 이외의 사람을 만나면 도리어 두려워하면서 위세를 부리지 않는다. 내게 가까운 사람인지 가깝지 않은 사람인지의 차이 때문이다. 내게 가까운 사람은 사랑하기 쉽다. 사랑하기 쉬운 사람은 사랑하지 않기도 쉽다. 사랑이 도달하지 않는 대상은 미움도 도달하지 않는 대상이다. 동일한 남과 나의 차별이라도 이것은 남과 나의 분량이 작은 것이다. 이것보다 크다면 남과 나의 차별도 클 것이다.

호남성[26] 사람들은 불행하게도 아직 해외무역이 없는 지역에 살고 있기 때문에 중국과 외국의 차이를 인식하지 못하고 있다. 그래서 자신이 우뚝하니 존귀하다고 생각해서 제 마음대로 예의가 아닌 짓을 저질러놓고는 '내가 아니면 누가 감히 멈출 수 있겠는가'[27]라고 지껄인다. 호남성 사람들은 같은 고향 사람이라도 끊임없이 의심하고 꺼리며 흉보고 헐뜯는다. 아! 그래서 뜬소문을 좋아하는구나. 아! 그래서 공격하기를 좋아하는구나. 호남성 사람들은 호남성 바깥으로 나와서 여러 지역을 돌아다녀 봐야 예전에 제 마음대로 생각했던 것과 달리 세상이 크다는 것에 놀라게 된다. 남을 의심해도 도리어 남들의 의심을 이기지 못하고 남을 꺼려도 도리어 남들이 꺼리는 것을 이기

則蘧蘧然周也.'

26) '호남성'의 원문은 '湘'이다. 담사동의 출신지인 중국 湖南省을 가리키는 말이다.

27) 원문은 '莫余敢止'이다.『春秋左傳』「僖公 25年」조에 나오는 말이다.

지 못하며 남을 공격해도 도리어 남의 공격을 이기지 못하기 때문에 망연자실하지 않은 호남성 사람은 없다. 이 지경이 되면 자기가 처음에 무엇을 생각했는지 이해할 수 없게 된다.

장자는 이렇게 말한다. '집에 빈 곳이 없으면 며느리와 시어머니가 말다툼한다.'[28] 사는 공간이 작기 때문이다. 한나라 때 유학자는 인을 인간관계라고 풀이했다.[29] 사람과 사람이 관계를 가지지 않으면 어찌 세계가 생기겠느냐? 사람과 사람이 관계를 가지지 않는 것은 내가 실제로 있다는 생각[30]이 절실하기 때문이다. 그러면 인하지 않게 되기 때문에 남도 인정하지 않게 된다. 비록 그렇지만 이렇게 분별하는 마음은 남과 나에게서 비롯해서 남과 나를 구분하는 것이다.

남과 나를 구분하게 되면 심지어 한 몸이라도 남과 내가 생기게 된다. 그러면 무슨 일이 생기는가? 갑자기 지혜와 용기라는 이름이 생기고 갑자기 정의, 신뢰, 예의라는 이름이 생기며 갑자기 충성, 효도, 청렴, 절개라는 이름이 생긴다. 그저 인밖에 없을 뿐인데 말이다. '인'도 이름이다. 세우면 안 되지만 세울 수도 있는 것이다. 게다가 지혜, 용기, 정의, 신뢰, 예의를 이러쿵저러쿵 이야기하는 것은 무엇 하자는 것인가? 그러므로 부처, 공자, 예수 같은 모든 교주(教主)는 오로지 인을 이야기한다. 간혹 곁가지까지 이야기하는 경우도 있지만 그저 세속에

---

28) 원문은 '室無空虛, 婦姑勃谿'이다. 『莊子』「外物」에 나오는 말이다.

29) 한나라 유학자는 鄭玄을 가리킨다. 인간관계라고 옮긴 말의 원문은 '相人偶'이다.

30) '내가 실제로 있다는 생각'은 불교에 두 가지 유래가 있는 말이다. 첫째, 七見의 하나를 가리킨다. 자기 의견에만 집착하는 잘못된 견해이다. 둘째, 四煩惱의 하나를 가리킨다. 實我가 있다고 잘못 아는 번뇌인데 여기서는 두 번째이다.

서 이미 세워둔 이름을 빌려서 인의 작용을 드러내는 것이다. 이렇게 하는 이유는 대중이 알기 쉽게 해주려는 것일 뿐이다. 어찌 인과 동렬에 두려고 생각했기 때문이겠는가!

학자들은 이것을 제대로 살피지 못하고 분별하는 마음을 함부로 일으킨다. 저것을 가지면 이것을 잃고 이것이 생기면 저것이 없어진다. 그저 빙빙 돌면서 머뭇거리다가(首鼠) 결국 하나도 이루지 못하고 두 가지를 모두 망친다. 학자들은 글자 뜻에만 얽매여 꺼리고 미워하다가 미심쩍은 마음 때문에 벗어나지 못하고[31] 와해되어 갈가리 찢겨[32] 한 쪼가리도 남는 것이 없다. 이것은 한 몸을 가지고 비유하자면 머리를 뎅강 자르고 허파와 장을 잘라서 후벼내며 팔다리에 수레를 매서 팔다리를 찢고(車裂) 살점을 하나하나 찢고 저며내는(磔膊) 것이다.[33] 그러면 결국 모두 분별하는 마음 때문에 서로가 서로를 죽이고 죽는 것이다. 남과 나를 남과 나로 나누는 짓이 팔다리를 수레에 매서 팔다리를 찢는 거열형(車裂之刑) 같은 것이라는 생각이 멀게 느껴져도 한 몸을 남과 나로 나누는 짓이 살점을 하나하나 찢고 저며내는 책살형(寸磔之刑) 같은 것이라는 생각은 가깝게 느껴지리라. 슬프지 않으냐! 슬프지 않으냐!

31) '미심쩍은 마음 때문에 벗어나지 못한다'의 원문은 '罣礙'이다. 『般若心經』 등에 나오는 말이다.

32) 원문은 '分崩離析'이다. 『論語』「季氏」에 나오는 말이다. '今由與求也, 相夫子, 遠人不服, 而不能來也. 邦分崩離析, 而不能守也.'

33) 서로가 서로에 대해 지옥이라는 말이다.

8

인이 어지러워졌다면 이름이 어지러워진 것이다. 이름은 저기 갑자기 나타났다가도 여기 갑자기 나타날 수 있는 것이기 때문에 이름에서 특정한 시대의 누적된 경향을 볼 수 있다. 중요한 때도 있다가 중요하지 않은 때도 있는 것이 이름이기 때문에 이름에서 특정한 시대의 유행을 볼 수 있다. A라고 해도 하나의 이름이고 B라고 해도 하나의 이름이다. 그래서 서로 맞서게 된다. 이름을 지을 수 있다면 이름 짓지 않는 것도 이름이다. 그래서 서로 속이게 된다. 이름 자체는 실체가 없기 때문에 어지러워지기 쉽다. 이름이 어지러워지면 인은 따라서 어지러워진다. 이것은 이름의 죄가 아니다. 이름을 주장하는 사람의 죄이다. 학문이 속되고 행실이 너절한 자식들은 걸핏하면 명교[34]를 들먹이면서 하느님의 명령 같은 것은 조심해야 하기 때문에 감히 하느님을 성나게 하면 안 된다고도[35] 하고, 나라의 근본 법규(國憲) 같은 것은 두려운 것이기 때문에 감히 나라의 근본 법규를 이러쿵저러쿵 논의하면 안 된다고 한다.

어휴! 명분이 교가 되는 그따위 교는 벌써 '실재에 덧붙은 대상'[36]

---

34) 원문은 '名教'이다. 名教는 글자 그대로 옮기면 '이름의 종교'이지만 여기서 이름은 실재에 대응하는 것이 아니라 '~이어야 한다'는 윤리성을 띤 규정의 이름, 곧 명분을 가리킨다. 따라서 名教는 이름의 종교라기보다 '명분의 종교'라고 해야 한다. 이하에서 이름 명(名) 자가 나올 경우, 때에 따라 이름 또는 명분으로 적절하게 옮긴다.

35) 원문은 '敬若天命而不敢渝'이다. 『詩經』「大雅」'板' 시에 나오는 구절을 응용한 것이다. '敬天之渝, 無敢馳驅.'

36) 원문은 '實之賓'이다. 『莊子』「逍遙遊」에 나오는 말이다.

이지 결코 실재가 아니다. 게다가 명분은 인간이 창조한 것이고 윗사람이 이름을 가지고 아랫사람을 통제한 것이지만 명분을 받들지 않을 수 없었다. 수천 년 동안 벌어진 삼강오륜[37]의 비참한 재앙과 매서운 독기는 여기서 혹독해지기 시작했다. 군주는 명분으로 신하에게 차꼬를 채웠고 벼슬아치는 명분으로 백성에게 멍에를 씌웠으며 아버지는 명분으로 자식을 억눌렀고 남편은 명분으로 아내를 가두었으며 형제와 친구는 각자 명분을 지니고 서로 맞서서 반항했다. 이런 마당에 인이 조금이라도 남아날 수 있었겠는가?

명분 때문에 인이 어지러워진 것도 저절로 그렇게 된 추세이다. 중국은 차츰 위협적인 형벌로 재갈을 물려 천하를 옴짝달싹 못 하게 통제했다. 그러면 명분을 널리 세워 통제의 도구로 만들지 않을 수 없다. '인' 같은 말은 일반명사(共名)이다. 임금이 인으로 신하를 꾸짖고 아버지가 인으로 자식을 꾸짖지만 신하도 임금에게, 자식도 아버지에게 인으로 반항할 수 있다. 통제의 기술(箝制之術)로는 불편하다. 그러므로 충성, 효도, 청렴, 절개 등 등급을 분별하는 명분이 생기지 않을 수 없다. 명분이 생기면 '너는 어찌 충성스럽지 않으냐', '너는 어찌 효성스럽지 않으냐', '이것은 추방해야 마땅하다', '이것은 죽여야 마땅하다'라고 신하나 자식을 꾸짖을 수 있다. 충성이 신하에게만 해당하는 고유명사(專名)[38]가 되고 효도가 자식에게만 해당하는 고유명사가 된 마당에 충성과 효도를 내세워 반항할 수는 없는 법이다. 트집 잡은 것이 따로 생겨서 고소할 생각이 혹시 생기더라도 충성과 효도라

37) 원문은 '三綱五倫'이다. 三綱五倫이 대표적 명분이다.

38) '專名'은 본디 고유명사라는 뜻이다. 앞의 '共名'과 짝을 이룬 개념으로 중국에서 오래전부터 썼다.

는 명분은 명교에서 나왔기 때문에 결국 대적하지 못하고 도리어 자기 죄만 더 보태게 된다. 원망한다느니 불평한다느니 불만이라느니 앙심을 품었다느니 윗사람을 비방한다느니 분수를 모른다느니 대역무도하다는 죄 말이다. 그래서 추방해야 마땅하다고 생각하면 그를 추방시킬 뿐이다. 죽여야 마땅하다고 생각하면 그를 죽일 뿐이다. 새끼 돼지처럼 꽁꽁 묶여 도살되는 꼴만도 못하게 되었다. 발버둥 치며 비명을 지르고 쓰라리다고 소리치는 새끼 돼지는 꾸짖지도 않으면서 말이다. 벌을 내리는 쪽은 평소처럼 태연하게 의심하지도 않는다. 천하의 모든 사람들도 벌을 내리는 쪽을 따르며 이렇게 동조할 것이다. '명교에 죄를 지었으면 법대로 처리해야 마땅하지.' 그래서 관룡봉, 비간, 굴원(屈原), 백기(伯奇), 신생(申生) 같은 사람들[39]은 결국 억울함을 삼키고 한을 품은 채 영원한 어둠 속에서 자신의 미덕을 밝힐 기회를 잃게 되었다. 사실 불행한 것은 관룡봉이나 비간 같은 사람들에게 어울리지 않는데도 그들에게 두터운 악명을 씌웠다는 것이다. 『주역』은 이렇게 말한다. '햇빛 가리개를 두텁게 한다. 한낮이라도 두수를 본다.'[40] 여기 암흑은 어찌 명교가 드리운 가리개 때문에 생긴 것이 아니

---

39) 關龍逢과 比干은 옛날 폭군에게 충고를 하다가 죽은 사람이고 屈原은 정책이 받아들여지지 않자 추방당하고 결국 자살한 사람이며 伯奇는 효성스러웠지만 계모에게 당한 사람이고 申生은 아버지 임금의 오해를 피하지 못하고 자살한 사람이다.

40) 원문은 '豐其蔀, 日中見斗'이다. 『周易』「豐卦」 六二 효사이다. '六二, 豐其蔀, 日中見斗. 往, 得疑疾, 有孚發若. 吉.' 이 말은 「豐卦」 九四 효사에도 나온다. '九四, 豐其蔀, 日中見斗. 遇其夷主. 吉.' 六二 효사는 과정의 험난함과 좋은 결과를 말하고 있고 九四 효사는 좋은 결과만 이야기하고 있다. 斗宿는 고대 중국 천문학에서 파악한 별자리의 하나이다.

겠는가?

그러나 명교라고 할 때는 명분이 아직 교에 의존하고 있다. 현대에 가까워질수록 명분이 교에 의존하지 않는 일이 더욱 심해지면서 근본을 바꾸는 일도 더욱 심해졌다. 명교의 교는 사라지고 명교의 명분만 허투루 끌어다 대는 처지에 도리어 명분을 두려워하고 결국 교조차 감히 말하지 못하게 되었다. 서양인만 교를 가지고 있다고 보기 때문에 우리는 교를 말하기만 하면 마치 오랑캐나 이단 같은 꼴이 된다. 예수교를 따르는 모든 사람을 '교인(教民)'이라고 부르는 것은 황제의 말(諭旨)에도 확실히 나타나고 황제에게 올리는 신하의 글(奏牘)에도 나타나고 포고령(檄移)이나 포고문(文告)에도 나타난다.[41] 그래서 예수교에는 사람이 있어도 공자교(孔教)에는 사람이 없다. 또한 중국과 외국이 접촉하는 사건이 생기면 '백성과 교인이 서로 충돌하지 않게'라고 말하기도 하고 '교인의 마음을 돌이켜 백성으로 삼으라'라고 말하는 경우도 있다.[42] 황제의 말에도 확실히 나타나고 황제에게 올리는 신하의 글에도 나타나고 포고령이나 포고문에도 나타난다. 그래서 교라는 이름을 두려워하는 바람에 세상 사람들은 그저 교를 남에게 양보하는 것을 달게 여기고 자신은 교도 없는 백성으로 남기를 달게 여기게 되었다. 어휴! 교를 지키기 위해서 명분을 세웠지만 명분을 내세우지 않는 폐단은 결국 이렇게 교를 괴롭히거나 손해를 끼치게 되었다.

---

41) 諭旨, 奏牘, 檄移, 文告는 모두 공문서를 작성할 때 사용하는 문체의 종류이다.

42) '백성과 교인이 서로 충돌하지 않게'의 원문은 '民教相安'이고 '교인의 마음을 돌이켜 백성으로 삼으라'의 원문은 '反教爲民'이다. 백성은 예수교인이 아닌 중국인, 교인은 예수교를 믿는 중국인을 가리킨다.

9

인이 어지러워지면 에테르는 사라지는가? 사라지지 않는다. 에테르뿐 아니라 인 자체도 사라지지 않았다. 사라지게 할 수 있는 것도 없기 때문에 사라질 수도 없다. 어지럽다는 것은 다름 아니라 체계적인 이치(條理)가 있어도 체계적 이치를 따르지 않는다는 말이다. 이미 있는 것을 누가 억지로 없앨 수 있겠느냐? 마찬가지로 없는 것을 억지로 생기게 할 수도 없다. 억지로 생기게 할 수 없기 때문에 인은 인이다. 하느님 정도로 인하더라도 보탤 것이 무엇이 있겠느냐? 억지로 없앨 수 없기 때문에 인은 인이다. 짐승 정도로 인하지 않아도 줄어들 것이 무엇이 있겠느냐? 보탤 것이 없다는 것은 생기지 않기 때문일 뿐이다. 줄어들 것이 없는 것은 소멸하지 않기 때문일 뿐이다. 생성하지도 않고 소멸하지도 않는다는 것을 알면 이제 더불어 본성(性)을 이야기해도 괜찮을 것이다.

'태어나게 하는 것이 성'[43]이라는 때의 성도 본성이다. '생김새와 표정은 타고난 천성'[44]이라는 때의 성도 본성이다. '성은 선하다'[45]라는 때의 성도 본성이다. '성은 없다'라는 때의 성도 본성이다. 본성이 없는데 어떻게 선할 수 있는가? 선이 없기 때문에 선하다. 선이 없어지는 일이 생긴 다음이라야 본성이 없어지는 일이 생긴다. 본성이 없어지는 일이 생기면 선이라고 해도 된다. 선이 있어야 본성의 이름이 세워질 수 있다. 본성의 이름이 세워진 다음에 논한다면 본성은 에테르

43) 원문은 '生之謂性'이다. 『孟子』「告子 上」에 나오는 말이다.
44) 원문은 '形色天性'이다. 『孟子』「盡心 上」에 나오는 말이다.
45) 원문은 '性善'이다. 『孟子』「告子 上」에 나오는 말이다.

의 작용과 동일하다. 에테르는 서로 완성시키고 서로 친화하는 능력을 가지고 있기 때문에 본성이 선하다는 것이다.

본성이 선한데 무엇 때문에 감정(情)에 악이 생기는가? 이렇게 대답할 수 있겠다. 감정에 어찌 악이 생기겠는가? 본성이 선하다는 것에 따라 상대적으로 이름 지었을 뿐이다. 쾌락의 탐닉(淫)과 무고한 살육(殺)에 이르러야 끝나는 것을 악이라고 한다. 탐닉 자체는 악한 것이지만 부부 사이에만 행한다면 탐닉도 선하다. 무고한 살육 자체는 악한 것이지만 사람을 죽인 놈을 죽이는 경우에만 행한다면 살육도 선하다. 예는 먹고 마시는 일(飮食)에서 시작되었지만[46] 술을 진탕 마시거나 식탐을 내는 것도 다름 아니라 먹고 마시는 일이다. 술을 진탕 마시고 식탐을 내는 사람을 혼내려고 먹고 마시는 일까지 없애버렸다는 말은 들어보지 못했다. 그래서 먹고 마시는 일에 선하지 않은 것은 없다. 백성은 돈이나 온갖 값나가는 물건(貨財) 덕분에 살지만 탐나서 달라고 하거나 위협이나 폭력으로 빼앗는 것도 다름 아니라 돈이나 온갖 값나가는 물건이다. 탐나서 달라고 하거나 위협이나 폭력으로 빼앗는 사람에게 주의를 주려고 돈이나 값나가는 물건을 없애버렸다는 말은 들어보지 못했다. 그래서 돈이나 값나가는 물건이 선하지 않은 것은 없다. 함부로 기뻐하고 함부로 분노하는 것을 선하지 않다고 한다. 그래서 모든 감정(七情)에 기쁨과 노여움이 없을 수 없다. 다만 감정이 적절하지 않았을 뿐이지 기쁨과 노여움이 악한 것은 아니다. 갑자기 추워지거나 갑자기 더워지면 좋지 않다(不善)고 한다. 그러

46) 에른스트 블로흐의 생각과 밑바탕이 같다. '飮食男女'라는 중국인의 파악 방식도 참고하라.

나 봄, 여름, 가을, 겨울에 추위와 더위가 없을 수는 없다. 다만 계절의 순서를 따르지 않았을 뿐이지 추위와 더위가 악한 것은 아니다. 선하지 않다거나 악하다는 말은 결국 체계적 이치가 있는데도 체계적 이치를 따르지 않았다는 것이다. 그러므로 천지 사이에 인밖에 없고 악하다고 할 것은 없다. 악은 다름 아니라 선한 체계적 이치를 따르지 않기 때문에 그렇게 이름 지은 것이다. 선을 악용하는 사람의 잘못이지 어찌 선 이외에 악하다고 할 것이 따로 있겠는가? 그저 악용하는 것만 보고 그것의 실체는 악하다고 이름 지어도 된다면 작용은 어디에서 나오는 것인가? 작용은 누구에 의해서 작용하는가? 어째서 감정은 악하다고 말해도 되고 본성은 악하다고 말하면 안 되는가? 본성이 선하다고 말한다면 감정도 선하다. '태어나게 하는 성'이나 '생김새와 표정의 타고난 천성' 가운데 어떤 것도 선하지 않은 것이 없다. 그러므로 모두 본성이라고 하는 것이다. 속세의 자잘한 유학자들은 하늘의 이치(天理)를 선하다고 생각하고 인간의 욕망(人欲)을 악하다고 생각한다.[47] 그들은 인간의 욕망이 없다는 것을 모르는데 어떻게 하늘의 이치를 얻을 수 있겠는가! 나는 그러므로 슬퍼한다. 세상 사람들이 함부로 분별하는 마음을 일으키는 것을. 하늘의 이치도 선하고 인간의 욕망도 선하다. 왕부지[48]는 이렇게 말한 적이 있다. '하늘의 이치는

47) 송명이학, 특히 朱子學의 주장이다.

48) 王夫之(1619~1692)는 담사동처럼 湖南省 출신의 유학자이다. 명나라가 망할 무렵 反淸 운동에 참여한 적이 있지만 南明 정권 내부의 권력 투쟁이 싫어서 귀향했고 이런 이력 때문에 청나라의 수색을 피해 은둔한 적도 있다. 나중에 고향에 돌아와 학문에 전념했다. 張載의 氣學을 기본으로 송명이학을 대성한 사람이다. 天理와 人欲에 대해서 왕부지는 불가분의 관계라고 강조한다. 청나라 내내 금서로 묶였다가 청나라 말기 호남성 출신의 대관료 曾國藩이 『船山遺書』를 편찬하

다름 아니라 인간의 욕망 가운데 있다. 인간의 욕망이 없다면 하늘의 이치도 드러날 길이 없다.'[49] '부처가 다름 아닌 중생이고 무명이 다름 아닌 진여'[50]라는 부처의 말에 딱 들어맞는다.

그러면 작용을 가지고 다시 증명해보자. 작용 자체는 악이라는 이름을 가지고 있다. 그러나 이름은 이름이지 실재가 아니다. 작용도 이름이지 실재가 아니다. 이름은 어디서 일어나는가? 작용은 어디서 시작하는가? 예를 들어보자. 어떤 사람 이름은 그 사람의 실재와 대응하는 이름이지만 그 사람 이름을 쓰는 것은 모두 남들이다. 남들이 쓰는 이름은 진짜 이름에 덧붙은 가짜 이름이다.[51] 무엇을 근거로 이렇게 말하는가? '남녀가 정기를 어우르는'[52] 일을 '쾌락의 탐닉'이라고 이름 짓는다면 쾌락의 탐닉이라는 이름이 붙게 된다. 쾌락의 탐닉이라는 이름도 최초의 인간이 나타난 뒤부터 오랫동안 계속 이어오면서 이름을 고치지 않았기 때문에 모두 쾌락의 탐닉이 악하다는 말에 익숙해졌을 뿐이다. 만약 최초의 인간이 나타났을 때 쾌락의 탐닉이 외교 사절에게 잔치를 베풀어 대접하는 훌륭한 의식 같은 것이라고 생각해서 제법 오래 두 손 모아 인사하고 무릎 꿇어 절하는 중국 풍습이나 허리를 껴안고 입을 맞추는 서양의 풍습처럼 쾌락의

면서 큰 영향을 끼쳤다. 담사동은 어려서 스승 歐陽中鵠을 통해 王夫之를 소개받고 그를 높이 평가하게 된다.

49) 원문은 '天理卽在人欲之中. 無人欲, 則天理亦無從發見'이다. 王夫之『讀四書大全說』 권8에 나오는 말이다.

50) 원문은 '佛卽衆生, 無明卽眞如'이다. 출처는 알 수 없다.

51) '진짜 이름에 덧붙은 가짜 이름'의 원문은 '名中之名'이다. 이름과 이름의 관계에 대한 생각을 보여주는 말이다. 실재가 있고 그것을 지시하는 진짜 이름, 진짜 이름을 지시하는 가짜 이름의 계열이 겹겹이 있다는 것이다.

52) 원문은 '男女構精'이다.『周易』「繫辭下傳」에 나오는 말이다.

탐닉을 조정에서도 행하고 저잣거리에서도 행하며 대중들 사이에서도 널리 행하는 일이 습관이 되어 오늘날까지 오랫동안 계속 이어왔다면 누가 그것이 악하다는 것을 눈치 챘겠는가? 악하다고 이름 지었기 때문에 즉시 그것이 악하다고 생각한 것이다. 이렇게 말하는 경우도 있다. '자지와 보지는 드러나지 않는 데 있기 때문에 남들이 늘 보지 못한다.' 자지나 보지는 세상에 드러내고 예를 행할 때 떳떳하고 환히 드러난다는 것과 달리 남들이 듣기 쉽지도 않고 보기 쉽지도 않다. 그래서 쾌락의 탐닉이 악하다고 말하기 쉬운 것일 뿐이다. 예와 탐닉은 드러나지 않거나 드러나는 구분이 있을 뿐이지 선과 악의 구분은 없는 것이다. 만약 최초의 인간이 나타났을 때 하느님이 자지와 보지를 드러나지 않는 데다 만들지 않고 이마빡에 만들어주었다면 눈길만 주면 즉시 보였을 테고 쾌락의 탐닉을 서로 만날 때의 상견례라고 생각했을 테니 다시 무엇을 근거로 악하다는 것을 눈치 챘겠느냐?

최초의 인간이 나타났을 때 목숨을 빼앗고 해치는 것을 '죽인다'라고 이름 지었다. 이것이 무고한 살육의 이름이다. 그러나 죽이는 일 자체가 악하다면 죽이는 일은 모두 악해야만 한다. 사람을 죽이는 일이 안 된다면 범, 이리, 소, 말, 닭, 돼지 따위 가운데 죽여도 되는 것은 무엇이며 무슨 근거로 사람을 죽이는 것처럼 악하다는 이름을 붙이지 않는가? 이렇게 말하는 경우도 있다. '인간과 인간은 종류가 같기 때문일 뿐'이라고 말이다. 그러면서도 인간과 종류가 다른 범이나 이리가 사람을 죽이면 범이나 이리가 악하다는 이름을 붙인다. 사람이 범이나 이리를 죽이면 무슨 근거로 인간에게 악하다는 이름을 붙이지 않는가? 하느님도 사람을 죽인 적이 있는데 무슨 근거로 하느님에게 악하다는 이름을 붙이지 않는가? 최초의 인간이 나타난 뒤부터 죽인다는 이름이 오랫동안 계속 이어져온 이유는 그저 인간을 죽인 것만 악하다는 이름을 붙이고 사물을 죽인 것에는 악하다는 이름을 붙이지 않았기 때문일 뿐이다. 그러므로 실은 다음과 같다. 인간을 죽이는 것이 안 된다면 사물도 죽이면 안 된다. 인간이든 사물이든 죽일 놈을 죽이는 것이지 악을 죽이는 것이 아니다. 공자는 이렇게 말한다. '인간의 본성은 서로 가깝지만 습관은 서로 멀다.'[53] 악하다는 습관이 오랫동안 이어져야 악하다는 이름도 생길 것이다. 악은 이름이고 이름은 습관에서 생기는 법이니까. 그래서 악이 본래 있는 것이 아니라는 것을 확실히 알 수 있다.

설령 악이 정말 있다고 한다면 악이 생길 때 선은 즉시 소멸해야 마땅하고 선이 소멸할 때 악은 다시 생겨야 마땅하다. 생성하지도 않고 소멸하지도 않는 에테르가 이럴 수 있는가? 이렇게 말하는 경우도 있을 것이다. '에테르가 생성하지도 않고 소멸하지도 않는다면 어떻게 선이 생길 수 있는가? 선이 생겼다면 에테르는 생성하기도 하고 소멸하기도 하는 것이지.' 그러면 이렇게 대답하겠다. '생긴다거나 소멸한다는 것은 저것과 이것을 비교해서 하는 말이다. 선이 있기 때문에 악이 있다면 저것과 이것이 있다는 말이 된다. 저것이 소멸해야 이것이 생긴다면 그저 선만 있을 뿐인데 다시 어떻게 생성하거나 소멸하겠는가?' 이렇게 말하는 경우도 있을 것이다. '선이 있다면 어떻게 본성이 없다고 말할 수 있는가? 본성이 없다면 선도 없겠지.' 그러면 이렇게 대답하겠다. '있거나 없다는 것도 저것과 이것을 비교해

53) 원문은 '性相近, 習相遠'이다. 『論語』「陽貨」에 나오는 말이다.

서 하는 말이다. 선이 있기 때문에 악이 있다면 저것과 이것이 있다는 말이 된다. 저것이 없어야 이것이 있다면 그저 선만 있을 뿐인데 다시 어떻게 있거나 없을 수 있겠는가?' 그렇지만 세상에 쾌락의 탐닉이 없어져야 쾌락을 탐닉하려는 놈도 없어진다. 세상에 무고한 살육도 없어져야 죽이려는 놈도 없어진다. 선이 있기 때문에 악도 없다. 악이 없기 때문에 선의 이름도 성립할 수 없다. 부처는 이렇게 말한다. '시작이 없는 까마득한 때부터 위아래가 뒤집혀서 헷갈리고 오해하는 바람에 허망한 것을 참이라고 집착하게 되었다.'[54] 최초의 인간이 나타났을(生命)[55] 때 어느 누가 나타나서 한쪽으로 치우친 편견을 가지게 되었는지 묻지 않고 수천 년 동안 익숙해지다 보니 결국 선과 악이라는 이름이 확실하게 정해진 것이다. 심하구나! 중생들이 위아래를 뒤집는 일이. 뒤집지 말아야 할 것을 도리어 뒤집어 말하다니! 위아래를 뒤집은 탓에 분별하는 마음이 생기고 분별하는 마음 탓에 이름이 생긴다. 뒤집었기 때문에 분별하는 마음도 뒤집힌다. 뒤집지 말아야 할 것을 뒤집어 말했기 때문에 이름도 뒤집힌다. 뒤집는 것은 습관이지 본성이 아니다.

---

54) 원문은 '自無始來, 顚倒迷誤, 執妄爲眞'이다. 아마도 『首楞嚴義疏注經』 권2에 나오는 다음과 같은 구절의 뜻을 취한 것이리라. '然一切衆生, 自無始來, 由見聞知以爲病本, 分能立所, 顚倒從生, 今聞非見, 碩乖先志, 於是迷悶, 由此廣示妄故有見眞元無見.' 또한 『大乘起信論義疏』 上之上에 나오는 다음과 같은 구절의 뜻도 취한 것 같다. '或執邪爲正, 或執妄爲眞, 或執不了以爲了義, 皆是謬故.'

55) 앞에서는 계속 生民이라고 쓰다가 여기서 生命이라는 말을 쓰고 있다. 아마 生民이라고 쓸 것을 잘못 쓰지 않았나 싶기도 하지만 담사동 사상의 폭을 생각하면 '인간을 포함한 생명 전체'라고 옮겨도 좋지 않을까 싶다.

10

무고한 살육을 끊어버린다는 것은 무엇이냐? 사랑하지 않음의 뿌리를 잘라버리는 것이다. 쾌락의 탐닉을 끊어버린다는 것은 무엇이냐? 사랑의 뿌리를 잘라버리는 것이다. 사랑하지 않음도 끊어버리고 사랑도 끊어버린다는 것은 무엇이냐? 사랑하는 대상이 생기면 틀림없이 사랑하지 않는 대상도 생기기 때문이다. 이것을 인력에 비유하자면 다음과 같다. 위아래와 사방에서 고른 힘이 동시에 들어주고 맞들어 당길 때 적절한 균형을 잡아준다면 틀림없이 한쪽으로 쏠리는 일은 생기지 않을 것이다. 그래야만 태양과 별은 공중에서 운동하고 대지는 공중에 들려 있게 되며 만물은 공중에서 생긴다. 만약 한쪽의 인력만 강하다면 둘 사이의 결합은 끊어지게 될 것이고 끝내 나머지를 버리게 될 것이다. 나머지를 버린다면 인력은 주위에 미치지 않게 될 것이다. 그리고 결합이 끊어진다면 하나로 단단히 들어붙게 될 것이다. 인력도 드러날 길이 없어지고 없어지는 쪽으로 사라지게 된다. 인력은 다름 아닌 친화력(愛力)[56]의 다른 이름이다. 사랑을 선용하는 사람은 그래서 너나들이 아끼는 일을 소중하게 생각한다. 사랑하는 대상이 있다면 그다지 사랑하지 않는 대상도 틀림없이 생긴다. 사랑하는 대상이 없다면 사랑을 유보하기 때문에 사랑하지 않는 일도 없어질 것이다. 그러므로 무고한 살육을 끊어버리려면 먼저 쾌락의 탐닉을 끊어버려야만 한다. 쾌락의 탐닉을 끊어버리지 않으면 무고한

56) 담사동은 親和力의 번역어인 愛力으로 兼愛의 사상을 이으려고 한다. 괴테의 『친화력』을 참조하라.

살육도 틀림없이 끊을 수 없을 것이다. 쾌락을 탐닉하려고 죽이는 경우도 있고 죽여서 쾌락을 탐닉하는 경우도 있다. 이런 사정은 상반되는 것 같지만 쾌락의 탐닉과 무고한 살육은 서로 상대방의 원인이 된다. 무고한 살육이 다름 아닌 쾌락의 탐닉이고 쾌락의 탐닉이 다름 아닌 무고한 살육이다. 이런 추세는 서로를 성립시키지만 동일한 이치이다.[57] 칼이나 차꼬 따위를 차게 되거나 참수하려고 도끼에 기름을 먹이게 될 정도의 중대 범죄는 쾌락의 탐닉에서 일어나는 경우가 많다. 목숨과 재물을 빼앗는 일을 저지르거나 간음과 성희롱을 밥 먹듯 반복하는 비정상적인 행태는 결국 무고한 살육으로 펼쳐진다. 이것은 종종 눈에 띄는 일이다. 만약 세상이 정말로 그런 체제(機)라면 이렇게 시작하지는 않았을 것이다.

개인의 이기심을 충족해서 개인의 욕망을 드러내려는 짓이 사람을 죽이는 것이다. 그래서 죽이려는 생각은 다름 아닌 쾌락을 탐닉하려는 마음이다. 남이 완연히 고통스러워하거나 이상하게 가려워하고 몸을 떠는 일을 내가 즐기려는 짓이 사람을 탐닉하는 것이다. 그래서 쾌락을 탐닉하려는 생각은 다름 아닌 사람을 죽이려는 생각이다. 여자와 성교하기는 마찬가지라도 어린 계집아이와 성교하는 것은 특히 세상 속물들이 침을 질질 흘리는 일이다. 피를 흘리고 구슬피 울 지경으로 난도질하고 나서야 쾌감을 느끼려고 하는 짓이 아니겠는가! 이것은 무고한 살육의 체제(殺機) 가운데 하나이다. 귀를 뚫어 꾸미는 것도 무고한 살육의 체제 가운데 하나이다. 자신의 신체 일부를 망가뜨리는 짓은 결국 심한 일이기 때문이다. 전족(纏足)의 혹독함은 특히 무

57) 여기서 담사동은 '相反相成'이라는 『周易』의 논리를 채용하고 있다.

고한 살육의 체제를 폭로하는 것이다. 전족이 언제 시작되었는지 모르지만 문학 작품(詩詞)에 나타난 것을 근거로 하면 전족이라는 짓거리는 송나라(趙宋) 때부터 성행하기 시작했다. 아하, 슬프구나! 저런 북쪽 오랑캐(北狄)의 법도나 문화를 어찌 중화인[58]과 나란히 견줄 수 있겠는가! 송나라 이후부터 키얀이나 아이신 기오로 같은 종족[59]이 중화인의 중국에서 번갈아 주인이 되었다. 저들은 전족을 하지 않는다는 한 가지만으로도 하느님의 보살핌을 받을 충분한 자격이 있다. 하느님이 자칫 편견을 가지거나 이기적이었던 것은 아니다. 게다가 서양인들의 정치와 문명[60]은 북쪽 오랑캐보다 절대적으로 아름다운 것이겠지? 만약 자기 나라가 망하게 된 이유를 여전히 성찰하지 못하고 두려워하지만 전족처럼 거대한 악을 즉시 변화시키지 않는다면 중화인이 쾌락을 더 탐닉하고 더 죽이는 일은 영원히 저지하지 못할 것이다. 그러면 장차 나라만 망하는 것이 아니라 종족도 사라지게 될 것이고 하느님이 인하지 않다고 원망할 수도 없을 것이다. 게다가 중국 풍습뿐 아니라 머리를 납작하게 만드는 아프리카 풍습이나 허리를 잘록하게 만드는 유럽 풍습도 무고한 살육의 체제이다. 무고한 살육

58) '중화인'의 원문은 '華人'이다. 華人은 만주족 통치를 받는 동안 서양에서 들어온 종족주의가 피지배 원주민을 각성시키면서 등장한 개념이다. 국민국가의 民族 개념과도 다르고 우리가 흔히 중국인이라고 뭉뚱그려 부르는 개념과도 다르기 때문에 이렇게 구분해서 옮긴다.

59) 키얀의 원문은 '奇渥溫'이고 아이신 기오로의 원문은 '愛新覺羅'이다. 키얀(Qiyan)은 '乞顔'이라고 옮기기도 한다. 칭기즈 칸의 씨족 이름이다. 아이신 기오로(Aisin Gioro)는 청나라 황족인 만주족 일파의 씨족 이름이다.

60) '정치와 문명'의 원문은 '治化'이다. 治化는 중국 전통에서 정치와 교화라고 옮겨도 된다. 그러나 정치의 목적이 문명이라는 것이 서양의 생각이기 때문에 여기서는 정치와 문명으로 옮겼다.

을 끊고 쾌락의 탐닉을 끊으려면 이런 짓을 모두 제거하지 않을 수 없을 것이다.

세상 사람들이 쾌락의 탐닉을 방지하려는 방식은 너무 지나쳐 도리어 쾌락에 탐닉하게 만든다. 여자(婦女)를 집 안에 가둬서 나오지 못하게 한다는 둥, 남녀 교제를 엄격하게 규제해서 서로 만나지 못하게 한다는 둥, 쾌락의 탐닉을 방지하는 법률을 만든다는 둥, 쾌락을 탐닉하게 만드는 책을 금지한다는 둥, 쾌락을 탐닉하는 말을 부끄럽게 생각한다는 둥 말이다. 남이 이야기해준 것이라 사실인지는 알기 어렵지만 유럽이나 미국 같은 문명국가도 침대맡에서 남녀가 이야기하는 것을 꺼린다는 둥, 쾌락의 탐닉을 아주 부끄럽고 수치스럽게 생각한다는 둥 말이다. 남녀의 차이는 다른 것이 아니다. 짐승의 암놈과 수놈처럼 차이가 근소하기 때문에 남녀는 똑같은 인류이다.[61] 만약 그들을 가둬서 나오지 못하게 하고 교제를 엄격하게 규제하면서 떨어트려 놓고 괴상한 물건이나 원수처럼 본다면 이것은 차이가 아주 근소한 암컷과 수컷의 구별을 중시해서 팔랑팔랑 들까불며 남에게 보여주는 짓이다. 그래서 이것은 소중한 것이구나, 사랑스러운 것이구나 생각하게 만들 테고 쾌락의 탐닉을 부러워하게 만들 것이다. 그러면 서로 만날 기회가 잠시 없었을 뿐이었지만 갑자기 스치기라도 할라치면 틀림없이 마음이 크게 흔들리고 멈출 수 없게 된다. 방포(方苞)[62]가 초상을 치를 때 아내를 만나자 마음이 뒤숭숭했다는 것을 예로 들 수

61) 『荀子』 「非相」의 말을 염두에 두고 쓴 대목이다.

62) 方苞는 청나라 때 문장가이자 학자이며 桐城派의 거두이다. 호는 望溪이고 조선에서도 유명했던 문필가이다.

있다. 이것은 바로 쾌락을 탐닉하는 연장(淫具)[63]으로 사람을 대한 것이기 때문에 자기 자신도 쾌락을 탐닉하는 연장으로 대한 셈이다. 이보다 더한 쾌락의 탐닉이 있겠는가!

그러므로 남자를 중시하고 여자를 경시하는 법도는 지극히 난폭하고 도리가 없는 짓이다. 남자라면 총애하는 첩을 여럿 두고 시중들게 하면서 제멋대로 쾌락을 탐닉해도 거리낌이 없다. 여자라면 단 한 번만 쾌락을 탐닉해도 죽을죄에 해당한다. 남자를 중시하고 여자를 경시하는 훈육이 쌓이고 거듭되다 보니 딸을 낳으면 갓난아이를 물에 빠트려 죽이는(溺女)[64] 풍습까지 나타나는 지경에 이르렀다. 벌, 개미, 승냥이, 범이라도 하지 않는 짓인데 그러고도 견디고 앉았다. 중국이 사라지더라도 이제껏 지은 죄는 차고 넘친다. 입이 열 개라도 무슨 말을 하겠는가! 불교 경전에 '여자가 남자 몸으로 윤회한다'[65]라는 주장이 있지만 그저 소승불교의 진리(小乘法)일 뿐이다. 『화엄경』(華嚴)이나 『유마경』(維摩詰) 같은 대승불교의 경전(大經)을 외우다 보면 여자 몸은 여자 몸일 뿐이지 윤회할 필요가 없다. 남자를 중시하고 여자를 경시한다는 의도 자체가 절대로 없다. 천지의 화려한 꽃 같기는 남

63) 앞서 자지나 보지라고 옮긴 말의 원문은 '具'이다. 도구라는 뜻이지만 우리말에도 물건이나 연장이라는 말이 성기를 에둘러 가리킬 때 쓰는 말이라서 이렇게 옮겼다.

64) 과연 이것이 풍습이나 사상 차원에서 설명할 수 있는 것인지는 생각해볼 문제이다. 기후 변동에 따른 사회경제 형편이 만들어낸 일은 아닌지, 풍습의 지역적 범위와 편차의 문제를 구체적으로 생각해야 한다.

65) 원문은 '女轉男身'이다. 여자는 부처가 될 수 없기 때문에 우선 남자로 태어나야 한다는 주장인데 『瑜伽師地論』 권38이나 『維摩詰所說經』 「觀衆生品」 등에 나온다.

녀가 마찬가지이고 성인의 가없는 성덕대업[66]을 가지기는 남녀가 마찬가지이기 때문에 남녀는 평등하고 균형을 이루고 있는 것이지 애초에 쾌락을 탐닉하기 위해서 세상에 태어난 것이 아니라는 것을 알게 될 것이다. 여자의 아름다움이라고 남자들이 말하는 것은 화장발일 뿐이거나 옷발, 노리개발일 뿐이다. 화장발, 옷발, 노리개발을 없애면 피와 살이 모여 이뤄진 여자가 남자와 무엇이 다르겠느냐? 그래서 여자의 아름다움이라고 남자가 말하는 것에는 좋아할 만한 것이 없어진다. 그러면 그들이 서로 만나도록 이끌어주고 서로 사귀도록 놓아주게 될 테고 서로 자주 만나다 보면 저절로 서로 담담해지고 남녀의 차이를 잊게 될 것이다. 마치 친구 사이에 서로 어울리고 왕래하는 것처럼 남녀의 차이가 있다는 것을 깨닫지 못하게 될 테니 쾌락을 탐닉할 일이 또 있겠느냐? 쾌락의 탐닉은 그래야만 멈출 수 있다. 서랍에 숨겨둔 장난감은 남들이 보게 될까 두렵기 때문에 보고 싶은 욕망이 더욱 절실해진다. 당당하게 열어서 보여주면 환한 아침 햇살 속에 늘 보던 것이라서 보는 둥 마는 둥하게 된다.

쾌락의 탐닉도 별난 것이 아니다. 기계(機器)를 움직일 때 서로 맞물려 힘을 전달하는 기계의 굴대 같을 것일 뿐이다. 맞물려 힘을 전달하기 때문에 굴대 하나하나는 혼자서는 움직일 수 없다. 자연의 위대한 생명 작용(大化)처럼 풀무질해서 고동치는 것이다. 어릴 때는 정력이 적고 늙었을 때는 침실을 닫는다. 새나 짐승은 봄이 오면 교미하고 피스톤로드는 증기 덕분에 움직인다. 마음이 고요하고 욕심이 없

66) 원문은 '盛德大業'이다. 『周易』「繫辭上傳」에 나오는 말이다. '富有之謂大業, 日新之謂盛德.'

으면 기이한 것도 없고 저절로 피어나게 된다. 남들이 불쾌하게 생각하는 것도 없어지지만 남들이 유쾌하게 생각하는 것도 저절로 없어진다. 만약 강압적으로 금지한다고 내걸게 되면 사람들을 깊이 부끄럽게 만들 만한 것이나 꺼리게 만들 만한 것으로 끌고 들어가게 된다. 지극히 달콤한 것이 안에 들어 있다고 가르쳐주고는 인색하게 내주지도 않고 숨겨둔 다음에 가질 수 없게 만들어서 꾀려고 내모는 꼴이다. 금이나 보석을 땅에 파묻는 사람이 '아무도 파내면 안 된다'라고 말하는 것은 남에게 도둑질하라고 시키는 수작이다. 맛있는 술을 파는 사람이 '아무도 마시면 안 된다'라고 말하는 것은 남을 감질나게 만드는 수작이다. 쾌락의 탐닉을 금지하는 사람이 '너희는 쾌락을 탐닉하면 안 된다'라고 말하는 것은 쾌락을 탐닉하는 마음을 열게 만드는 수작이다. 남들만 금지시키고 부끄럽게 생각하게 만들며 꺼리게 만드는 것이 아니라 스스로 금지하도록 만들거나 스스로 부끄럽게 생각하고 스스로 꺼리게 만든다. 지극히 달콤한 것을 깊이 탐닉하고 아주 좋아하면서도 그저 남들의 비웃음과 꾸지람이 두려워 일찌감치 설레발을 치는 것이 아니겠는가? 세상 물정에 어두운 유학자는 이렇게 말한다. '이로써 백성을 단속하더라도 어기는 백성이 생길 텐데 어떻게 그것을 없애겠는가?'[67] 단속하면 과연 쾌락의 탐닉을 끊어버릴 수 있다고 이들은 생각하는가? 쾌락을 탐닉하는 놈은 스스로 쾌락을 탐닉하는 것이다. 단속한다고 어찌 끊어버릴 수 있겠는가? 쾌락을 탐닉하지 않는 것은 스스로 쾌락을 탐닉하지 않는 것이다. 이것이 단속의 힘 때

67) '이로써 백성을 단속하더라도 어기는 백성이 생길 텐데'의 원문은 '以此防民, 民猶有踰者'이다. 『禮記』「坊記」에 나오는 말이다. 입만 뻥긋하면 경전을 읊어대는 놈들 어투를 흉내 내서 비꼬고 있다.

문이겠는가? 또한 홍수를 방지하려고 둑을 쌓더라도 둑이 두꺼워지면 두꺼워질수록 물의 힘도 거세지기 때문에 일단 둑이 터지면 결국 물이 넘치는 수재는 수습할 수 없게 될 것이다. 둑이 수재를 격렬하게 만드는 것처럼 금지시키거나 수치스럽게 만들고 꺼리게 만드는 일이 쾌락의 탐닉이 일으키는 재앙도 격렬하게 만든다.

민간의 여자들은 이치와 법도를 잘 모르기 때문에 썩어빠진 유학자나 나이 많은 노인의 글러먹은 주장이 천지를 떠받치는 것처럼 바꿀 수 없는 것이고 떳떳한 도리라고 떠받든다. 어쩌다 발을 헛디뎠더라도 사귀는 것 비슷하다는 혐의를 받는 경우가 생기면 남이 그것을 구실로 위협하고 입을 다물게 하기 때문에 죽는 한이 있더라도 감히 말 못하게 한다. 결국 남의 놀림을 받기도 하고 남이 데리고 달아나기도 하며 남이 팔아먹기도 하는 지경이 된다. 남의 집 하녀가 되어 참고 살아야 하는 경우도 있고 몸을 파는 창녀로 전락하는 경우도 있으며 수치와 분노 때문에 목을 끊어 죽는 경우도 있다. '남녀가 정기를 어우르는' 일이 그저 두 개의 체제가 운동하는 것일 뿐이지 수치스러워하거나 추하게 생각할 것이 조금도 없고 나와 남이 틈새를 벌일 정도는 아니라는 것을 모른다.

중국 의학에는 남자에게 오르가즘의 세 단계가 있고 여자에게 오르가즘의 다섯 단계가 있다는 주장[68]이 있다. 가장 정통한 설명이기 때문에 일반인도 모르면 안 된다. 만약 화학에 정통한 서양 의사가 있다

68) '오르가즘의 세 단계'의 원문은 '三至'이고 '오르가즘의 다섯 단계'의 원문은 '五至'이다. 출처가 어디인지 명확하지 않다. 어쩌면 『醫心方』「房內」에는 남자의 성적 흥분 상태를 남자 성기의 발기 상태로 설명한 '四至'나 여기 대응하는 여자의 성적 흥분 상태를 설명한 '九氣'와 비슷한 것은 아닐지 의심스럽다.

면 성교할 때 핏줄이나 힘줄이 어떻게 움직이는지, 침이나 점액의 분자는 어떤 성질과 상태인지 상세히 비교해보라. 그림을 덧붙인 상세한 설명은 남김없이 궁금증을 해소시킬 것이다. 아울러 납을 부어 만든 인체 모형의 속을 열어서 장기를 살피고 구분할 수도 있다. 성생리학(淫學)을 연구하는 기관을 많이 만들고 성생리(淫理)를 밝힌 책을 널리 유포시켜 모든 사람이 성생리의 속사정을 숙지하게 만들자. 그러면 평생을 헛되이 낭비하며 좋아한 일이 이러저러한 것일 뿐이고 기계 같은 것일 뿐이며 그것의 운동도 다른 원인에 의해 생기는 것이고 그 원인도 또 다른 원인에 의해 생기는 것이지 애초에 쾌락의 탐닉이라고 부를 만한 것은 없기 때문에 그것을 끊어버리느니 끊어버리지 않느니 다시 논할 것이 있겠느냐? 이렇게 한다면 실망하고 되돌아오지 않는 사람은 없을 것이다. 쾌락의 탐닉을 끊을 인연을 만나면 재빨리 끊어버릴 것이다. 그런 인연이 없다면 아마도 천지의 체제가 변화하는 그대로 받들어 행할 것이고 자신이 그 사이에 보태거나 덜어내는 것도 없어질 것이다. 부처는 이렇게 말한다. '가로 누운 사람을 볼 때 밀랍을 씹는 것처럼 아무 맛이 없다.'[69] 끊어버리지 않더라도 끊어버리는 것과 같다는 말이다. 아기를 받는 일도 남자 의사가 하는 지경일 정도로 서양인 남녀는 서로 접촉하는 일을 절대 꺼리거나 피하지 않는다. 그래도 쾌락을 추구하는 풍속이 중국보다 적다. 둑은 막아서 흐르기 좋게 하고 통하게 만들어 막기 좋게 하는 것이다. 모든 일이 그럴 것이다. 하물며 본디 있지도 않은 것을 억지로 이루려고 한다면 모든 중생을 고뇌하게 만드는 것이겠지!

---

69) 원문은 '視橫陳時, 味同嚼蠟'이다. 『首楞嚴義疏注經』 권8에 나오는 말이다.

무고한 살육을 끊을 인연을 만나자 재빨리 끊어버리는 것은 괜찮다. 만약 끊을 수 없더라도 마음에서 끊어버리지 않으면 안 된다. 불교를 배척하는 사람은 걸핏하면 쾌락의 탐닉을 끊어버리면 인류가 거의 절멸할 것이고 무고한 살육을 끊으면 짐승들이 세상을 가득 채울 것이라고 한다. 어찌 이다지도 어리석고 사나우냐! 생성하지도 않고 소멸하지도 않기는 인간도 마찬가지인데 어떻게 절멸시킬 수 있다는 것이냐? 생성하지도 않고 소멸하지도 않기는 짐승도 마찬가지인데 죽여서 절멸시키고 싶으냐? 들판에 사는 짐승은 먹을 것을 얻기가 대단히 어렵기 때문에 조금이라도 많이 번식하면 먹이를 다 댈 수 없어서 사람이 죽이지 않아도 저절로 세상을 가득 채울 수 없다. 짐승들이 사람을 해치는 경우가 있지만 이것도 인간이 만든 무고한 살육의 체제가 부른 것이지 세상을 가득 채우거나 채우지 않는 것과 무관하다. 집에서 키우는 짐승은 더구나 사람들이 부지런히 치고 돌보는 일에 의존하기 때문에 어쩌다가 꼴이나 먹이가 부족해지면 갑작스레 몰골이 축난다. 사람이 죽이려고 번식시키는 것이 뻔한데 어찌 저절로 세상을 가득 채울 수 있겠는가? 이런 논리를 문명화하지 못한 유목 부락에 적용한다면 괜찮을 경우가 있을 수도 있다. 그러나 문명화된 나라에 살고 있는 판에 먹고살기 어렵다지만 밥술이나 먹고 있기도 한데 배를 채우자고 동물의 목숨을 해치고 인간만 살자고 동물을 더 많이 죽이겠는가? 게다가 동물을 죽여야 세상이 가득 차지 않을 것이라고 반대로 말할 수 있는가! 그러므로 이렇게 말하련다. 세상에 쾌락의 탐닉이 없어져야 쾌락을 탐닉할 수 있는 놈도 없어진다. 세상에 무고한 살육도 없어져야 죽일 수 있는 놈도 없어진다. 이것은 본성의 근거가 없기 때문이다. 본성의 근거가 없는 것은 본성이 없기 때문이다.

11

이렇게 말하는 경우도 있을지 모른다. '풀, 나무, 쇠, 돌은 지각이 없다시피 하다. 그래서 추위나 더위 같은 시간의 변화에 따라 성질이 달라진다. 날짐승, 길짐승, 물고기, 자라는 지각이 있어도 아주 낮은 수준이다. 그래서 물이나 육지 같은 공간의 변화에 따라 성질이 달라진다. 인간에게 본성이 없다고 말하면 안 되는 것 아니겠는가?' 그래서 이렇게 대답하겠다. 근본적으로 말하자면 본디 본성이 없는 것은 명백하다. 당신이 말한 동물과 식물의 본성은 제각각이지만 그것이 고유한 본성(自性)일까? 고유한 본성이 아니라면 분자의 위치나 비율(分劑)이 다르기 때문일 뿐이다. 분자는 예순네 가지 원소(原質)[70]를 벗어나지 않는다. 어떤 원소와 어떤 원소를 화합시키면 특정 성질을 가진 물질이 된다. 분리시켜서 다른 원소와 화합시킬 때 어떤 원소를 더하고 어떤 원소를 줄이게 되면 다른 성질을 가진 물질이 된다. 그래서 같은 숫자의 원소가 화합하더라도 어떤 것이 많고 적으냐, 어떤 것 위주이냐 같은 자그마한 차이에 따라 성질이 다른 물질이 된다. 아주 복잡하고 다양하게 변화하기 때문에 모두 기록할 수 없다. 수천 명, 수만 명의 사람을 모아 평생의 정력을

---

70) 당시 알려진 원소의 숫자일 듯하다. 하지만 담사동 당시 여든 가지 이상의 원소가 알려져 있었다는 점에서 왜 이렇게 말했는지 의문이다. 그리고 『인학』의 이본 가운데 예순네 가지가 아니라 일흔세 가지라고 한 판본도 있다는 점을 참고로 기록한다.

바쳐 화학을 연구시키더라도 복잡한 변화의 실마리를 모두 찾아서 그 내용을 발표할 수는 없을 것이다. 그러나 원소는 애초에 늘어나지도 줄어들지도 않는 것이다.

향기로운 냄새와 고약한 냄새는 확실히 각자 성질이 있는 것 같다. 어떻게 향기와 고약한 냄새가 되었는지 원인을 연구해보면 역시 분자의 배열 때문이지 원소 자체는 차이가 없다. 코안에 있는 신경을 건드려 순순히 받아들이거나 거슬리게 하는 차이가 생기기 때문에 그것이 향기롭다거나 냄새가 고약하다는 것을 깨닫는다. 만약 좋은 방법을 마련해서 분자의 집합을 고친다면 향기와 고약한 냄새는 서로 바꿀 수도 있을 것이다. 이것은 화학에 막 입문한 사람이라도 모두 뛰어나게 잘할 수 있다. 그런데 일단 이뤄지면 고칠 수 없는 본성이라고 볼 수 있겠느냐?

요리사가 요리할 때 물고기와 고기도 똑같고 채소와 죽순도 똑같으며 간 맞추기와 끓이고 지지는 방식도 똑같다면 똑같은 맛이라야 마땅하다. 그러나 반듯반듯하게 썰기도 하고 어슷어슷하게 썰기도 하며 나뭇잎처럼 얇게 저미기도 하고 깍둑썰기도 하며 갈기도 하고 덩어리째 크게 썰기도 하며 실처럼 가늘게 썰기도 한다. 이렇게 칼놀림이 다르면 맛도 달라진다. 이것이 어찌 본성이란 말인가? 크거나 작고 기울거나 반듯한 틈 때문에 바뀌지 않는 분자가 없더라도 혀와 만났을 때 혀의 신경이 움직이는 방식을 바꾸게 되어 맛이 다르다고 느끼는 것일 뿐이다.

그러므로 원소에 대해서 논할 때 추위나 더위 따위의 여러 가지 성질을 틀림없이 받아들이지 못한다는 것은 분명하다. 그러나 예순여섯 가지 원소가 있지만 원소의 근원은 동일한 에테르일 뿐이다. 동일하기 때문에 생성하지도 않고 소멸하지도 않는다. 생성하지 않기 때문에 존재한다(有)라고 말할 수도 없고 소멸하지 않기 때문에 존재하지 않는다(無)라고 말할 수도 없다. 에테르가 다름 아닌 본성이라는 말은 괜찮지만 논의할 만한 본성은 없다.

12

생성하지도 않고 소멸하지도 않는 것은 증명할 수 있는가? 눈에 보이는 것이 모두 증거이다. 앞서 말한 화학의 원리들처럼 화학이 도달할 수 있는 한도까지 파고들면 몇 개의 원소로 분해하거나 몇 개의 원소를 결합시키는 것에 지나지 않는다. 이미 있는 원소와 본래 있는 원소를 사용할 때 친화력이 있는 것과 반발력이 있는 것을 적절하게 맞추고 분량을 채워주거나 덜어주게 되면 특정한 성질을 가진 아무개 물질, 아무개 물질이라고 부르게 된다. 어찌 하나의 원소를 소모시키고 별도로 하나의 원소를 창조해내는 것이겠는가? 광물학(礦學)이 금속을 추출한다고 해도 금속이 아닌 광물에서 금속을 추출할 수는 없다. 의학이 질병을 예방한다고 해도 질병을 천지 사이에서 근절시킬 수는 없다. 본디 생성하지도 않고 소멸하지도 않는 것이기 때문에 어디서 그것을 생성시키거나 소멸시키겠는가?

물을 예로 들어보자. 물은 가열하면 점점 줄어들지만 물이 소멸하는 것이 아니고 수소(輕氣)나 산소(養氣)로 변화하는 것이다. 수소와 산소를 포집하면 무게는 원래의 물과 같을 것이다. 또한 열을 발산시키면 다시 물이 될 것이고 조금도 줄어들지 않는다. 초를 예로 들어보자. 초는 오랫동안 연소하면 남김없이 없어지지만 초가 소멸하는 것이 아니고 기체(氣質), 액체(流質), 고체(定質)로 변화하는 것이다. 발산된 탄소(炭氣), 흘러내린 촛농, 남은 검댕을 모으면 무게는 원래의 초와 같을 것이다. 또한 기체, 액체, 고체가 흩어져서 다른 물질을 형성하게 되지 조금도 버리는 것은 없을 것이다. 흙을 빚어 만든 그릇을 예로 들어보자. 실수로 그릇을 깨트리면 그릇은 망가진 셈이다. 그러나 그릇은 흙으로 만든 것이다. 만약 그릇을 만들었다면 그릇 쪽에서는 완성된 것이지만 흙 쪽에서는 망가진 것이다. 그릇이 깨지면 흙으로 되돌아가는 셈이라서 그릇 쪽에서는 망가진 것이지만 흙 쪽에서는 완성된 것이다. 그저 순환만 있을 뿐이지 완성되거나 망가지는 법은 없다. 떡이나 과자를 예로 들어보자. 떡이나 과자는 위장에 들어가 소화되면 식품으로서는 사라진 것이다. 그러나 떡이나 과자는 곡식으로 만든 것이다. 만약 떡이나 과자를 만들었다면 떡이나 과자 쪽에서는 존재하는 것이고 곡식 쪽에서는 사라진 것이다. 떡이나 과자가 소화되어 똥으로 되돌아가 곡식에 주면 떡이나 과자 쪽에서는 사라진 것이고 곡식 쪽에서는 다시 존재하게 된 셈이다. 그저 변천만 있을 뿐인데 어찌 다시 존재하거나 사라진다는 말인가? 바람을 예로 들어보자. 바람은 아침에 남쪽으로 불다가 저녁에 북쪽으로 불기도 하고 어제는 뜨거운 바람이 불다가 오늘은 선선한 바람이 불기도 한다. 분자의 운동과 정지, 오고 감, 빠르고 더딘 차이 때문이지만 이 바람이 저 바람인 것은 마찬가지이다. 이것이 생성되면 저것이 소멸하는 것은 아니다. 비를 예로 들어보자. 동쪽 구름에는 비가 내리고 서쪽 구름에는 저녁놀이 지는 경우도 있고 가을비에는 가뭄을 걱정하지만 봄비에는 물난리를 걱정하는 경우도 있다. 땅기운이 차가운지 뜨거운지, 건조한지 습한지, 푸석한지 뭉쳤는지에 따라 다른 것이다. 그리고 천상의 비는 다름 아니라 지하의 샘물이고 강물이 넘치는 것도 다름 아니라 육지의 습기가 증발된 습기 때문이다. 하늘은 생성하기만 하고 땅은 소멸시키기만 하는 것이 아니다. 구릉과 골짜기가 상전벽해 되는 변천을 예로 들어보자. 지구가 생긴 다음에 몇천 번, 몇백 번 바뀌었는지 모른다. 강의 모래톱에 진흙이 차 있는 것을 보면 낭떠러지가 장차 기울어져 무너질 것을 안다. 풀, 나무, 쇠, 돌 따위가 날마다 땅에서 나오면 땅속 구멍이 결국 무너질 것을 안다. 지구의 급속한 회전 때문에 적도는 솟아오르고 남극과 북극은 줄어든다. 화산이 활동하는 시기의 열기와 빙하기의 한기는 동일한 기운이 펴지느냐 오그라드느냐에 달렸다. 그래도 지구 부피와 중량의 비율이 높아지거나 낮아지는 때가 없는 것은 틀림없다. 만약 비율이 높아지거나 낮아진 때가 있었다면 무거워졌을 때는 태양으로부터 멀어지고 가벼워졌을 때는 태양에 가까워졌을 것이다. 그리고 공전궤도에 따라 공전주기도 달라졌을 것이다. 유성이나 운석 같은 이변을 예로 들어보자. 항성은 옛날에 없다가 오늘날 있는 것도 있고 옛날에 있다가 오늘날 없는 것도 있다. 타원 궤도를 따라 갔다가 다시 돌아오는 혜성도 있고 포물선을 따라가고 나서 다시 돌아오지 않는 혜성도 있다. 아주 갔다거나 다시 돌아온다는 것은 멀고 가까운 것이지 생성과 소멸이 아니다. 존재하는 것은 모이는 것이지 생성이 아니고 존재하지 않는 것은 흩어지는 것이지 소멸이 아니다. 목성 자체는 네 개의 달을 거느리고 있는데 최근에 갑자기 달이 하나 늘었다. 거리가 가까워져서 목성이 흡수했다는 것을 알겠다. 비례에 따르면 화성과 목성 사이에는 별이 하나 더 있어야만 하는데 지금은 오로지 무성(武星)이나 여성(女星) 등 백여 개의 소행성이 있을 뿐이다. 그래서 여성이 쪼개졌다는 것을 알겠다. 지구도 결국 운석처럼 흩어지는 때가 있을 테지만 지구가 운석처럼 흩어지면 다른 별이 지구의 분자로 새로운 별을 만들려고 할 것이다.

왕부지는『주역』을 설명하면서 이렇게 말했다. '하나의 괘는 열두 개의 효가 있다. 절반은 드러나지 않고 절반은 드러난다.'[71] 그러므로 위대한『주역』은 있다거나 없다고 말하지 않고 드러나지 않는다거나 드러난다고 말할 뿐이다. 공자는 예를 이야기하면서 이렇게 말했다. '은나라는 하나라를 이었고 주나라는 은나라를 이었다.'[72] 그러므로 잘 맞지 않는 예가 있다면 백성에게 맞춰 변혁하며 덜기도 하고 보태기도 했을 뿐이다. 모든 이치는 '하나하나의 부처마다 무수한 화신이 있고 하나하나의 화신마다 무수한 구설수가 있다'[73]는 것처럼 남김없이 말할 수 없는 것이다.

13

살기를 좋아하지 죽기는 싫어한다는 말은 크게 헷갈려서 이해하지 못하기 때문에 하는 말이겠다! 아마 '생성하지도 않고 소멸하지도 않는' 것을 볼 수 있는 눈이 멀었기 때문일 것이다. 눈이 멀어서 헷갈리기 때문에 이것이 올바르다는 것을 명백히 알아도 그저 죽어

---

71) 원문은 '一卦有十二爻, 半隱半見'이다. 王夫之『周易外傳』「序卦傳」에 나오는 말이다.

72) 원문은 '殷因於夏, 周因於殷'이다.『論語』「爲政」에 나오는 말이다.

73) 원문은 '一一佛有阿僧祇身, 一一身有阿僧祇口'이다. 딱 맞는 말은 불경에 없는데『華嚴經』이나『十住經』같은 華嚴部 경전에 주로 나타나는 생각이라고 보는 것이 좋겠다.

없어질까 두려움을 이기지 못하고 움츠러들어 감히 하지 못한다. 게다가 남에게 재앙이 미치지 않아야 한다는 핑계로 더욱 제멋대로 악을 펼친다. 제 한 몸 돌보기에 급급해서 사방이 어려워지게 만들고 그저 자신의 유쾌함과 안위만 취하려고 하는데 천하를 어찌 다스릴 수 있겠는가! 예를 들어 시력(目力)이 아무리 좋은 사람이라도 꿰뚫어보거나 자세히 살필 때 사람 키 정도를 넘지 못한다. 그런데 사람 키 정도면 천하의 끝까지 충분히 볼 수 있고 살피지 못하는 것이 있을 수 없다고 말하면서 모든 것을 이에 따라 구분하는 사람이 있다면 큰 바보라고 말하지 않을 사람은 드물다. 어찌 그런 바보의 인생만 겨우 수십 년에 지나지 않을 뿐이라고 하겠는가? 그래서 수백 번, 수만 번 바뀌고 윤회하더라도 마음(心光)을 기울이는 대상은 결국 먹고 마시는 일, 남녀의 성교, 벌이와 이익, 명성과 자리를 벗어나지 않겠지? 그러면 저기 푸른 하늘 하느님이 그저 가지고 놀고 싶어서 인간을 낳은 셈이 될 테니 선뜻 인간을 망가뜨릴 수도 있겠지? 아하, 슬프구나!

공자는 이렇게 말했다. '삶도 아직 모르는데 죽음을 어찌 알겠는가!'[74] 죽음을 명백하게 알고자 하기 때문에 죽음과 함께 삶을 논해보고자 한다. 삶은 어디서 온 것인가? 이승에 태어나고서도 전생을 기억할 수 있는 사람이 가끔 있다. 그러나 삶이 어디서 온 것이 아니라면 가지도 않겠지만 생기지도 않을 것이다. 생성하지 않는다는 것을 알려면 소멸하지도 않는다는 것을 알아야 한다. 그저 정신적인(精靈) 것만은 아니다. 육체에서 가장 큰 단위는 힘줄, 뼈, 피, 살 같은 것이

74) 원문은 '未知生, 焉知死'이다. 『論語』「先進」에 나오는 말이다.

다. 화학까지 아는 의학자라면 육체가 약간의 철분, 약간의 비철금속, 약간의 목질, 약간의 인(燐), 약간의 탄소, 약간의 전분, 약간의 당분, 약간의 염분, 약간의 기름, 약간의 물, 약간의 기타 성분, 약간의 기체로 구성되어 있고 육체는 천지 자체에 있는 분자가 들러붙어 만들어졌다는 것을 안다. 육체가 너덜너덜 흩어질 때 각각 자기 분자로 되돌아갔다가 다시 들러붙게 되어 새로운 사람이나 새로운 사물을 이룬다. 삶 자체는 생성이 아니고 죽음도 소멸이 아니다.[75] 게다가 육체 속에 깃든 정신 자체는 생성과 소멸을 볼 수 있는 길도 없다. 장자는 이렇게 말한다. '내 삶을 잘 살도록 하는 것이 내 죽음을 잘 죽도록 해주는 것이다.'[76] 장자의 말은 도를 배워 성인의 경지에 들어가는 최고의 디딤돌이다. 이것을 근거로 '위대한 조화(太和)'[77]라는 장재의 주장이 생겼을 것이다. '성인이 한 명 죽으면 성인의 기운이 나뉘어 많은 현인이 된다'[78]라는 왕부지의 주장도 생겼을 것이다. 예수라면 이것을 '영혼'이라거나 '영생'이라고 말할 것이고 부처라면 이것을 '윤회'라거나 '여기선 죽지만 저기서 태어난다'라고 말할 것이다. 공자교에는 이런 주장이 없다고 의심하는 사람이 있을 수 있다. 『주역』「계사전」(繫易)에는 본디 이런 말이 있다. '시작을 찾고 끝으로 돌아가기 때

---

75) 원문은 '生固非生, 滅亦非滅'이다.

76) 원문은 '善吾生者, 乃所以善吾死也'이다. 『莊子』「大宗師」에 나오는 말이다.

77) 太和는 『正蒙』에 나오는 張載의 핵심 개념이다. 『正蒙』의 첫 번째 편명이기도 하다. 張載(1020~1077)는 현재 陝西省 출신의 북송 철학자이다. 그는 氣學을 주장했고 불교와 도교까지 흡수, 비판한 사상을 펼쳤다. 담사동에게 큰 영향을 끼친 王夫之 사상의 실마리를 제공했다.

78) 원문은 '一聖人死, 其氣分爲衆賢人'이다. 王夫之 『張子正蒙注』「太和」에 나오는 말이다.

문에 죽음과 삶의 주장을 안다. 정기가 사물이 되고 유혼이 변화가 된다. 그러므로 귀신의 실정과 상태를 안다.'[79] 그런데 어찌 말하지 않았다는 말이냐!

영국 선교사 윌리엄슨(韋廉臣)[80]은 『고교휘참』(古教彙參)[81]을 지었는데 대단히 잡다하게 동서고금의 교를 다양하게 보여주고 있다. 극히 정밀한 것도 있고 황당무계해서 무슨 소리를 하는지 모르겠는 것도 있다. 그러나 정밀한 것이든 황당무계한 것이든 결국 동일한 공리 두 가지를 사용하고 있다. 그것은 '자비(慈悲)'와 '영혼'이다. 자비와 영혼을 말하지 않으면 교가 있을 수 없다. 그저 자비만 말하고 영혼을 말하지 않으면 교이긴 하지만 행하기 부족하다. 영혼을 말할 때 황당무계해 보이지 않는다면 자신에게 어리석은 사람, 사리에 어두운 사람, 미련한 사람, 고집 센 사람에게 행하기 부족하다. 또한 황당무계해 보인다는 것 자체는 세상 사람들이 이름 지은 탓이지, 부처의 눈으로 본다면 황당무계하거나 정밀하지 않을 것이 어디

79) 원문은 '原始反終, 故知死生之說, 精氣爲物, 游魂爲變, 是故知鬼神之情狀'이다. 『周易』「繫辭上傳」에 나오는 말이다.

80) 알렉산더 윌리엄슨(Alexander Williamson, 1829~1890)은 스코틀랜드 출신의 영국인이다. 글래스고대학을 졸업하고 1855년부터 여러 차례 중국 각지에서 선교 활동을 벌였다. 1877년 상해에 益智書會를 창설하고 교과서 편집을 맡았다. 1887년에 별도로 상해에서 同文書會를 창설했는데(나중에 廣學會로 이름을 바꿨다) 당시 중국 최대의 근대적인 출판 기구이다. 기독교 선교를 위한 도서 발행 외에도 『萬國公報』를 발간하고 서양 정치, 과학, 역사지리에 관한 책을 발행해서 근대화의 디딤돌 노릇을 했다.

81) 『古教彙參』(黃樹堂 번역, 廣學會)은 달리 『古教集說』이라고도 한다. 梁啓超가 1897년 펴낸 『西學書目表』 下 「無可歸類之書」에 따르면 인도, 이집트, 그리스의 고대 종교를 훌륭하다고 주장하는 책이라고 소개하고 있다.

있겠는가? 세상 물정에 어두운 유학자와 다 늙어빠지도록 과거 시험 준비에만 몰두하는 놈이나 일단 영혼에 대해 듣는다면 야단스럽게 떠들면서 황당하다고 놀랄 것이다. 생성하지도 않고 소멸하지도 않는 것 자체가 그런 성질을 가지고 있다는 것을 어찌 알겠는가! 만약 영혼을 설명한다면 지극히 어리석은 사람이라도 죽은 뒤에 얼마나 대단한 일이 생기는지, 얼마나 무궁무진한 고통과 쾌락이 있는지 알게 될 것이다. 그러면 살아 있을 때 잠시 고통스럽거나 잠시 유쾌한 것을 탐닉하고 집착하거나 싫증을 느껴 벗어나려고 하는 생각이 생기지 않을 것이다. 천당과 지옥이 마음에 촘촘히 늘어서 있다는 것을 알면 틀림없이 남의 눈을 속이려고 꾸미거나 제멋대로 굴려고 하지 않을 것이다. 그리고 나날이 선해지려고 두려워하고 조심하게 될 것이다. 몸은 죽지 않는 물건이고 비록 죽인다고 해도 죽지 않는다는 것을 안다면 인과 의를 성취해서 틀림없이 자기 마음에 두려움이 없어질 것이다. 또한 이번 생에 끝을 내지 못한 것은 다음 생에 보충할 수 있으니 꺼리고 부지런하지 않을 것이 다시 무엇이 있겠는가! 죽여도 죽지 않는다고 생각하면서 동시에 나는 무고한 살육을 끊어버리겠다고 생각하는 사람은 자기 죽음을 슬퍼하지 않는다. 자기가 부처가 될 수 있는 본성을 갖추고 있지만 제명대로 살지 못하고 억지로 살육당해 다시 태어나야 한다는 것을 슬퍼한다. 그러므로 학자는 몸이 죽지 않는 물건이라는 것을 알아야만 한다. 그래야만 삶을 좋아하고 죽음을 미워하는 헷갈림을 없앨 수 있다. 아무개[82]는 이렇게 말한다. '서양인이 총이나 대포처럼 사람 죽이는 도

82) 출판될 당시 이름을 가렸기 때문에 누구라고 단정 지을 수는 없지만 아마 담사

구를 나날이 만들지만 사실 그들의 마음이 주목하는 것은 겨우 수십 년의 꿈길 같은 인생에 있는 것이 아니라 다른 데 있다. 하느님의 분명한 명령이 있다는 것을 보기[83] 때문에 모든 헷갈림을 남김없이 없애고 성인의 사업도 이것을 근거로 크게 일어나리라는 것 말이다.'

이렇게 말하는 경우도 있을 것이다. '다음 생에서 이번 생을 다시 기억하지 못하는 것은 이번 생에서 전생을 알지 못하는 것과 같다. 다음 생이 있더라도 결국 다른 사람일 텐데 이번 생의 선업에 대한 다음 생의 보응이든 이번 생의 악업에 대한 다음 생의 보응이든 이번 생의 나와 무슨 상관이 있겠느냐?' 그러면 이렇게 그에게 알려주겠다. 다음과 같은 상황을 안다면 남과 나를 함께 잊는 것도 괜찮을 것이다. 이번 생의 나와 다음 생의 나는 본래 동일하지만 다른 사람이라고 생각한다면 이번 생의 나와 다음 생의 나는 서로 모르는 사람이 된다. 그러면 나는 세상 사람들과 모두 모르기 때문에 모두 다른 사람이라고 생각하는 셈이 되는데 모든 사람이 내가 아니라는 것은 어떻게 알겠는가? 게다가 부처는 시작도 끝도 없는 무한한 윤회(無始劫)를 이야기하고 예수는 '최후의 심판'을 말한다. 그래서 기억하지도 못하고 알지도 못하지만 오지 않는다고 할 수는 없다. 도를 닦아 얻은 힘이 부족해서 세상의 험난함을 감당하기 부족한 사람이 일시적 분노 때문에 격해져서 일찌감치 자살이나 해버릴까 함부로 바란다면 나약하게 회피하면서 삶을 미워하고 죽음을 좋아하는 사람이

동일 것이라고 추정하고 있다.

83) '하느님의 분명한 명령이 있다는 것을 늘 보기'의 원문은 '顧諟天之明命'이다. 『尙書』「太甲 上」에 나오는 말이다. '先王顧諟天之明命, 以承上下神祇.'

되는 것이다. 죽는다고 어찌 요행이라도 피할 수 있겠는가? 업력[84]에 얽혀 죽으면 죽을수록 계속 태어난다는 것을 모르고 억지로 이번 생의 고통을 벗으려고 하지만 다른 생의 고통이 뜻밖에 더욱 심하다면 백번 죽더라도 다시 어떻게 구제되겠는가? 『예기』에도 범법자, 흙에 깔려 죽은 사람, 물에 빠져 죽은 사람은 조문하지 않는다고[85] 한다. 맹자는 이렇게 말한다. '천명을 아는 사람은 돌담 아래에 서지 않는다.'[86] 이것이 자신을 닦으면서 천명을 기다리는 좋은 학문을 마련하지 않으면 안 되는 이유이고 윤회나 인과보응(因果報應) 같은 여러 주장이 예나 지금이나 막히지 않는 이유이기도 하다.

14

그렇지만 영혼에 대한 서양인의 말이 다 맞는 것도 아니다. 동일하게 크고 오롯한 성해[87]에서 각각 작은 분량을 얻어 부여하면 인간이 되기도 하고 동물이 되기도 하며 식물이 되기도 하고 쇠나 돌이 되기도 하며 모래, 자갈, 흙, 물이 되기도 하고 똥이나 오줌이 되기도 한다. 그런데 인간만 영혼이 있고 인간 이외의 사물은 영혼이 없다고 하는 말은 옳지 않다. 부처는 이렇게 말한다. '사람이 양이 되기도 하고 양

84) 원문은 '業力'이다. 다음 생의 고통을 불러일으키는 죄업의 영향력 또는 세간의 선과 악, 고통과 쾌락을 불러일으키는 내가 가진 힘을 말한다.

85) 원문은 '畏, 壓, 溺, 謂之三不弔'이다. 『禮記』「檀弓 上」에 나오는 말이다.

86) 원문은 '知命者不立乎巖牆之下'이다. 『孟子』「盡心 下」에 나오는 말이다.

87) 31쪽 주 2를 보라.

이 사람이 되기도 한다.'[88] 축생도(畜生道)는 삼악도[89] 가운데 하나이다. 인간이 자기 영혼을 지키지 않으면 동물로 추락하기도 하고 동물이 만약 자기 영혼을 잘 지키면 인간이 되기도 한다. 먹고 숨 쉬는 점에서 동물과 인간은 다를 수 없는데 동물만 영혼이 없겠는가? 식물 같은 것은 인간과 먼 것 같다. 그래도 연못물이든 샘물이든 비든 이슬이든 먹고 탄소와 산소로 숨 쉰다. 아프리카에는 인간과 동물의 피나 살을 먹는 독초도 있으니 말이다. 인간의 허파는 몸 안에 있고 식물의 허파는 바깥에 있다. 잎사귀 말이다. 식물의 잎을 모두 제거하고 싹까지 잘라버리면 즉시 말라죽는다. 허파가 없어서 호흡을 할 수 없기 때문이다. 서양인은 '동문의 버드나무 잎사귀 무성하네'[90]라는 『시경』 구절이 사물의 형태를 참 공들여 꼼꼼하게 이미지로 체현하고 있다고 한다. 이것은 역시 훈고(訓詁)가 기발하면서 정확하기 때문일 것이다. 쇠와 돌, 모래와 자갈, 물과 흙, 똥과 오줌 같은 것들은 결국 먹는다거나 숨 쉬는 일이 없지만 앎이 없다고 말할 수는 없다. 앎이 있다는 것을 어떻게 증명할 것이냐? 본성과 감정이 있기 때문이다. 그들에게 본성과 감정이 있다는 것은 어떻게 증명할 것이냐? 좋아하고 싫어하는 것이 있기 때문이다. 좋아하고 싫어하는 것이 생기기 때문에 공격하고 차지하는 일이 생긴다. 공격하고 차지하는 일이 생기기 때문에 이질적인 것과 동일한 것이 생긴다. 이질적인 것과 동일한 것이 생

---

88) 원문은 '人化爲羊, 羊化爲人'이다. 『首楞嚴經』 권4에 나오는 말이다.

89) 삼악도의 원문은 '惡道'이다. 惡道는 악업을 지어 지옥, 아귀, 축생 세 가지 가운데 하나로 태어나는 것이다.

90) 원문은 '東門之楊, 其葉肺肺'이다. 『詩經』 「陳風」 '東門之楊' 시에 나오는 구절이다.

기기 때문에 나누고 합치는 일이나 상생과 상극이 생긴다. 이렇게 여러 가지 측면을 의학자들이 이용하기도 한다. 인간이 사물을 이용할 때 다른 이유가 있겠는가! 사물이 좋아하고 싫어하는 것을 안다는 점을 잘 알고 그것을 신중하게 느꼈기 때문일 뿐이다. 이것을 추리해보면 허공에도 앎이 있을 것이다. 그러나 세상 사람들은 식물 이하의 사물은 앎이 없다고 한다. 인간이 알고 있는 한도를 척도로 삼아서는 안 되지만 인간이 알 수 없는 것을 의심한 탓이다. 인간의 앎이 가장 복잡하고 동물이 인간 다음이다. 식물 이하의 사물은 오로지 앎의 특정한 측면만 가지고 있다. 해바라기가 태양 방향으로 기울거나 쇠가 전기를 흡수하거나 불이 위로 치솟거나 물이 아래로 흐르거나 하는 것처럼 말이다. 비록 특정한 측면의 앎이기는 하지만 인간이 가질 수 없는 것은 절대로 아니다. 인간에게 있다면 앎이라고 하면서 사물에게 있다면 앎이라 하지 않는다면 말이 되겠느냐? 또한 인간은 본디 앎을 가지고 있다고 하지만 앎이라는 것은 과연 어떤 종류의 사물인가? 앎은 마음(心)에서 나온다고 하지만 심장(心)은 동맥혈과 정맥혈을 내주고 받아들이는 일을 맡고 있는 장기인데 앎이라고 하는 것을 볼 수 있겠는가? 앎은 뇌에서 나오는 것이 틀림없다. 뇌를 갈라서 살펴보면 빛깔은 회색이고 재료는 지질이며 호두처럼 울퉁불퉁하게 생겼다. 앎이라는 것에 다른 것은 없다. 심장이 어떻게 피돌기를 맡을 수 있는가? 뇌의 형상과 빛깔은 어떻게 작용하고 있는가? 인체를 해부해 본다면 이것은 좋아하고 싫어하는 것, 공격하고 차지하는 것이 아니겠는가? 인간도 하나의 사물일 뿐이다. 그래서 사물도 지적 능력을 가지고 있을 뿐만 아니라 인간의 지적 능력과 결국 같다. 그저 많고 적은 숫자의 차이일 뿐이다.

이렇게 묻는 경우도 있다. '정말 그렇다면 어떻게 본성이 없다고 말하는 것인가?' 이렇게 대답하겠다. 본성이 있느니 없느니 말하는 것은 인간과 사물을 동일하다고 가정한 말이다. '길은 사람이 다니다 보니 만들어진 것이고 사물은 사람이 부르다 보니 그렇게 불리게 된 것'[91]이라고 장자는 말했다. 인간에게 본성이 있다면 사물 자체에도 본성이 있다. 사물에게 본성이 없다면 인간에게도 본성은 없다. 사물에게 앎이 없다고 추정하면 인간에게도 앎이 없다고 해도 안 될 것은 없다. 만약 앎이 있다고 한다면 앎은 에테르에서 나오며 마찬가지로 생성하지도 않고 소멸하지도 않는 것이다. 생성하지도 않고 소멸하지도 않는 앎이 영혼이다. 그래서 사물에 영혼이 없다고 하면 이것은 사물에 에테르가 없다는 말이 되는데 가당키나 하겠는가? 서양인은 마음과 영혼(心靈)을 논할 때 사물의 화려한 아름다움이 뿌리를 내리고 있는 근본을 더 깊이 연구했다. 그래서 갖가지 동물의 다양성, 갖가지 식물의 다양성, 다양한 형태의 구름과 물결, 아름다운 노을과 밝은 별 등등, 모든 사물은 스스로 자기 빛을 내서 사람을 기쁘게 할 수 있다고 한다. 그렇다면 사물에는 지극히 정신적인 것이 없을 수 없다. 그런데 서양인은 자신의 주장을 배반하고 사물에 영혼이 없다고 말하는가? 그러므로 서양인의 주장이 틀림없이 사실과 다르다는 것을 알게 되었다.

서양인에게는 사실과 달리 크게 잘못된 것이 또 있다. 죽은 뒤에 영혼이 얻을 결과가 천당과 지옥이고 지옥에 간 사람은 영원한 고통에 빠지고 천당에 간 사람은 영원한 복락을 누리게 된다고 서양인은 알

91) 원문은 '道行之而成, 物謂之而然'이다. 『莊子』「齊物論」에 나오는 말이다.

고 있지만 태어나기 전에 무슨 원인이 있어서 영혼이 영원한 복락을 구하려고 해도 얻지 못하는지 모른다. 그래서 그들은 이런 주장을 억지로 지어냈다. '모든 인간은 원죄가 있다.' 근사하기는 하다. 원죄는 어디서 생기는가? 그들은 이런 주장을 억지로 지어낸다. '인간의 시조인 아담과 하와, 그리고 이제껏 살았던 조상이 남긴 죄이다.' 조상의 죄는 조상이 명명백백하게 받았는데 후손과 무슨 상관이 있겠는가? '사람을 벌주더라도 처자식에게 미치지 않는다.'[92] 인간의 법도 이러한데 어찌 하느님의 인자한 사랑이 인간에게 미치지 않는다는 말인가? 그들이 중시하는 것은 영혼이라지만 조상에게 죄를 묻기 때문에 그저 육체만 중시하는 셈이다. 육체는 조상이 물려준 것이지만 어찌 영혼도 조상이 물려준 것이란 말이냐? 조상의 영혼은 또 어디로 갔다는 말이냐? 만약 조상의 영혼이 후손의 영혼으로 바뀌었다면 이것은 동일한 본성이 스스로 윤회하는 셈이 되기 때문에 예수교의 근본 주장과 맞지 않고 영원한 복락이나 영원한 고통과 더욱 맞지 않는다. 그러면 영혼도 자신이 저지른 죄를 스스로 받았다는 말이 된다. 삶과 죽음은 시작이 없는 데서 와서 돌고 돌며 쉰 적이 없다. 육체는 낳아주었어도 영혼은 낳아주지 않은 조상과 무슨 상관이 있겠는가? '선한 일을 쌓은 집안에는 경사가 남고 선하지 않은 일을 쌓은 집안에는 재앙이 남는다'[93]라는 주장이 『주역』에 있지만 이것은 거의 꼴을 살피고 문명을 일으키기 위해서 한 말이다. 남는다고 했으니 경사가 한 번만이라는 말도 아니고 재앙이 한 번만이라는 말도 아닐 것이다. 경사

---

92) 원문은 '罪人不孥'이다. 『孟子』「梁惠王 下」에 나오는 말이다.

93) 원문은 '餘慶餘殃'이다. 『周易』「坤卦」의 「文言傳」에 나오는 말을 줄여서 쓴 것이다. '積善之家, 必有餘慶. 積不善之家, 必有餘殃.'

나 재앙을 남겨서 후손에게 물려주었다는 말도 틀림없이 아닐 것이다. 남들이 잘되고 못된 원인과 결과를 이야기할 때 번번이 조상까지 걸고 넘어지는 중국인도 결국 육체의 진창에 빠져 있는 셈이기 때문에 영혼의 도리에 어두워지고 활짝 드러나지 못하게 되었다. 잘못되었구나! 중국인의 잘못은 아마 서양인과 똑같을 것이다.

없는 사실을 꾸며서 남을 헐뜯거나 제정신을 잃고 탐닉하는 일이 중국에서는 거의 대부분 육체의 진창에 빠진 탓에 일어난다. 귀신을 섬긴다면 마음으로 섬기는 것이다. 그래서 자기 마음을 섬기는 셈이 되고 자기 영혼을 섬기는 셈이지만 제멋대로 귀신의 육체를 본뜬답시고 흙이나 나무로 우상을 만드는 지경이다. 우상이 왕성해지면 영혼이 멍청해진다. 영혼이 멍청해지면 육체의 주장이 제멋대로 군다. 풍수(風水)라든가 별자리 점(星命)이라든가 오행 점(五行)이라든가 육임둔갑(壬遁)[94]이라든가 갖가지 점술과 금기라든가 말이다. 재앙과 행운, 부유함과 높은 신분, 이익을 위해서 이런 짓을 저지르는 사람은 모두 육체에 영향을 미치는 것만 보는 사람이다. 하찮은 유학자가 그저 육체를 위주로 교를 생각하는 것은 말할 것도 없다. 그들은 이렇게 말한다. '내가 이단과 다른 이유는 결국 가까운 관계에서 출발하여 먼 관계까지 도달하는 제도와 규범 덕분이다. 저기 묵자의 너나들이 아끼기 같은 주장은 가깝고 먼 관계를 어지럽히는 말이다.' 아하! 묵자가 언제 가깝고 먼 관계를 어지럽힌 적이 있다는 말인가! 가깝고 먼 관계는 육체에서 생기는 것이다. 육체에서 관계가 생겼다면 육체

94) 六壬遁甲術은 중국 점술의 일종이다. 六壬은 별, 방위, 시각으로 점치고 遁甲은 甲子, 甲寅, 甲辰, 甲午, 甲申, 甲戌의 六甲으로 점치는 술수이다.

때문에 어지러워질 것이다. 생성하지도 않고 소멸하지도 않는 에테르는 천지, 만물, 남과 나를 통해서 한 몸이 되는데 무슨 가깝고 먼 관계가 생기겠는가? 가깝고 먼 관계가 없는데 어찌 어지러워지겠는가? 저들은 이것도 모르면서 도리어 묵자의 학문을 흉본다. 오로지 너나들이 아끼기라는 한 마디가 육체를 뛰어넘어 영혼을 맡을 수 있는 말이고 묵자의 학문에서 에테르와 가장 잘 맞는 말이라는 것을 저들이 어찌 알겠는가? 육체를 넘어설 수 없기 때문에 가깝고 먼 관계가 생긴다. 가깝고 먼 관계가 생기기 때문에 분별하는 마음이 생긴다. 가깝고 먼 관계를 분별하기 때문에 예의의 명분이 생긴다. 예의를 근거로 가깝고 먼 관계를 알기 때문에 가깝고 먼 관계는 예의에서 크게 어지러워진다. 마음이 기껍지 않기 때문에 가깝고 먼 관계를 강제하고 몸이 편하지 않기 때문에 가깝고 먼 관계를 속박한다. 속박하게 되면 자리에 오르내리거나 절하고 꿇어앉는 규범이 많아져서 번거로워 진다. 강제하게 되면 불쌍하게 여기는 아주 솔직한 의도가 사라진다. 도리어 이것 때문에 가까운 관계는 멀어지고 먼 관계도 이것을 무릅쓸 만하다면 가까워진다. 자신의 쓸모 있는 정력과 유한한 시간을 나날이 허비하고 말할 만한 가치도 없는 허례허식을 일삼는다. 그들은 예를 지키는 것을 자신의 소명으로 생각하지만 어찌 그것이 말할 만한 가치가 없다는 것도 모를까? 그저 사회 규범이 우러러보기 때문에 거짓이라도 그저 그렇게 해나가고 있을 뿐이다. 그러므로 이렇게 말한다. '충실과 신뢰가 엷어진 것이자 어지러움의 시작이 예이다.'[95] 인에 기대어 드러나는 것이 예이다. 인이라면 저절로 예가 생기기 때문에 따

---

95) 원문은 '禮者, 忠信之薄, 而亂之首也'이다. 『老子』 제38장에 나오는 말이다.

로 표시할 필요가 없다. 가깝고 먼 인간관계는 저절로 생기기 때문에 신분에 걸맞은 몸가짐을 엄격하게 수립하여 가혹하게 지킬 필요는 없다. 예나 인간관계는 모두 인에 근원을 두고 있기 때문에 궁극적으로 대단히 인하지 않은 상태에 도달한다면 육체의 진창에 빠진 해로움이 크기 때문이겠지.

15

생성하지도 않고 소멸하지도 않는 것은 어디에서 나오느냐? 미생멸(微生滅)에서 나온다. 이것은 불교가 말하는 보살 자리의 미생멸이 아니고 에테르에 저절로 생기는 미생멸이다. 생성하지도 않고 소멸하지도 않는 것은 부처가 열반에 들 때 보태지는 것이 아니다. 그러나 부처 자체는 사자좌[96]를 떠나지 않아도 모든 곳에 현전하기 때문에 모든 것이 하나로 들어가는 동시에 하나가 모든 것으로 들어간다고 한다.[97] 그러면 모든 순간마다 도솔천[98]에서 강생하고 모든 순간마다 모태에 들어가며 모든 순간마다 모태에 머물고 모든 순간마다 세상에 나오며 모든 순간마다 출가하고 모든 순간마다 깨달음을 이루며 모든 순간마다 악마를 항복시키고 모든 순간마다 설법하여 중생을 구제하며 모든 순간마다 열반에 든다.[99] 일찰나(一

96) '사자좌'의 원문은 '獅子座'이다. 동요하지 않는 부처의 경지를 비유하는데 『大智度論』에서 나온 말이다. '佛爲人中獅子, 凡所坐若床若地, 皆名獅子座.'

97) 원문은 '一切入一, 一入一切'이다. 法藏의 『華嚴五教章』에 나오는 말이다

98) '도솔천'의 원문은 '兜率天宮'이다. 未來佛인 彌勒菩薩이 상주하는 곳의 이름이다.

99) 『大乘起信論』에 나오는 八相成道를 가리킨다.

刹那) 정도의 짧은 시간에 이미 가없이 많은 부처가 생성했다 소멸했고 이미 가없이 많은 중생이 생성했다 소멸했으며 이미 가없이 많은 세계와 법계가 생성했다 소멸했다. 과거에서 찾는다고 해도 모든 생성과 소멸은 시작이 없고 미래에서 찾는다고 해도 모든 생성과 소멸은 끝이 없다. 현재에서 찾는다고 해도 모든 생성과 소멸은 끊임없이 생기고 또 생기며 앞에서 지나가지만 머무른 적은 없다. 그러므로 윤회는 삶과 죽음에서 비로소 생기는 것이 아니다. 삶과 죽음은 특히 거대한 윤회(大輪廻)일 뿐이다. 사는 때와 죽는 때가 따로 없기 때문에 윤회하지 않은 때도 없다. 드나드는 일, 가다 쉬는 일, 말하고 침묵하는 일, 생각하고 생각을 멈추는 일, 듣고 보는 일, 마시고 먹는 일, 꿈꾸고 깨는 일, 숨을 들이마시고 내쉬는 일, 피가 도는 일 자체는 번갈아가며 계속 일어난다. 저것이 가면 이것이 오고 이것이 이어지면 저것이 끊어진다. 가는 것은 죽음이면 오는 것은 삶일 것이다. 이어지는 것이 삶이면 끊어지는 것은 죽음일 것이다. 어떻게 하면 살고 어떻게 하면 죽는가? 결국 삶과 죽음의 윤회 바깥으로 빠져나갈 수는 없을 것이다. 슬퍼할 만한 것이겠지! 낱낱의 생각과 생각이 계속 이어지기[100] 때문에 만들어내는 것들은. 이렇게 생각해보면 거대한 윤회도 틀림없이 낱낱의 생각이 만드는 것이다. 부처는 그러므로 '삼계가 오로지 마음일 뿐'[101]이라고 말하기도 하고 '모든 것은 마음이 지은 것일 뿐'[102]이라고 말하기도 한다. 인간

100) 원문은 '念念相續'이다. 의식의 상태를 가리키는데 생각이 일어났다 즉시 소멸하고 계속 생각이 일어났다 소멸하기를 반복하는 것이다.

101) 원문은 '三界惟心'이다.

102) 원문은 '一切惟心所造'이다. 『十地經』에 나오는 말이다.

이 거대한 윤회를 벗어날 수 있을까? 벗어날 수 없다면 거대한 윤회 안의 미세한 윤회[103]도 알 수 있을 것이다. 미세한 윤회는 끝나지 않는다. 그렇다면 삶과 죽음도 결국 쉬지 않을 것이고 에테르의 미생멸도 쉬지 않을 것이다.

장자는 이렇게 말한다. '배를 골짜기에 숨기고 이제 든든하다고 말하지만 힘센 사람이 한밤중에 등에 지고 가버리는 일이 생긴다.'[104] 나 같으면 골짜기마저도 등에 지고 갈 것이라고 말하겠다. 또 이런 말도 있다. '큰 기러기는 이미 엄청나게 높이 날아올랐지만 그물을 펴는 사람은 여전히 수풀 우거진 습지만 응시한다.'[105] 나 같으면 수풀 우거진 습지마저도 동시에 날아가 버렸다고 말하겠다. 장자는 또 이렇게 말한다. '낮과 밤이 앞에서 계속 번갈아가며 지나간다.'[106] 나 같으면 번갈아가며 지나가는 탓에 낮과 밤은 없다고 말하겠다. 장자는 또 이렇게 말한다. '태어나는 동시에 죽고 죽는 동시에 태어난다.'[107] 나 같으면 동시이기 때문에 삶과 죽음은 없다고 말하겠다. 왕부지는 이렇게 말한다. '현재는 이미 생긴 천지이기도 하지만 현재는 아직 생기지 않은 천지이기도 하다.'[108] 나 같으면 현재인 탓에 현재가 없다고 말하겠다. 이상은 모

103) '미세한 윤회'의 원문은 '細輪廻'이다. 낱낱의 생각과 생각이 계속 이어지는 일이 생성하고 소멸하는 것을 말한다.

104) 원문은 '藏舟於壑, 自謂已固, 有大力者夜半負之而走'이다. 『莊子』「大宗師」에 나오는 말이다.

105) 원문은 '鴻鵠已翔於萬仞, 而羅者猶視乎藪澤'이다. 『史記』「司馬相如傳」에 나오는 말이다.

106) 원문은 '日夜相代乎前'이다. 『莊子』「齊物論」에 나오는 말이다.

107) 원문은 '方生方死, 方死方生'이다. 『莊子』「齊物論」에 나오는 말이다.

108) 王夫之 『周易外傳』 권4 「未濟」에는 '이치 쪽에서 말하자면 천지의 시작은 오늘

두 생성과 소멸이 끊임없이 생긴다는 말들이다. 끊임없이 생기기 때문에 영원할 수 있고 영원할 수 있기 때문에 끊임없이 생긴다. 그러면 잠깐 동안의 시간을 영원하게 잇고 짧은 것을 길게 늘이며 흩어진 것을 하나로 집중하고 끊어진 것을 쭉 이으며 유한한 것을 무한한 상태로 완전하게 만들고 형태가 있는 것을 형태가 없는 상태로 끌어들이고 틈이 벌어진 것을 틈이 없는 상태로 끌고 오고 등급이 있는 것을 등급이 없는 상태로 통하게 만든다. 모든 사람은 그러면 부끄럽게 생각할 테고 생긴 것이 있다고 생각할 것이다. 공자는 강가에서 이렇게 말했다. '흘러가는 것은 이와 같구나! 밤낮을 쉬지 않는구나.'[109] 밤낮은 강의 이치인 것이고 강은 밤낮의 형상인 것이다. 앞선 것이 가더라도 뒤따르는 일은 멈추지 않는데 갑자기 앞서고 있다고 생각하는 그때 뒤에 처지게 된다. 결국 어느 것이 앞이고 어느 것이 뒤라고 가르거나 끊을 수는 없다. 가는 것은 가고 뒤따르는 것은 다시 이어지는데 갑자기 잇는다고 생각하는 그때 가버리는 것이 돼버린다. 결국 어느 것이 가고 어느 것이 잇는다고 집착하거나 전유할 수는 없다. 강을 강물 한 방울로 귀결시킬 수 있다는 것은 강물 한 방울 한 방울이 모여서 강이 되기 때문이다. 밤낮을 눈 깜박할 사이로 압축할 수 있다는 것은 눈 깜박할 사이와 사이가 펼쳐져서 밤낮이 되기 때문이다. 가는 것일 뿐이기도 하고 멈추지 않는 것일 뿐이기도 하다. 동일한 것도 아니고 이질적인 것도 아니며 끊어지는 것도 아니고 이어지는 것도 아니

이다. 천지의 끝도 오늘이다. 시작도 끝도 인간은 알 수 없다'라는 말이 있는데 이것을 담사동이 오마주한 것이라고 생각한다.

109) 원문은 '逝者如斯夫, 不舍晝夜'이다. 『論語』「子罕」에 나오는 말이다.

다. 생성하는 동시에 소멸하기도 하고 소멸하는 동시에 생성하기도 한다. 생성과 소멸이 계속 이어질 때 미세한 것은 더 이상 미세해질 수 없을 때까지 미세해지고 촘촘한 것은 더 이상 촘촘해질 수 없을 때까지 촘촘해진다. 그래서 어울려 하나가 되지만 생성하지도 않고 소멸하지도 않는 것이 된다. 생성하지도 않고 소멸하지도 않는 것이 되지만 그렇게 만드는 근거가 미생멸이라는 것 자체는 감출 수 없는 것이다.[110]

16

이제 나는 무엇을 근거로 현재가 있다는 것을 아는가? 과거와 미래를 비교해서 안다. 과거는 이미 지나갔고 미래는 아직 오지 않았는데 무엇을 근거로 현재가 있다는 것을 아는가? 현재가 있다고 내가 알 때 현재는 이미 지나가버린다. 과거에도 현재는 없는가? 그래서 과거라고 한다. 미래에도 현재는 없는가? 그래서 미래라고 한다. 오늘은 오늘이어야만 하는데 내일이 되면 오늘을 오늘이라고 부르지 않는다. 다시 모레가 되면 내일도 오늘이라고 하지 않는다. 하루는 시간으로

---

110) 『인학』의 15는 헤라클레이토스의 사유처럼 보이기도 하고 베르그송의 사유처럼 보이기도 한다. 아마 모두 시간을 다루고 있기 때문일 테지만 생명에 관한 관심에서 출발하고 있다고 보아야 할 것이다. 담사동 이후 현대 중국철학의 역사에 적용해본다면 『인학』의 15에 나타난 사유는 담사동이 죽은 뒤, 곧 도래하게 될 梁漱溟, 熊十力 등의 本體論 형성에 영향을 주었다고 볼 수 있다. 그리고 세계적 유행이기도 했지만 현대 중국에서 베르그송이 각별한 관심의 대상이 되도록 만드는 역할을 했다고 할 수 있을 것 같다.

나누고 시간은 각(刻)[111]으로 나누며 각은 분으로 나누고 분은 초홀(秒忽)[112]로 나눈다. 초홀은 생기는 순간 소멸하기 때문에 몇 초 몇 홀이 현재이고 몇 초 몇 홀이 오늘의 순간인지 확정하는 것은 불가능하다. 사물과 나는 어제의 천지를 근거로 생겼지만 어제의 사물과 나는 오늘 모두 소멸했다. 사물과 내가 오늘의 천지를 근거로 생기게 된다면 내일은 다시 소멸할 것이다. 현재가 생성이라고 할 근거가 없다면 현재가 소멸이라고 할 근거도 없다. 그러므로 생성과 소멸은 생성하지도 않고 소멸하지도 않는다는 것이다.[113]

도리어 꿈에서 깨달은 적이 있다. 하룻밤의 꿈이었을 뿐인데 꿈에서 지나간 시간은 며칠, 몇 달, 몇 년, 수십 년인 경우가 있었다. 겨우 하룻밤인데 이렇게 긴 시간을 어떻게 받아들일 수 있었을까? 이렇게 긴 시간을 받아들일 수 있다면 다시 깨어나지 않았어야만 한다. 내가 깨어났을 때 며칠, 몇 달, 몇 년, 수십 년은 또 어디로 간 것일까? 수천 년, 수만 년 전의 현재가 현재의 오늘이 아니라는 것을 어떻게 알까? 수천 년, 수만 년 뒤의 현재가 현재의 오늘이 아니라는 것을 어떻게 알까? 부처는 그래서 '과거, 현재, 미래가 동일한 시간'[114]이라고 이름 지었다. 과거, 현재, 미래가 동일한 시간이라면 알 수 있는 것은 없다. 현재가 있다는 것을 자신이 안다고 생각해도 지나간 것일 뿐이다.

이제 나는 무엇을 근거로 내가 있다는 것을 알 수 있을까? 내가 아

111) 15분에 해당하는 시간.

112) 순식간의 뜻. 지금의 '초'라는 단위를 가리키는 말은 여기서 나왔다.

113) 「인학의 정의」에서 14, 15, 16, 17을 참고하라.

114) 원문은 '三世一時'이다. 華嚴宗에서 주로 쓰는 용어이다. 예를 들어 『度世品經』 권10에는 이런 말이 있다. '現了三世一時悉達, 是爲十事暢說三世.'

닌 것과 비교해서 알 수 있을 것이다. 그러나 내가 아닌 것은 이미 내가 아닌데 무엇을 근거로 내가 있다는 것을 알 수 있겠는가? 내가 있다는 것을 내가 알게 될 때 이것은 이미 지나가버린 나이다. 한 몸이라도 네 개의 팔다리(四體)와 다섯 가지 감각기관(五官)으로 나뉜다. 팔다리와 감각기관이라도 힘줄, 뼈, 피, 살로 나뉜다. 힘줄, 뼈, 피, 살도 각각 무수히 나뉘고 무수히 나뉜 분자마저도 각각 무수히 나뉘기 때문에 그 숫자를 헤아린다면 하나라고 생각할 수조차 없이 많은 숫자가 된다. 만약 수없이 많은 것 가운데 어느 것이 나라고 한다면 그 하나만 나이고 나머지는 모두 내가 아닌 것이 되고 말 것이다. 그러면 나는 분열되어야만 한다. 수없이 많은 것이 전부 나라고 하면 수없이 많은 내가 있는 셈이 되고 말 것이다. 그러면 나는 또 분열되어야만 한다. 어머니 뱃속에 아기가 자리를 잡은 때부터 늙고 죽을 때까지를 예로 들어보자. 기체와 액체에서 고체가 되고 손가락 몇 마디 크기밖에 안 되었는데 어른의 몸이 되며 육체가 죽어서 문드러지고 썩는 과정까지 거치며 돌고 돌아 다른 사물로 바뀐다. 이런 변화도 하나로부터 수없이 많은 숫자가 되는 것이다. 변화의 어떤 단계만 나라고 말한다면 그 하나만 나이고 나머지는 모두 내가 아닌 것이 되고 말 것이다. 그러면 나는 분열되고 말 것이다. 내가 어제는 남쪽으로 오늘은 북쪽으로 바쁘게 오간다고 치자. 오늘 북쪽에 있는 것이 나라고 하면 어제 남쪽으로 가던 나는 어디 갔는가? 내가 어제 남쪽으로 갔다고 하면 오늘 북쪽에 있는 나는 결국 남쪽에 있는 것이 아니다. 남쪽에 있는 것이 나인지, 북쪽에 있는 것이 나인지 확정할 수 없게 된다. 사물의 에센스를 취해서 내 기운과 피를 보충하려고 나는 먹고 마시고 호흡한다. 그러나 산소도 갑자기 탄소로 변하고 동맥혈도 갑자기 정맥혈로 변한다. 몸에 있는 모든 구멍[115]에서 숨, 침, 눈물, 콧물이나 똥처럼 엉겨서 뭉친 사물이 되어 나오기도 한다. 모공에서 열기, 습기, 땀, 기름기, 때가 되어 나오기도 한다. 수염이나 머리카락이 빠지는 경우도 있고 손톱이나 발톱이 떨어져 나가기도 한다. 기운과 피의 작용은 초홀만큼 짧은 시간도 걸리지 않고 즉시 지나가 버린다. 숨이 드나드는 어떤 순간이나 피가 도는 어떤 순간이 나인지 확정하는 것은 불가능하다. 생성하는 순간이 나라고 생각하지만 나는 그 순간 소멸한다. 소멸하는 순간이 나라고 생각하지만 나 자신은 생성하고 있다. 내가 생성하고 있다고 말해도 좋고 내가 소멸하고 있다고 말해도 좋다. 그러므로 생성하지도 않고 소멸하지도 않는 것이 생성과 소멸이라고 한다.

나는 사고 작용에 대해 생각하다가 깨달은 적이 있다. 사고는 뇌에서 일어나는데 뇌의 형태는 유한해도 사고는 무한하다. 하나의 세계이든 여러 개의 세계이든 갠지스 강의 모래알 숫자만큼 많은 세계이든 눈앞에 분명하게 나타나지 않은 적이 없고 하나하나 구분할 수 있었다. 무한을 유한에 넣는다면 유한은 어디로 가는가? 사고에 진력이 났을 때 무한은 다시 어디로 가는가? 모든 중생을 아울러 내가 된다면 나는 커지지 않는다. 나를 두루 펼쳐 모든 중생이 된다면 나는 줄어들지 않는다. 그러므로 이것을 '일과 다가 서로 포용한다'[116]라고 이름 짓는다. 일과 다가 서로 포용한다면 알 수 있는 것은 아무것도

---

115) '몸에 있는 모든 구멍'의 원문은 '九竅'이다. 九竅는 눈구멍 2개, 귓구멍 2개, 콧구멍 2개, 입 1개, 항문 1개, 요도 1개의 몸에 있는 구멍 9개를 가리킨다.

116) 원문은 '一多相容'이다. 『華嚴經』 자체에는 이 말이 없고 요약본인 『華嚴一乘教義分齊章』이나 『華嚴義海百門』 같은 책에 나타난다.

없다. 내가 있다는 것을 안다고 스스로 생각할 때 벌써 지나가 버렸으니까 말이다. 왕부지도 이렇게 말했다. '덕을 이미 얻었다거나 업적을 이미 이뤘다고 생각하지만 이것은 모두 지나가버린 것이다.'[117] 눈은 빛깔을 볼 수 있지만 빛깔이 눈에 도달했을 때 빛깔은 이미 지나가 버렸다. 귀는 소리를 들을 수 있지만 소리가 귀에 도달했을 때 소리는 이미 지나가버렸다. 코, 혀, 피부도 이와 마찬가지일 뿐이다. 생김새와 표정은 나날이 번갈아 바뀐다. 아침에 일어나 곰곰이 뜯어보면 사람은 하루도 같은 날이 없다. 피와 살을 나눴다는 가족도 수십 년을 함께 살고 있기 때문에 자기들이 다르다는 것을 깨닫지 못한다. 그러나 수십 년 전의 모습을 돌이켜본다면 분명히 다른 사람 같을 것이다. 그렇다면 나날이 태어나는 것은 사실 나날이 죽는 것이다. '전체는 끊임없는 생성이고 개체는 끊임없는 보존이다.'[118] 끊임없이 이어지고 또 이어지기 때문에 운동은 멈추지 않는다. 누군들 남에 의지해서 뻗어나가고 싶지 않겠느냐? 그러나 추세는 결국 도달하지 못하는 지경에 머물게 된다. 세상 사람들은 이미 지나가버린 영화와 치욕, 소득과 상실을 함부로 좇으며 그것을 붙들고 슬프다거나 즐겁다고 생각한다. '지나가버린 백마'[119]처럼 시간은 머무르지 않는데 도리어 '땅에 떨어져 박살난 시루'[120]를 돌아보는 지경이다. 과거를 잊지 못하지만 미래는 계속 도착하고 있다. 죽을 때까지 새로운 것을 접하고 대응할 짬도

117) 원문은 '以爲德之已得, 功之已成, 皆其逝焉者也'이다. 王夫之『四書訓義』 권13에 나오는 말이다.『論語』「子罕」의 '子在川上曰'을 풀이하면서 한 말이다.

118) 원문은 '天曰生生, 性曰存存'이다. 『周易』「繫辭上傳」에 나오는 말이다. 개체의 보존은 생명 전체의 관점에서 볼 때 유체역학에서 말하는 항력에 해당한다.

119) 원문은 '過駒'이다.『莊子』「知北遊」에 나오는 말이다.

120) 원문은 '墮甑'이다.『後漢書』 권68「郭符許列傳」에 나오는 말이다.

없는데 과거를 붙들고 있다면 하나도 변변히 대응할 수 없게 된다. 이것도 슬프지 않으냐!

17

'일과 다가 서로 포용한다'라거나 '과거, 현재, 미래가 동일한 시간'이라면 '수준 낮은 지식인은 크게 비웃고'[121] 믿지 않을 것이다. 저절로 그렇고(自然) 본래 그런(固然) 천지 만물의 진리를 그들이 어찌 알겠는가! 진리를 모르기 때문에 우주가 생겼다가 사라지는 긴 시간에 걸친 업(業)의 힘에 휘둘리게 되고 진리를 알 수 없게 가리는 작용도 깊고 두터워진다. 허망한 것을 진실하다고 집착하고 나를 해치는 도적을 아들이라고 인식하기 때문에 스스로 혼란스러워지고 스스로 어리석어져서 결국 상대성에 속을 뿐이다. 상대성은 이것과 저것의 구별에서 생기고 이것과 저것의 구별은 내가 있다는 데서 생긴다. 나를 하나라고 하면 나를 마주하고 있는 것은 남일 테고 그러면 둘이 생긴다. 남과 내가 교제하는 관계까지 치면 셋이 된다. 변화의 운수에 맞춰서 이리저리 뒤섞을 때 '아침에는 세 개, 저녁에는 네 개를 줄까? 아침에는 네 개, 저녁에는 세 개를 줄까?'[122]라는 식이라면 이름과 실재는 변동이 없겠지만 상대성 때문에 기쁨이나 분노가 생긴다. 그래서 크고 작다거나 많고 적다거나 길고 짧다거나 시간이 길고 짧다는 모든 상대적인 이름과 모든 상대적인 분별은 뒤엉킨 채 시끄럽게 다툰

---

121) 원문은 '下士所大笑'이다. 『老子』 제41장에 나오는 말이다.
122) 원문은 '朝四而暮三, 朝三而暮四'이다. 『莊子』 「齊物論」에 나오는 말이다.

다. 그런 속임수는 자신을 속이는 것이기 때문에 해소되지 못한다.

그러나 속이려고 해도 끝내 속이지 못하고 우연히 꼬투리를 드러내게 될 테고 학자들에게도 길을 제시하게 된다. 꿈 한 번 꾸었더니 수십 년 세월이 지나갔다든지 생각 한 번 했더니 무한한 세계가 펼쳐졌다는 것처럼 말이다. 거울이 아무리 작아도 거울이 용납하지 못하는 형태는 없다. 뇌의 무게가 아무리 적어도 뇌가 담지 못하는 사물은 없다. 서역(西域) 마술사들은 불을 뿜고 칼을 삼킨다. '신선은 불구덩이를 걸어도 뜨겁지 않고 물바다를 걸어도 젖지 않는다.'[123] 물은 액체이기 때문에 물에 떠서 헤엄칠 수 있다. 만약 텅 빈 공간에 있는 둥근 구체라면 세로로 거꾸로 섰든지 가로로 기울었든지 서 있을 수 있다. 동일한 공기가 소리를 전달하기도 하고 빛을 전달하기도 하지만 소리와 빛은 뒤섞이지 않는다. 동일한 전파[124]가 열을 전달하기도 하고 힘을 전달하기도 하지만 열과 힘은 어지러워지지 않는다. 허공에는 무한한 혹성과 항성(星日)이 있고 혹성과 항성에는 무한한 허공이 있으니 크다고 할 만하다. 저쪽이 크기 때문이 아니고 내가 작기 때문이다. 사람이 볼 수 없는 미생물이 있고 미생물이 볼 수 없는 미생물도 있으니 작다고 할 만하다. 저쪽이 작기 때문이 아니고 내가 크기 때문이다. 무엇을 근거로 크다고 하는가? 내가 작은 것에 비례해서 크다고 한다. 무엇을 근거로 작다고 하는가? 내가 큰 것에 비례해서 작다고 한다. 그러면 세상에는 결국 크고 작다는 것은 없고 아견[125]만 있

123) 원문은 '眞人之行, 火不熱而水不濡'이다. 『莊子』「大宗師」에 나오는 말이다.
124) '전파'의 원문은 '電浪'이다. 물결 파(波)나 물결 낭(浪)은 뜻이 같은 말이다. 근대 동아시아 번역 전쟁의 흔적이다.
125) 원문은 '我見'이다. 七見의 일종인데 항상 유일하며 모든 것을 주재하는 '나'를

는 셈이 된다. 많고 적다거나 길고 짧다거나 시간이 길고 짧다는 것도 이와 마찬가지이다. 이것을 환상이라고 의심한다면 내가 정말 있어도 나는 환상이 된다. 환상이 어찌 진실이 아니겠는가? 진실이 어찌 환상이 아니겠는가? 진실과 환상도 상대적인 말이기 때문에 상대성은 의심할 이유가 없다. 이것을 기이하다고 놀란다면 내가 말할 수도 있고 움직일 수도 있으며 먹을 수도 있고 사고할 수도 있는 것은 놀랍지 않은가? 기이한 것이 어찌 평범한 것이 아니겠는가? 평범한 것이 어찌 기이한 것이 아니겠는가? 평범함과 기이함도 상대적인 말이기 때문에 상대성에 놀랄 이유가 없다.

이처럼 속이려고 해도 끝내 속이지 못하지만 결국 서양인의 과학(格致之學) 덕분에 가려진 덮개를 벗길 수 있을 것이다. 팽창한 것은 수축시키고 미세한 것은 드러내며 사라지려고 하는 것은 보존하고 멸종한 것은 번식시킨다. 소리나 빛은 공허하지만 저장해서 채울 수 있다. 사물의 모양과 성질은 막혀 있지만 속까지 꿰뚫어 볼 수 있다.[126] 음성학, 광학, 화학, 전기학, 기상학, 역학(聲光化電氣重之說)이 발달하면서 상대성을 거의 깨트려버렸다. 상대성을 깨트리고 싶으면 우선 과학을 반드시 이해해야 한다. 과학을 이해하고 싶으면 우선 상대성을 반드시 구분해야만 한다. 이것이 있다면 저것이 있을 테고 단독인 것은 없고 짝이 있는 법이다. 묻지 않아도 알 수 있는 이것은 상대성을 구분하는 주장이다. 저것이 없으면 이것도 없기 때문에 이것은 다름 아니라 저것이고 저것은 다름 아니라 이것이다. 꼭 알 필요도

고집하는 그릇된 견해이다.

126) 일역본의 주는 저장해서 채울 수 있는 것의 예로 레코드나 전지, 속까지 꿰뚫어 볼 수 있는 것의 예로 엑스선을 들고 있다.

없지만 알만한 것도 없다. 이것은 상대성을 깨트리는 주장이다. 상대성을 구분하는 것을 서양인은 논리학(辨學)이라고 부른다. 공손룡(公孫龍)이나 혜시(惠施) 같은 사람들[127]은 전국시대 당시 논리학을 자기들 학파 명가의 방법으로 삼았다. '단단한 것과 흰 것의 차이와 동일성'[128]에 대한 논변은 논리학을 시시콜콜 표현하고 있는데 이것은 학문의 기초이다. 논리학에서 대수학이 나오기 때문에 대수학은 사실 논리학이 형태를 바꾼 것이다. 대수학에서 과학이 나오기 때문에 과학은 사실 논리학과 대수학을 함께 응용한 것이다. 논리학, 대수학, 과학은 여러 학문 가운데 잘 완성된 것이다. 과학을 이해하고 상대성을 깨트리는 것은 학문에서 극치의 경지이다. 공자는 이렇게 말한다. '아래로부터 배워서 위에 통달한다.'[129] 단계를 건너뛰고 단박에 성취한 적은 없었는데 어찌 중도에 그만두고 스스로 한계를 정할 수 있겠는가.[130]

그러므로 서학(西學)은 모두 불교(佛學)에 근원을 두고 있으며 오로지 서학이 있었기 때문에 불교는 다시 세상에 밝혀지게 되었다고 생각한 적이 있다. 크게 비웃으며 믿지 않는 사람들은 무슨 근거로 믿지 않는 것일까? 눈, 귀, 코, 혀, 피부가 닿지 못하기 때문이 아니겠는

---

127) 전국시대 제자백가 가운데 名家의 대표적 인물들이다. 中華民國 때는 이들을 논리학파라고 불렀다.

128) 원문은 '堅白異同'이다. 『莊子』「天下」에 나오는 말이다. 개념을 분석하기 위한 기초 논리를 가리킨다. 堅白異同은 특히 형식논리학의 내포와 주연 관계를 다루는 것이다.

129) 원문은 '下學而上達'이다. 『論語』「憲問」에 나오는 말이다.

130) 원문은 '未有可以躐等而蹴幾, 亦何可以中止而自畫也'이다. 『論語』「雍也」에 나오는 말을 응용한 것이다. 힘이 부족해서 그만두는 법은 없다는 뜻이다.

가? 그들의 어리석음과 헷갈림은 여기서 더욱 심하다. 눈, 귀, 코, 혀, 피부가 닿으면 빛깔, 소리, 냄새, 맛, 촉감 다섯 가지 감각이 생길 뿐이다. 법계, 허공계, 중생계가 무한하기(無量無邊) 때문에 그 사이에 있는 것은 틀림없이 다섯 가지 감각에 그치지 않을 것은 분명하다. 다만 내가 가지고 있는 다섯 가지 감각을 근거로 무한을 함부로 헤아리면서 있다든지 없다든지 멋대로 판단하니 어찌 괜찮겠는가! 그러므로 똑같은 눈인 것 같아도 육안이 있고 천안이 있으며 혜안이 있고 법안이 있으며 불안이 있다.[131] 이것은 우리나라 땅이다, 저것은 허공이다 따위로 보는 것이 육안이다. 이것은 바닷물이다, 저것은 지옥이다 따위로 보는 것이 천안이다. 혜안 이상도 각각 차이가 있다. 어찌 육안으로 본 것만 믿을 만하다고 생각하느냐! 귀, 코, 혀, 피부도 눈의 경우와 마찬가지이다. 육신의 눈이나 육신의 귀를 가지고 논해보자. 망원경(遠鏡)이나 현미경으로 볼 수 있는 것은 육신의 눈으로 볼 수 없는 것이다. 게다가 망원경이나 현미경으로 볼 수 없는 것도 있다. 전신(電筒)이나 전화(德律風)로 들을 수 있는 것은 육신의 귀로 들을 수 없는 것이다. 게다가 전신이나 전화로 들을 수 없는 것도 있다. 또한 눈으로 보고 귀로 듣는 것도 진짜로 보거나 들을 수 있는 것이 아니다. 눈

---

131) '육안'의 원문은 肉眼, '천안'의 원문은 天眼, '혜안'의 원문은 慧眼, '법안'의 원문은 法眼, '불안'의 원문은 佛眼이다. 이상은 불교에서 五眼이라 부르는 것이다. 수행에 따라 상승하는 경지를 보여주는 다섯 가지 眼力을 가리킨다. 가시적인 물질인 色만 보는 肉眼, 인연과 인과의 원리에 따라 이루어진 현상적인 차별만 보지 실체를 보지 못하는 天眼, 空은 보지만 중생을 이롭게 하는 이치는 보지 못하는 慧眼, 다른 이를 깨달음으로 인도하지만 加行道를 모르는 法眼, 모든 것을 보고 모든 것을 다 아는 佛眼이다. 『大智度論』「釋初品中到彼岸等」이나 『金剛經』「一體同觀分」에 나온다.

에는 망막이 있다. 형상이 눈에 들어오면 영상을 그리고 망막에서 뇌에 전달되면 시각이 된다. 그러면 본다는 것은 망막에 생긴 영상을 보는 것일 뿐이고 영상의 진짜 형상은 사실 영원토록 볼 수 없는 것이다. 어찌 형상만 볼 수 없겠는가? 영상은 그리기를 근거로 생긴 것이다. 점들을 이어서 선을 만들고 선들을 이어서 가지처럼 가느다란 것을 누적시키며 그렇게 누적된 것을 마디마디 누적시키는 것이 틀림없다. 다만 이런 과정이 매우 빠르기 때문에 시각의 피로를 깨닫지 못할 뿐이다. 영상이 완성되었을 때 저기 있던 형상은 이미 오래전에 지나갔을 것이다. 영상은 다시 뇌에 전달될 때까지 기다려야 알게 된다. 뇌에 전달된 영상은 일단 지나간 영상이기 때문에 진짜 영상은 볼 수 없게 된다. 그러므로 지극히 멀리 있는 항성이 폭발한 지 수천 년, 수만 년이 지났더라도 폭발할 때 나온 빛은 이제야 지구에 전달되는 것이다. 빛의 속도를 미뤄보면 대단히 가까운 곳에 도달하더라도 그렇지 않은 것은 아무것도 없다. 귀에는 고막이 있다. 소리가 귀에 들어오면 음향으로 공명하게 되고 고막에서 뇌에 전달되면 청각이 된다. 그러면 듣는다는 것은 고막을 울린 음향을 듣는 것일 뿐이고 음향의 진짜 소리는 사실 영원토록 들을 수 없는 것이다. 어찌 소리만 들을 수 없겠는가? 음향은 공명 때문에 생긴 것이다. 저쪽이 끝나야 이쪽이 시작되는 것은 틀림없다. 다만 이런 과정이 매우 빠르기 때문에 청각이 끊어졌다 이어졌다 반복한다는 것을 깨닫지 못할 뿐이다. 음향이 완성되었을 때 저기 있던 소리는 이미 오래전에 지나갔을 것이다. 음향은 다시 뇌에 전달될 때까지 기다려야 알게 된다. 뇌에 전달된 음향은 일단 이미 지나간 음향이기 때문에 진짜 음향은 들을 수 없게 된다. 그러므로 우레 소리나 포성이 멀리서 울릴 때 산골짜기에서 천천히 메

아리치는 것은 소리가 오가는 시간이 걸리기 때문이다. 음파(聲浪)의 속도를 미뤄보면 대단히 가까운 곳에 도달하더라도 그렇지 않은 경우가 없다. 사람에게 붙어 피를 빠는 이를 걸어놓고 오랫동안 보다 보면 수레바퀴만큼 크게 보인다.[132] 침대 아래에서 개미가 움직이면 소가 싸우는 것처럼 큰 소리가 난다.[133] 육신의 눈과 귀는 과연 믿을 만한 것인가, 그렇지 않은 것인가? 코는 냄새가 지나가는 것에 의존하고 혀는 맛이 지나가는 것에 의존하며 피부는 촉감이 지나가는 것에 의존한다. 감각이 믿을 만하지 않다는 점은 똑같다. 다섯 가지 감각만 믿고 다섯 가지 감각 대상에 닿을 때도 다섯 가지 감각 대상을 남김없이 파악하지는 못한다. 게다가 법계, 허공계, 중생계의 무한한 존재는 다섯 가지 감각에 그치지 않으니 말이다! 저기 크게 비웃으며 믿지 않는 사람들은 다섯 가지 감각만 믿고 다섯 가지로 그치지 않는 감각 대상에 닿으려고 하는 것인가? 다섯 가지 감각만 믿는다면 다섯 가지로는 모자란다. 그러나 다섯 가지 감각을 믿는다면 다섯 가지가 많을 때도 있다. 만약 눈으로 보지 않고 귀로 듣지 않으며 코로 냄새 맡지 않고 혀로 맛보지 않으며 피부로 촉감을 느끼지 않거나 마음으로 생각하지 않으면 업식을 전환시켜 지혜를 완성하게 된다. 지혜가 완성된 다음이라야 '일과 다가 서로 포용한다'라거나 '과거, 현재, 미래가 동일한 시간'이라는 진리는 태양처럼 환하게 현전할 것이고 지나가는 것이 지나가버리더라도 나는 지나가지 않게 될 것이며 내가 지나가버리더라도 지나가는 것은 결국 지나간 적이 없어질 것이다. 진리가 출

132) 원문은 '懸虱久視, 大如車輪'이다. 『列子』「湯問」에 나오는 말이다.
133) 원문은 '床下蟻動, 有如牛鬭'이다. 『世說新語』「紕漏」에 나오는 말이다.

현하면 상대성은 깨트리지 않아도 저절로 깨질 것이다.

18

지나가버린 것으로 돌아가 곰곰이 살펴보는 것을 '나날이 새로워지기'[134]라고 이름 짓는다. 공자는 이렇게 말한다. '혁괘는 묵은 것을 제거하는 것이고 정괘는 새로운 것을 취하는 것이다.'[135] 공자는 이렇게도 말한다. '나날이 새로워지는 것이 성덕이다.'[136] 나날이 새로워지는 데 머무는 것이 선이고 나날이 새로워지는 데 머물지 않는 것이 악이다. 하늘이 새로워지지 않는다면 무엇을 근거로 생성할 수 있겠는가? 땅이 새로워지지 않는다면 무엇을 근거로 궤도를 따라 움직일 수 있겠는가? 해와 달이 새로워지지 않는다면 무엇을 근거로 빛날 수 있겠는가? 봄, 여름, 가을, 겨울이 새로워지지 않는다면 무엇을 근거로 추위와 더위, 발산과 수렴이 번갈아 바뀔 수 있겠는가? 풀과 나무가 새로워지지 않는다면 풀과 나무가 번성하는 일은 멈출 것이다. 피와 기운이 새로워지지 않는다면 피와 기운의 통로(經絡)는 끊어질 것이다. 에테르가 새로워지지 않는다면 삼계(三界)의 온갖 존재(萬法)는 소멸할 것이다. '잘못을 고친다'[137]라는 공자의 말, '자기 잘못을 깨닫고 깊이 뉘우친다(懺悔)'라는 부처의 말, '원죄를 인정한다'는 예수의 말은

134) 원문은 '日新'이다. 『大學』에 나오는 말이다.

135) 원문은 '革去故, 鼎取新'이다. 『周易』「雜卦傳」에 나오는 말이다.

136) 원문은 '日新之謂盛德'이다. 『周易』「繫辭上傳」에 나오는 말이다.

137) 원문은 '改過'이다. 『論語』「學而」에 나오는 말이다.

새로워진다는 뜻이다. '끝이 없다'[138]라는 공자의 말, '힘써 나아간다(精進)'라는 부처의 말, '하느님의 나라가 가까이 왔다'라는 예수의 말은 새로워지지만 다시 새로워진다는 뜻이다. 그렇다면 새로워진다는 것은 역시 모든 종교의 자명한 진리(公理)[139]일 것이다.

덕은 새로워져야 마땅하다. 이것은 세상 모든 사람이 알고 있는 것이다. 현재 세상에 살면서도 구체제를 지키려는 촌스러운 자식들만 무엇을 근거로 개처럼 으르렁거리며 '체제 개혁(變法)은 가당치 않다'고 하는가? 도대체 왜? 고달프고 황폐하며 불경하고 비겁한 자신의 이기심을 끼워 넣어 하늘이 생성하는 것을 틀어막고 땅이 궤도를 따라 움직이는 것을 막으며 해와 달의 빛을 가리고 봄, 여름, 가을, 겨울이 번갈아 바뀌는 것을 어지럽히며 온갖 생명과 수많은 생령(百產萬靈)이 번창하는 것을 단박에 모조리 잡으려고 하기 때문이다. 그들은 사라지는 학, 사라지는 정치, 사라지는 교를 보살피지도 않으면서 생성하지도 않고 소멸하지도 않는 것에 대해 우기고 욕심을 내고 있다. 상황은 이렇지만 저들에게 어찌 생성하지도 않고 소멸하지도 않는 것을 말할 수 있는 힘이 있겠는가? 우리도 힘껏 생성하는 생명의 체제(化機)를 스스로 끊어버리지 말아야 한다. 그러나 심하게 인하지 않는 것들과 함께 지내다 보면 우리도 극히 구태의연해지고 극히 황폐해지다가 결국 망가지고 낡아서 잘 반응하지도 않는 못 쓰는 물건이 되어버리고 말 것이다!

138) 원문은 '不已'이다. 『中庸』에 나오는 말이다.
139) 公理는 이제 수학에서 쓰는 말로 인식되고 있지만 이 말이 처음 등장한 근대 동아시아에서는 사회적 의미가 더 컸다.

저들은 자신이 '옛것을 좋아하는'[140] 사람이라고 남에게 뻐기지만 이것도 남을 크게 헷갈리게 하는 말일 뿐이다. 오래된 것은 뭐든 좋다면 옛날에 태어나지 하필 현재에 태어났느냐? 지은이의 정밀한 의도를 얻어서 자신이 미처 도달하지 못한 것을 채우는 것은 옛글을 읽을 때 소중하게 생각하는 것이다. 만약 옛글이 흔적일 뿐이라면 이치가 옳은지 그른지 따지지 않고 저들은 그저 사건이 있었는지 없었는지를 근거로 삼을 것이다. 그러면 사나운 제후 네 명(四凶)[141] 같은 이들은 어떤 왕조에나 있었을 테니 네 명을 제거한 일을 하나하나 거의 본받아야 할까? '나는 그를 따라 간다네'[142]라는 『시경』의 구절이 옛사람을 따라 자살해야만 한다는 뜻이라고 정현(鄭玄)은 말한 적이 있다. 바보 같은 말에 나는 웃어버렸다. 자신이 옛것을 좋아한다고 뿌듯하게 생각하는 현대인은 옛사람을 따라 자살하지 않은 채, 왜 광대뼈와 뺨을 실룩이고 혀를 놀리면서 현재에 대해서 다투고 있는가? 공자는 그러지 않았다. 문서를 편집한 『상서』도 요임금과 순임금부터 잘랐고 노래를 보존한 『시경』도 삼백 편에 그쳤다.[143] 그러나 공자도 인생 초반에는 성인이 만든 주나라의 제도(制作)를 따랐지만 늘그막에는 도가 행해지지 않자 기린을 사로잡은 일[144]에 눈물을 훔치며 제도를 개

140) '옛것을 좋아하는'의 원문은 好古이다. 고증학에 대한 반발을 보여주는 대목이다. 옛것의 개념은 옛사람의 개념과 마찬가지로 고증학에서 절대적 기준으로 제시된 것일 뿐이다.

141) 聖人王이 다스릴 때 훼방꾼들을 가리키는 말이다. 三苗, 驩兜, 鯀, 共工을 꼽는 경우도 있고 渾敦, 窮奇, 檮杌, 饕餮을 꼽는 경우도 있다.

142) 원문은 '言從之邁'이다. 『詩經』「小雅」'都人士'에 나오는 구절이다.

143) 『尙書』와 『詩經』의 바탕이 되는 자료는 무척 많았지만 공자가 가리고 골라서 편집했다고 한다.

144) 『春秋公羊傳』「哀公 14年」 조에 실린 『春秋』의 마지막 기사이다. 기린은 성왕이

혁하지 않으면 안 되겠다는 것을 침묵 속에서 알게 되었다. 그래서 힘을 내어 『춘추』(春秋)[145]를 지었다. 이것은 고학(古學)을 모두 없애버리고 당시의 제도를 고친 일이다. 공자가 옛것을 좋아한다고 씨부렁댄 적이 있던가?

아무개[146]는 이렇게 말한다. '『논어』의 일곱 번째 편명은 「일곱 번째 묵이」(默而第七) 편이라고 해야만 한다. 유흠(劉歆)은 멋대로 묵(默) 자를 술(述) 자로 고치고 "조술하지 창작하지는 않는다. 옛것을 믿고 좋아한다. 나는 이것을 우리 노팽과 비길 만하다"[147]라는 말을 함부로 뒤섞어 넣어 고대에 대한 자기 학문을 펼쳤다. 편명도 결국 「술이」(述而) 편이라고 부르게 되었다.' 그리고 이런 말도 있다. '나는 태어나면서부터 아는 사람이 아니다. 부지런히 찾은 사람이다.'[148] 태어나면서부터 아는 것과 부지런히 찾는 것은 상반되지만 상대적인 것이다. 문맥과 의미 자체가 충분하기 때문에 옆에서 거들 필요가 없다. 그러나 중간에 갑자기 '옛것을 좋아한다'라는 말이 끼어들면서 말의 뜻이 이어지지 않게 되었다. 이것도 유흠이 함부로 뒤섞어 넣은 것이다. 기꺼이 왕망과 유흠의 노예가 되겠다는 사람이 세상에 누가 있느냐? 노예가 되고 싶다면 옛것을 좋아해도 마땅하다.

나타날 징조이다.

145) 담사동이 따르는 춘추공양학의 『春秋』이다. 시대에 호응하는 제도를 만든다는 원칙을 가지고 있다.

146) 여기서 아무개를 『譚嗣同全集』의 편집자들은 담사동이라고 보았고 周振甫는 『譚嗣同文選注』에서 康有爲가 아닐까 추측했다.

147) 원문은 '述而不作, 信而好古, 竊比於我老彭'이다. 『論語』「述而」에 나오는 말이다.

148) 원문은 '我非生而知之者, 敏以求之者也'이다. 『論語』「述而」에 나오는 말이다.

아무개는 이렇게 말한다. '옛 고(古) 자로 구성된 문자 가운데 아름다운 의미가 있는 것은 없다. 풀 초(艸) 자로 구성되면 쓸 고(苦) 자이고 나무 목(木) 자로 구성되면 마를 고(枯) 자이며 풀 초 자와 나무 목 자로 구성되면 거칠 고(楛) 자이고 그물 망(网) 자로 구성되면 사로잡을 고(罟) 자가 되며 매울 신(辛) 자로 구성되면 허물 고(辜) 자가 되고 가를 지(支) 자로 구성되면 묵을 고(故) 자가 되며 나라 국(囗) 자로 구성되면 굳을 고(固) 자가 되고 부서진 뼈 알(歹) 자로 구성되면 말라죽을 고(殆) 자가 되며 병들어 기댈 역(疒) 자로 구성되면 고질병 고(痁) 자가 되고 볼 감(監) 자로 구성되면 염지 고(鹽) 자가 되며 소 우(牛) 자로 구성되면 불깐 소 고(牯) 자가 되고 병들어 기댈 역 자와 나라 국 자로 구성되면 고질 고(痼) 자가 되며 물 수(水) 자와 나라 국 자로 구성되면 물이 마를 학(涸) 자가 된다. 또한 사람 인 자로 구성되면 값 고(估) 자가 되는데 장사치(估客)는 높은 등급의 사람이 아니다. 물 수 자로 구성되면 팔 고(沽) 자가 되는데 공자가 먹지 않았던 것이다.[149] 계집 여(女) 자로 구성되면 시어미 고(姑) 자가 되는데 눈앞의 편안함만 찾는다면(姑息) 변변찮은 천민이다. 옛것을 좋아하는 사람이 무엇을 버리고 무엇을 따르는지 나는 모르겠다.'

유럽 대륙과 미 대륙은 새로워지기를 좋아하기 때문에 흥하게 되었다. 일본은 그들을 본받아 옷이나 음식의 기호까지 바꾸는 지경이다. 아시아 대륙, 아프리카 대륙, 오스트레일리아 대륙은 옛것을 좋아하기 때문에 망하고 있다. 중국은 걸핏하면 옛 제도를 인용하고 있다. 코앞에 죽음이 닥쳐도 야만스럽고 미개한 세상에 오히려 마음을 두고

149) 『論語』「鄕黨」에 나오는 이야기이다.

있지 현재는 응시해봐야 아무것도 보이지 않는 것처럼 군다. 장자는 이렇게 말한다. '마음이 죽는 것보다 슬픈 일은 없다. 몸이 죽는 것은 그다음이다.'[150] 중국은 망한 다음에 대단한 바보라는 이름이 붙게 생겼으니 대단히 슬프다고 말하지 않을 수 있겠는가!

19

나날이 새로워지기는 어디에 뿌리를 두고 있는가? 에테르가 운동하는 체제에 뿌리를 두었을 뿐이다. 우레를 예로 들어보자. 허공은 비어 있고 아득해서 아무것도 없지만 갑자기 비구름이 마주치면서 두 가지 전기를 합치는 일이 있다. 두 가지 전기는 양전기와 음전기이다. 양전기와 음전기는 이질적인 때도 있고 동일한 때도 있는데 이질적이면 공격하고 동일하면 취한다. 그래서 산이 무너지는 것처럼 우렁찬 소리가 난다. 우주는 우레 때문에 높이 울리고 대지는 우레 때문에 부르르 떤다. 집에 있는 사람은 놀라서 눈을 동그랗게 뜨게 되고 길에 다니는 사람은 설설 기게 되며 잘 놀라는 사람이나 어린이는 귀를 막고 제법 오랫동안 불쾌해 한다. 우레는 역시 사납다고 할 만하다.

그러나 우레 소리는 단비로 이어지면서 쾌적한 바람이 솔솔 불어오며 안개가 걷히고 하늘이 깨어나며 흙비가 수그러들고 기운이 깨어난다. 하늘은 맑아지고 대지는 깨끗해져서 해, 달, 별은 하늘에서 맑게 빛나고 온갖 만물은 대지에서 떨쳐 일어난다. 날벌레가 날아다니고

150) 원문은 '莫悲於心死, 而身死次之'이다. 『莊子』「田子方」에 나오는 말이다.

지렁이 따위가 꿈틀대니 모두 편안하게 제 살길을 찾고 만족하게 된다. 우레 덕분에 날씨가 화창하고 우레 덕분에 풍년이 들며 우레 덕분에 만물은 제 뜻대로 무럭무럭 생성한다. 에테르의 운동 덕분이 아닌 것이 무엇이 있느냐? 에테르의 운동을 근거로 하기 때문에 무한하다. 그래서 에테르는 인의 실마리라고 할 만하다!

왕부지는 『주역』에 정통한 사람이다. 왕부지는 다른 괘들보다 우레를 상징하는 진괘[151]를 포함하고 있는 괘들에 더 정신을 기울였기 때문에 설명도 분명하고 더 세밀하다. 「준괘」(屯)는 만물이 세상을 가득 채우는 이유,[152] 「예괘」(豫)는 떨쳐 일어나는 이유,[153] 「대장괘」(大壯)는 늠름한 이유,[154] 「무망괘」(无妄)는 속이지 않는 이유,[155] 「복괘」(復)는 하느님의 마음을 보는 이유,[156] 「진괘」(震)는 우레 소리가 울려도 제사그릇을 떨어트리지 않지만 다시 울리면 멈칫하는 이유[157]를 이야기하면서 왕부지는 진괘가 상징하는 우레의 운동을 근거

151) 王夫之 『周易外傳』에서 震卦로 구성된 괘에 대한 설명을 가리킨다. 『周易』의 經卦 여덟 가지에서 震 ☳은 우레를 상징한다. 『周易』의 六十四卦는 經卦를 두 개씩 짝지어 구성되기 때문에 震을 포함한 괘가 여러 개 있다.

152) 『周易』「序卦傳」에서 「屯卦」를 설명하면서 나오는 말이다. '屯者, 盈也.'

153) 『周易』「豫卦」의 「大象傳」에 나오는 말이다. '雷出地奮, 豫. 先王以作樂崇德, 殷薦之上帝, 以配祖考.'

154) 『周易』「大壯卦」의 「大象傳」에 나오는 말이다. '大壯, 大者壯也. 剛以動, 故壯. 大壯利貞, 大者正也. 正大而天地之情可見矣.'

155) 『周易』「无妄卦」의 「大象傳」에 나오는 말이다. '天下雷行, 物與无妄, 先王以茂對時育萬物.'

156) 『周易』「復卦」의 「彖傳」에 나오는 말이다. '復, 亨, 剛反. 動而以順行, 是以出入無疾, 朋來無咎. 反復其道, 七日來復, 天行也. 利有攸往, 剛長也. 復其見天地之心乎!'

157) 『周易』「震卦」 卦辭에 나오는 말이다. '震, 亨. 震來虩虩, 笑言啞啞, 震驚百里, 不

로 하지 않는 것이 없다고 말한다.

'천상의 궤도는 건전하다'[158]라는 것은 자발적 운동이다. '하느님이 만물을 두드린다'[159]라는 것은 만물이 운동을 시작하게 만드는 것이다. '마름질해서 완성하고 곁에서 도와주는'[160] 것은 하느님의 운동을 받드는 일이다. 군자의 학은 천지의 운동이 항상성을 유지하도록 만드는 것[161]인 동시에 길, 흉, 회, 린[162]이라는 천하의 운동에 바르게 일치하는 것이다.[163] 대지가 운동하지 않는다는 말은 천문학[164]을 모르

喪匕鬯.'

158) 원문은 '天行健'이다. 『周易』「乾卦」의 「大象傳」에 나오는 말이다. '天行健, 君子以自强不息.'

159) 원문은 '天鼓萬物'이다. 『周易』「繫辭上傳」에 나오는 말이다. '顯諸仁, 藏諸用, 鼓萬物而不與聖人同憂, 盛德大業至矣哉!'

160) 원문은 '輔相裁成'이다. 『周易』「泰卦」의 「大象傳」에 나오는 말이다. '天地交泰. 后以財成天地之道, 輔相天地之宜, 以左右民.'

161) 원문은 '恒其動'이다. 『周易』「恒卦」의 六五 효사에 나오는 말이다. '恒其德貞, 婦人吉, 夫子凶.'

162) 원문은 '吉凶悔吝'이다. 길, 흉, 회, 린은 『周易』에서 판단하는 말이다. 길은 얻는 것, 흉은 잃는 것을 가리킨다. 회와 린은 얻고 잃는 일이 아직 결정되지 않아 걱정하는 상태를 가리킨다. 판단하는 말은 이 밖에 허물이 없다는 뜻의 无咎가 있다. 길, 흉, 회, 린, 무구처럼 『周易』에서 판단하는 말은 인간이 처한 조건에서 비롯한 것이다. 끊임없이 선택에 내몰려 있는 인간은 예측하지 않을 수 없고 예측을 기초로 선택해야만 한다는 것 말이다.

163) 원문은 '貞夫動'이다. 『周易』「繫辭下傳」에 나오는 말이다. '天下之動, 貞夫一者也.' '천상의 궤도는 건전하다'부터 시작하는 단락에 나타난 담사동의 생각은 상당히 흥미롭다. 물론 이 단락에서 그는 기존의 말을 재조합해서 새로운 개념을 여럿 만들었지만 특히 '恒其動'이나 '貞夫動'처럼 새로운 개념을 만들었다는 점이 눈에 띈다. 天地와 天下에 대한 君子의 의무를 運動의 관점에서 새로 풀이하고 있다. 여기서 담사동은 제도 개혁의 형이상학적 기초를 획득하는 동시에 개혁가의 임무를 규정한다.

164) '천문학'의 원문은 '曆算'이다. 曆算은 曆數라고도 한다. 歲時와 節候를 계산하

기 때문이다.

『주역』이 음을 누르고 양을 북돋우는 것은 부드러운 유(柔)의 정지와 굳센 강(剛)의 운동 사이의 관계와 다르다.[165] 천하를 잘 다스리는 일도 강과 유의 도를 근거로 하지 않겠는가! 새롭게 만들고 개혁하며[166] 앞장서고 위로하며[167] 성인의 사업을 만들어 일으키며[168] 못 쓰게 된 것은 들어주고 너덜너덜 해어진 것은 바꿔줘서 '배부르게 먹고 따뜻하게 입혀서 편안하게 살게 해주면' 사람들은 자기가 짐승의 상태로 전락할까 두려워하게 될 것이다.[169]

그런데 노자(李耳) 같은 놈[170]이 나타나 정지를 말하는 바람에 운동을 경계하게 만들고 부드러움을 말하는 바람에 굳셈을 비방하게 만들 줄 어찌 알았겠는가! 촌뜨기 선비들은 훌쩍훌쩍 죽이나 마시고 닭과 돼지나 치며 자식과 손자나 기르는 주제에 스스로 은둔해서 양생을 흘깃 엿보고 있다고 한다. 이것은 노자의 방법 중에서도 교묘한 것이겠다. 학문을 배운다는 녀석들도, 사대부들도, 제후들이나 왕들도

는 고대 학문이다.

165) 剛과 柔도 각각 陽과 陰을 가리킨다.

166) 원문은 '鼎之革之'이다. 앞에 인용한『周易』「雜卦傳」을 참고하라.

167) 원문은 '先之勞之'이다.『論語』「子路」에 나오는 말이다.

168) 원문은 '作之興之'이다.『周易』「繫辭下傳」에 나오는 말을 응용한 것이다. '易之興也, 其於中古乎? 作易者, 其有憂患乎?'

169) 원문은 '飽食煖衣而逸居'이다.『孟子』「滕文公 上」에 나오는 말을 인용하고 문맥의 뜻을 살려서 고쳤다. 여기서도 담사동은 고전을 인용해서 제도 개혁의 목적과 당위성을 역설하고 있다.

170) 老子는 전국시대 제자백가의 한 사람이다. 성이 李이고 이름이 耳이다. 대접해서 부를 때는 노자라고 하지만 담사동은 그를 무시하기 때문에 그냥 李耳라고 부르고 있다. 이하에서 부드러움을 언급하는 내용은『老子』제16장, 제36장, 제43장, 제45장, 제78장 등에 걸쳐 자주 나타난다.

차차 젖어들어 가다 못해 천자, 곧 하느님의 아들을 자처하는 황제도 노자의 방법에 젖어들 줄 어찌 알았겠는가? 노자의 방법은 결국 수천 년 동안을 충실하고 믿음직해 보이거나 청렴결백해 보이거나 조금도 풍자하거나 비난할 만한 일이 없을 것 같은 향원(鄕愿)[171]의 천하로 만들었다. 그들은 학문의 방법(學術)을 말할 때도 '편안하고 고요해야 한다(甯靜)'라고 하고 통치의 방법(治術)을 말할 때도 '편안하고 고요해야 한다(安靜)'라고 한다. 일을 처리할 때는 옳고 그름을 따지지 않고 개혁(更張)을 가장 금기시한다. 조급하게 함부로 일을 벌이기 좋아한다는 이름이 서자 온갖 사업이 이런 명목 때문에 못 쓰게 되거나 긴장이 풀어져버렸다. 인재를 기용할 때 잘난 사람인지 못난 사람인지 묻지도 않고 갖가지 방법으로 가로막고 억눌렀다. 의지와 기운으로 가득 찬 젊은이들이 주장하기 시작하면 권력들은 뒤로 물러나고 말 것이다. 권력들은 주장을 펼치는 사람을 '은혜를 바라는 놈'이라고 규정할 테고 사업을 계획하는 사람을 '재주를 내보여 자기를 뽐내는 놈'이라고 규정할 것이다. 기껏 과거시험(糊名)[172]을 치르게 해서 뽑아놓고 다시 앞길을 가로막을 것이다. 기껏 연공(年資)에 따라 기용해놓고 다시 서열을 엄격하게 적용할 것이다. 재정은 자원 개발을 꺼리고 군사는 아침의 기운처럼 씩씩한 것을 소중하게 생각하지 않을 것이다.

---

171) 『孟子』「盡心 下」를 참고하라.

172) 과거시험의 답안지는 이름을 적은 자리 위에 종이를 풀로 붙여 가리는 규정이 있었다. 담사동은 여기서 그저 전고에 따라 이렇게 적은 것만은 아닐 것이다. 우리는 흔히 '호구지책', 곧 입에 풀칠한다는 말을 쓴다. 자기 이름에 풀칠한다는 말, 호명은 권력들이 과거시험의 본뜻보다 사회적 기능의 맥락에서 지식인을 희롱하는 제도로 활용한다는 점과 지식인도 그에 침묵으로 협조한다는 점을 동시에 풍자하는 것은 아닐까.

통정부(統政府), 대간(臺諫), 육부(六部) 등 중앙정부에 있는 대신들(九卿)과 총독, 순무, 삼사육도(司道)[173] 등 지방정부의 벼슬아치들이 아침저녁으로 꾸준하게 부지런을 떠는 일은 사억 명 중국인의 움직임을 힘껏 통제하고 그들의 손발을 잡아매며 그들의 눈과 귀를 틀어막아서 일단 정해진 뒤로 바뀌지 않는 향원의 규격에 남김없이 몰아넣고는 꼼짝 못하게 만드는 것에 지나지 않는다. 사억 명의 향원을 짐승처럼 한 무리로 만들어 나라를 이루었으니 교가 어찌 망하지 않을 수 있을 것이며 민족(種類)을 어찌 보전할 수 있겠는가?

아하, 나는 다시 서양인 때문에 슬퍼졌다! 서양인은 움직이기 좋아하기 때문에 다섯 대륙을 제패했다. 문필가까지도 체조를 존중하도록 훈련시키고 여자들도 자유롭게 여행하도록 만든 것이 서양인이 흥하게 된 이유이다. 중국이 정지한 탓에 망한 것을 돌이켜보며 애통해 하지만, 이것은 아파하지도 않고 가려워하지도 않으며 어리석고 둔감해서 부끄러운 줄 모르기 때문이라는 생각이 문득 든다. 서양인은 윽박지르는 말로 중국인들을 경계시키려고도 해보았다. 부드러운 말로 꾀어보기도 했다. 큰 소리를 질러 정신 차리게 만들려고도 해보았다. 무역으로 끌어들이려고도 해보았다. 선교해서 떠들썩하게 만들려고도 해보았다. 신문잡지사(報館)를 만들고 책을 번역해서 깨우치려고도 해보았다. 신식 학교(學堂)를 만들고 병원을 만들어 구하려고도 해보았다. 어쩔 수 없는 경우에는 칼, 창, 총, 대포, 기뢰, 군함을 만들어 크게 무찌르려고도 해보았다. 그러나 중국은 쿨쿨 잠자듯 깨닫지도 못하고 거칠게 굴며 돌아보지도 않고 시작부터 끝까지 한 번도 움직인

173) 이상은 모두 청나라 때 고위 관청 내지 고위 관직 이름이다.

적이 없다. 해골이나 수백 년 동안 썩은 시체를 무덤에서 파내서 억지로 움직이게 한들 가능한 일이겠는가! 서양인은 지금 자신의 진심과 정성을 막을 길이 없으니 바보라고 말할 만하다. 그러므로 슬퍼하기 충분하다.

서양인이 움직이기 좋아하지만 잘 참으면서도 굽히지 않는 이유는 세상을 구원하리라는 마음을 가진 예수교가 그렇게 만든 탓이다. 예수교만 그렇겠는가? 공자교도 본디 그랬다. 불교가 세상을 구원하려는 마음은 더욱 지극한데 '위력(威力)'이라고도 하고 '분신(奮迅)'이라고도 하며 '용맹(勇猛)'이라고도 하고 '대무외(大無畏)'라고도 하며 '대웅(大雄)'이라고도 한다. 이상 여러 가지 뜻을 모아서 사자의 이미지를 취하는 것[174]이 불교이다. 비밀스러운 가르침인 밀교를 말할 때는 꼭 중생을 교화하는 방편인 현교로 돕고 선정을 수행할(修止) 때는 꼭 지혜로 비춰보는 관법으로 짝을 이룬다.[175] 에테르가 운동하는 체제는 나날이 새로워지는 변화에서 완성된다. 본디 이것을 막을 수 있는 것은 없다! 불교를 이야기하는 사람들은 불교와 노자의 구분에 어두웠기 때문에 불교와 노자를 혼동해서 불교가 산속에서 고요함을 익히는 것일 뿐이라고 생각했다. 산속에서 고요함을 익히는 일은 바로 부처가 완공, 단멸, 아흔여섯 가지 외도[176]라고 흉본 것이다. 그러나 부처가 어찌 흉보았겠는가! 불교의 고요함은 장차 정지로 운동을 완전

---

174) 불교에서 사자의 이미지를 세밀하게 설명하는 책은 『華嚴金獅子章』을 참조하라.

175) 『二教論』을 참조하라. '夫佛有三身, 教則二種, 應化開說, 名曰顯教, 言顯略逗機, 法佛談話, 謂之密教, 言秘密實說.'

176) '완공'의 원문은 '頑空'이고 空에 집착하는 것을 가리킨다. '단멸'의 원문은 '斷滅'이고 인연을 부정하는 것을 가리킨다. '아흔여섯 가지 외도'의 원문은 '外道이다. 外道는 六師外道라고도 하는 이단의 주장을 가리킨다.

하게 만들고 모든 중생을 두루 제도하려고 했기 때문이다. 더욱 정밀하게 말한다면 운동은 다름 아닌 정지이고 정지는 다름 아닌 운동이다. 게다가 상대성이라는 이름은 필요도 없다. 그러므로 불교를 잘 배운 사람치고 떨쳐 일어나 정진하지 않았다거나 씩씩하고 군세지 않았다는 사람은 없다.

20

'유의 정지'라는 노자(李耳)의 방법이 중국을 어지럽혔다는 것은 알기 쉽다. 지구에 사는 생명을 가진 모든 것들을 남김없이 죽일 수 있는 힘을 가지고 있고 천지에 있는 모든 발산과 수렴의 힘을 생명이 없이 마비되는 지경으로 전락시키고도 그것이 옳지 않다는 것을 끝내 아무도 알 수 없게 만드는 것이 있다. 그것은 바로 검소할 검(儉)이다.[177] 검은 사람 인(人)으로 구성되고 첨(僉)이 소리[178]를 표시한다. 따라서 검소한 사람은 모두 좀스러운 사람(僉人)인 셈이다. 게다가 검소함과 사치의 관계를 과연 무엇을 근거로 비교할 수 있고 등급과 순서를 구분해서 누구는 사치스럽고 누구는 검소하다고 이름 지을 수 있을지 나는 모르겠다. 만약 날마다 천금을 쓰는 사람이 있다면 세상 사람들은 사치스럽다고 할 것이다. 그러나 두 배나 다섯 배를 쓰는 사람도 있을 수 있고 열 배, 백 배, 천 배, 만 배를 쓰는 사람도 있을 수 있다. 사치스럽다면 부처만큼 사치스러울 수는 없을 것이다. 다이

---

177) 『老子』 제59장이나 제67장의 뜻과 비슷하다.

178) '소리'의 원문은 '聲'이다. 중국어에서 聲은 소리를 표시하는 동시에 뜻을 나타내는 요소이기도 하다.

아몬드로 바닥을 깔고 마니보주(摩尼)로 깔개를 만들며 몸을 꾸미는 갖가지 영락(纓絡)이나 제석망(帝網) 하며 주위를 꾸미는 갖가지 보당(寶幢)이나 보개(寶蓋) 하며 구름처럼 감싼 갖가지 향이나 꽃 하며 갖가지 산해진미들이 있으니 말이다.[179] 부처의 사치로 세상 사람을 본다면 세상 누가 사치스럽다 하겠는가? 그렇다면 사치스럽다는 이름은 딱 부러지게 정할 수가 없다. 만약 날마다 백 푼을 쓰는 사람이 있다면 세상 사람들은 검소하다고 할 것이다. 그러나 날마다 몇 푼 쓰지 않는 떠돌이나 거지도 있을 수 있고 풀뿌리를 파먹거나 나무껍질을 벗겨 먹으며 죽지 못해 사는 땡전 한 푼 없는 사람도 있을 수 있다. 검소하다면 짐승만큼 검소할 수는 없을 것이다. 땅에 굴을 파거나 나무에 올라가 살고 사람처럼 집을 짓지 않는다. 저절로 자란 털이나 깃털로 덮어서 따뜻하게 만드니 사람처럼 옷을 짓지 않는다. 발톱과 이빨을 믿고 먹을 것을 찾으니 사람처럼 밭을 갈거나 물건을 팔기 위해 운송하는 수고도 없다. 짐승의 검소함으로 세상 사람을 본다면 세상 누가 검소하다 하겠는가? 그렇다면 검소하다는 이름은 딱 부러지게 정할 수가 없다. 사치하다느니 검소하다느니 본래 말할 만한 것이 없지만 함부로 분별하는 마음을 일으켜 분별에 따라 이름 짓고 분별에 의해 사치를 물리치고 검소함을 숭배하라고 가르친다. 요임금, 순임금, 삼대[180] 같은 태평성대에도 이런 헷갈림을 구분해서 제거하지 못했다. 허공을 부여잡고 물질이라고 생각하거나 회오리바람을 거머쥐고 놓아주지 않겠다고 하는 것과 무엇이 다르냐? 가진 것이 많고 적은

179) 『華嚴經』「世主妙嚴品」에 나오는 말이다.

180) '삼대'의 원문은 '三代'이다. 고대 중국인이 이상적 시대라고 생각한 하나라, 은나라, 주나라의 왕조 셋을 묶어서 부르는 말이다.

것만 가지고 사치와 검소함을 정할 수 없다면 수입과 지출을 측정해서 사치와 검소함을 정해보자. 세상 사람들은 날마다 천금을 쓰면 사치스럽다고 생각하지만 수입이 만금인 사람이 천금을 쓴다면 사치스럽다고 하지 않고 검소하다고 할 것이다. 천금을 쓰고도 아직 구천이나 쓰지 않고 쌓아둔 지경이기 때문이다. 세상 사람들은 날마다 백 푼을 쓰면 검소하다고 생각하지만 수입이 백 푼도 안 되는 사람이 백 푼을 쓴다면 검소하다고 하지 않고 사치스럽다고 할 것이다. 세상 사람들의 총명과 재주라는 것은 겨우 이 정도이기 때문이다. 넘치면 쏟아지고 부족하면 받아들이는 법이다. 그래서 검소함은 본래 타고난 한도가 있기 때문에 숭배할 필요가 없다.

세상 사람들은 검소함을 숭배하라고 하지만 모순되는 주장이다. 면포나 삼베로 옷을 만들어도 충분한데 사절까지 파견해서 누에치기를 권장하는 것은 어떻게 하자는 것인가? 사람들을 사치로 이끄는 것이 아니겠는가? 그렇다면 누에치기는 금지시켜야만 한다. 가진 것과 가지지 못한 것을 유통시켜도 충분한데 광산을 개발해서 금이나 은을 채굴하는 것은 어떻게 하자는 것인가? 사람들에게 사치를 보여주는 것이 아니겠는가? 그렇다면 금과 은은 금지시켜야만 한다. 그렇게 하다 보면 이주(離朱)처럼 밝은 눈도 멀게 될 테고 공수(工倕)처럼 날랜 손가락도 부러질 테니[181] 공급하지 못할 것을 걱정하게 된다. 사물을 개발해서 성인의 사업을 완성하거나[182] 백성을 이롭게 만들거나 재능이 있는 사람을 장려하거나 상공업에 혜택을 주는 등 모

181) 『莊子』「胠篋」에 나오는 이야기이다.

182) 원문은 '開物成務'이다. 『周易』「繫辭上傳」에 나오는 말이다. '夫易, 開物成務, 冒天下之道.'

든 제도의 문서 행위나 경영 기획은 없애고 끊어버려야만 한다. 어휴! 금이나 보석, 값나가는 물건, 쓸모 있는 자연물[183]의 풍요로움이 호걸의 마음을 사로잡을 수 있겠는가? 그러나 과거의 훌륭한 임금들과 현명한 재상들이 그것을 소중하게 생각한 것은 무엇 때문일까? 이것은 자연인의 크나큰 명줄이기 때문이다. 수판을 틀어쥐고 자잘한 것까지 낱낱이 계산하는 짓은 자연인의 크나큰 명줄을 힘껏 가로막고 유통시키지 못하게 만드는 일이다. 오늘 밥 한 끼를 줄이면 천하에는 그 때문에 굶주리게 되는 사람이 틀림없이 생긴다. 내일 옷 한 벌을 줄이면 천하에는 그 때문에 추위에 떨 사람이 틀림없이 생긴다. 엄청난 부를 축적한 집안도 가난뱅이와 다를 것이 없다. 파리하게 여윈 사람이 구렁을 가득 채우거나 말거나 굶어죽은 사람이 길에 넘치거나 말거나 멀뚱멀뚱 앉아서 보기만 하지 마음에 동요도 전혀 없고 그저 자기 집안 자손 잘 되기만 셈하고 있다. 천하 사람의 뜻은 그래도 거기로 쏠려 검소한 것은 미덕이라고 하고 앉았다. 그래서 간사하고 교활하며 흉악하고 약은 자질을 가진 놈들은 강한 권세로 남의 것을 빼앗는 술수를 몰래 행하면서도 높은 자리를 핑계로 내세우거나 나이 많은 원로이고 두터운 신망을 받는다는 이유로 세상을 속이고 명성을 훔친다. 이것은 향원이 덕을 해치는 일이기도 하지만 참으로 좀생이의 잘못이겠다.

잘 구분되지 않는 쌀과 소금을 뒤섞거나 괜히 닭과 돼지를 꾸짖는 짓은 할망구나 부엌데기가 용심을 부리는 것이라고만 이제껏 생

183) '쓸모 있는 자연물'의 원문은 '六府百物'이다. 百物은 萬物과 마찬가지로 온갖 것이란 뜻이다. 六府는 인간 생활에 쓸모 있는 물질을 여섯 가지로 분류한 것을 가리킨다. 수, 화, 금, 목, 토 五行과 穀(곡식)으로 구성되어 있다.

각했다. 현재의 사대부들을 두루 살펴보니 그렇지 않은 놈들이 없더라. 차라리 곡식에 곰팡이가 나도 내버려두고 돈을 꿴 줄이 썩어도 내버려두며 산해진미가 썩어도 내버려두지 남에게 나눠주는 사람은 결국 없었다. 공공을 위한 토목공사를 시작한다는 소리를 일단 들으면 자기 집안에 공사비를 걷으러 올 것이라고 생각하기 때문에 표정이 바뀌지 않거나 경계하지 않는 놈이 없었다. 그들은 자식들을 가르치고 훈계할 때 검소함이 가장 큰 교훈이라고 하지만 자식들은 결국 미친 듯이 탕진하고 패가망신했다는 소문을 듣게 마련이다. 고향에서 예전에 이런 일을 본 적이 있다. 천 가구 정도 되는 마을에는 꼭 부잣집이라 불리는 집이 있게 마련이다. 이웃이나 부근에 사는 사람 가운데는 삶이 고달프고 제 힘으로 살기 힘든 사람이 있게 마련이고 부잣집에 의지해서 살림을 꾸리게 마련이다. 그런데 부잣집은 남보다 더욱 가혹하고 인색하기 때문에 자기 자신을 괴롭힐 뿐만 아니라 가난한 사람을 착취하는 일이 자기 임무라고 생각한다. 돈놀이를 할 때는 이자가 원금보다 막대해지기 때문에 먼저 담보를 잡는다. 곡식을 사고팔 때는 상대가 급한지 어떤지 눈치를 보고 이익을 두둑하게 챙긴다. 부잣집은 가난한 사람들을 틀어쥐고 빠져나가지 못하게 한다. 그렇게 오랫동안 재갈을 먹이고 고삐를 쥐고 있으면 부잣집은 한 지역을 모두 집어삼키게 된다. 가난한 사람들은 결국 노예처럼 혹사당하면서 일개 집안에 소작료를 바치지 않을 수 없게 된다. 『주례』(周禮)에는 '부자를 보호한다'[184]라는 글이 있다. 부유

184) 원문은 '保富'이다. 『周禮』 「地官」 '司徒'에 나오는 구절인데 『周禮』 원문은 '安富', 곧 부자들을 안정시킨다고 되어 있다.

하면서도 이런 짓을 하는데 그들을 보호까지 할 필요가 있을까? 얼마 지나지 않아 지역 사람들이 나날이 더 가난해지면 떠돌이가 되었다가 도적이 되어 틈을 노려 약탈하고 불 지르고 죽이는 일이 벌어진다. 부잣집도 난리통에 홀랑 불타버리고 만다. 다행히 이 지경까지 가지 않는다고 해도 검소하면 검소할수록 너절해진다. 집단지성도 일어나지 않고 생산물도 조악해지게 된다. 함께 사는 사람이 모두 가난하기 때문에 더 쥐어짜낼 수 없어질 테고 부잣집도 보이지 않게 녹아내리기 시작한다. 다음 세대가 되면 재산은 쪼개져서 얇아지고 식구는 더 많아지기 때문에 다시 상황이 바뀌어 다른 사람에게 착취당하다가 잡아먹히게 될 것이다. 이런 과정은 남에게 하던 것과 다르지 않다. 돌아가면서 서로 고통스럽게 만들고 돌아가면서 서로 손해를 끼치면서 모든 사람은 검소함과 가난에 훈육된다. 천하의 대세는 결국 지탱할 수 없게 된다. 「갈구」(葛屨) 시와 「원도」(園桃) 시[185]가 풍자하는 이유는 시인이 미래를 걱정하기 때문이다. 마을 하나가 이렇게 삭막해지면 아마 현(縣)부터 성(省)까지, 나아가 천하에 독을 퍼트릴 것이다. 중국은 이만 리나 되는 국토, 사억 명이나 되는 인구, 이십육만 가지나 되는 생산물을 가지고도 결국 극빈국이 되고 말았다. 중국만 그런 것은 아니다. 현재 아프리카 대륙, 오스트레일리아 대륙, 중앙아시아의 회족(回族), 미 대륙의 원주민(土番), 인도와 말레이의 잡색인종(雜色人), 베트남, 버마, 고려, 류큐 같은 번국[186]이 패망한 이유는 결국 이것 때문일 뿐이다. 고요함을 주장하는 것은 피

185) 『詩經』 「魏風」의 시들이다.

186) '번국'의 원문은 '藩邦'이다. 청나라를 宗主國으로 받드는 주변 나라들을 가리키는 말이다.

로에 지쳐 집에 돌아가는 저녁 기운 같은 것이자 귀신이 되는 길이다. 검소를 주장하는 것은 모질고 끔찍스러울 정도의 어두운 마음이자 짐승이 되는 길이다. 천하를 몽땅 끌어들여 귀신이 되고 짐승이 되게 만들어놓고도 '고요함의 덕'이니 '검소의 덕'이니 찬미하고 앉았으니 과연 무슨 취할 것이 있겠는가.

21

사치의 해악이 매섭다는 것을 어찌 모르겠는가? 그러나 해악은 한 사람이나 한 집안에 그치고 이로움은 열 배, 백배이다. 수놓은 비단, 보석, 저택, 수레와 말, 가무를 즐기는 연회에 사람이 모이면 여기에 농부, 장인, 상인이 따라가서 이익을 얻게 된다. 한 집에 고정되지 않고 돌아다니며 시중드는 사람들도 바쁘게 뛰어다니며 붙좇고 따라붙는다. '초나라 사람이 흘린 활을 초나라 사람이 줍자 공자는 작다고 탄식했다.'[187] '땔나무를 베다가 비녀를 흘리면 농부의 아내는 아까워하지 않는다.'[188] 천하의 재물을 나눠서 나라 사람들을 윤택하게 만들어주려는 마음의 여유도 없이 재물을 독차지할 생각만 하는가! 설령 일반적으로 행해지는 나쁜 풍속이 극에 달했고 이로움보다 해악이 많더라도 자연인의 명줄을 단단히 쥐고 있는 편이 촌스럽고 인색하며 분수도 모르고 너절한 소인배에게 죽는 것보다 오히려 낫지 않겠

187) 원문은 '楚人遺弓, 楚人得之, 孔子猶嘆其小'이다. 『呂氏春秋』「貴公」에도 나오고 劉向이 편집한 『說苑』에도 재수록 되어 있다.

188) 원문은 '刈蓍而遺簪, 田婦方且不惜'이다. 『韓詩外傳』 권9에 나오는 말이다. 아내의 비녀는 그리 값진 것이 아닐 것이다. 아마 나무를 깎아 만든 것 아니겠는가?

는가? 그래도 해악이 전혀 없는 온갖 이로움을 찾으려고 한다면 어찌 이런 방법 말고 다른 방법은 없겠는가? 부자들에게 이렇게 명령할 수도 있다. '너희는 파리하게 몸이 축나도록 힘껏 부를 축적했다. 그러나 축적한 부를 가난하고 재물이 없는 사람에게 모두 나눠주도록 해라.' 그러면 인간의 감정으로 대단히 견디기 어려울 것이다. 그리고 부자들이 재물을 나눠주도록 누가 시킬 수 있겠는가? 재물을 많이 모으려면 마치 논밭에 물길을 내서 물을 끌어들이고 물을 대는 것 같은 방법을 써야만 한다. 광산이 있으면 학교를 세우고 기계를 많이 이용하게 해서 개발한다. 산을 열고 길을 내며 강바닥을 쳐서 깊게 만들고 터널을 뚫는 일도 결국 광산 개발과 같다. 농지가 있으면 학교를 세우고 기계를 많이 이용하게 해서 경작한다. 재목 생산, 물을 이용하는 수리, 목축, 비단 방직도 결국 농지 개발과 같다. 토목 건설 공사가 있으면 학교를 세우고 기계를 많이 이용하게 해서 노동력을 대체하게 만든다. 금속 가공, 목재 가공, 제지, 제분도 결국 토목 건설 공사와 같다. 큰 부자라면 큰 공장을 차릴 것이고 중간 정도의 부자는 큰 부자에게 붙거나 큰 공장에 딸린 작은 공장을 따로 차린다. 부유한 사람이 기계화된 공장을 차릴 수 있으면 궁한 백성은 여기 기대서 살림살이를 할 수 있고 생산물은 여기 기대서 풍부해질 것이며 화폐는 여기 기대서 유통될 것이고 부자 자신의 부도 여기 기대서 확장되고 더욱 후해질 것이다. 검소할 필요도 없어질 뿐만 아니라 빈민을 구제할 필요도 없어지게 될 것이다. 천지에 저절로 있는 이로운 자원에 우리 힘을 보태서 개발되지 않은 채 덮여 있는 것만 들춰내도 결국 부가 세상에 가득 차서 혜택이 두루 미치는 지경에 이르고 '널리 베풀어 많은 사람을 구제하는'[189] 효과를 거두게 될 것이다. 그러므로 재물을 다루는 사람은 조심해야 한다. 절약을 말하지 말아야 하고 자원을 개발하는 것 말고 방법은 없다.[190] 자원을 하루 개발하면 하루만큼 부유해지고 자원을 하루 절약하면 하루만큼 빈곤해진다. 시작할 때는 남을 따르지만 결국 자기가 곤란해질 것이 틀림없다. 예를 들어보자. '산이 타들어가고 쇠나 돌도 녹아내리는'[191] 큰 가뭄이 든 해에 말발굽 자국에 고인 만큼 수량이 적은 시냇물을 두고 내 것이니 네 것이니 갈라서 지키면서 자기가 사적으로 소유할 수 있다고 생각한다면 과연 자신에게 혜택이 돌아갈까? 만약 맑은 물이 흐르는 큰 물길을 파서 큰 물결이 넘실거리게 만들고 수평선이 보일 정도로 큰 호수의 물을 끌어다가 아득하게 큰 들판을 살린다면 모든 사람이 은혜를 입을 것이다. 그리고 자기 자신도 거기 포함된 사람 가운데 하나가 될 것이다.

세상 물정에 어두운 사람은 이런 주장을 듣자마자 반발해서 이렇게 말할 것이다. '기계가 백성의 이익을 빼앗는다.' 허! 유럽 대륙과 미 대륙도 곰곰이 보지 않고 성급한 결론을 내리는 것이냐. 이제 그에게 이렇게 따져볼까 한다. '백성이 가난한 이유는 생산물이 풍부한 상황에서 가난한 것이냐, 그렇지 않다면 생산물이 적은 상황에서 가난한 것이냐? 백성을 부유하게 만들 길을 찾는다면 생산을 많이 해야 부유해지느냐, 그렇지 않다면 생산을 적게 해야 부유해지느냐?' 그는 틀림없

189) 원문은 '博施濟衆'이다. 『論語』「雍也」에 나오는 말이다.

190) 일역본은 이 구절이 節과 開를 적절히 안배하라는 『荀子』「富國」의 주장과 유사하다고 한다.

191) 원문은 '土山焦, 金石流'이다. 『莊子』「逍遙遊」에 나오는 말이다.

이 이렇게 대답할 것이다. '생산을 많이 하면 더욱 부유해지고 생산을 적게 하면 더욱 가난해진다.' 그러면 그에게 이렇게 따지겠다. '백 명이 농사지어 한 명을 먹여 살리는 쪽과 한 명이 농사지어 백 명을 먹여 살리는 쪽이 있다고 하자. 어느 쪽이 품이 많이 들고 어느 쪽이 품이 덜 드느냐?' 그는 틀림없이 이렇게 대답할 것이다. '농사짓는 사람이 한 명이고 먹여 살릴 사람이 백 명인 쪽이 품이 덜 들고 농사짓는 사람이 백 명이고 먹여 살릴 사람이 한 명인 쪽이 품이 더 든다.' 그래서 기계 이용은 잠시도 늦출 수 없다. 값어치 나가는 물건을 사용하는 사람은 옛날보다 훨씬 많아졌지만 값어치 나가는 물건을 생산해내는 땅은 오늘날까지 개발되지 않았다. 차이는 백 대 일 정도일 것이다. 예를 들어보자. 값어치 나가는 물건을 생산할 때 백 명이 해도 부족한 일이라도 기계를 쓰면 한 명이 하고도 남는다. 그러면 백 명이 생산해야 하는 물건에 한 명의 품을 들인 셈이다. 한 명이 백 일 동안 해도 부족한 일이라도 기계를 쓰면 한 명이 하루 만에 하고도 남는다. 그러면 백 일 동안 생산해야 하는 물건에 하루 품을 들인 셈이다. 시간이 흐를수록 품을 더 절약하게 되지만 물건은 더욱 많아지게 될 테고 백성은 더욱 부유해질 것이다. 물건이 열 개가 늘면 부는 열 배가 늘고 물건이 백 개가 늘면 부는 백배가 는다. 비록 암산할 줄 모르는 사람이라도 수고스럽게 수판셈을 할 필요도 없이 비례를 정할 수 있다. 값어치 나가는 물건을 많이 만들어 백성에게 이익을 확장하지 못할 것만 걱정하면 된다. 만들었어도 힘이 부족한 경우도 있고 힘은 충분한데 시간이 충분하지 않은 경우도 있다. 만약 기계를 사용한다면 모두 걱정할 필요가 없다. 백성에게 미치는 효과는 어떠하겠는가! 하느님의 덕을 칭송하더라도 사물을 창조하는 것에 지나지 않을 뿐이다. 그런데 백성의 이익을 빼앗는다니 이게 무슨 짓인가? 또한 절약한 사람 품과 날품만큼 다른 일을 창조하는 데 쓰고 이로운 자원을 개발하는 일을 나날이 확장한다면 어찌 실업이나 도산의 근심이 생기겠는가. 이것을 한 집안에 비유해보자. 큰아들이 물건을 만들고 큰 작은아들이 운송과 판매를 맡고 작은 아들이 농사지어 식구를 먹여 살리고 작은 작은아들이 베를 짜서 옷을 지어 입힌다. 만약 기계를 사용해서 힘을 보탠다면 큰아들이 만드는 제품은 틀림없이 더 많아질 것이다. 기계를 사용해서 물건을 운송한다면 큰 작은아들은 자기가 판매하고 운송하던 일을 그만두고 기계를 더 많이 만들 것이다. 기계는 입고 먹는 비용이 들지 않기 때문에 작은 아들과 작은 작은아들은 처음부터 자기들이 많은 것들을 제공할 필요가 없고 게다가 농사짓고 베를 짜는 일을 기계에게 맡기고 제품 생산을 늘릴 것이다. 그러면 과거에 얻은 것과 비교해본다면 많아지지 않았겠는가?

비판하는 사람은 또 이렇게 따질 것이다. '기계 이용이 많아지고 생산이 많아지면 물가는 당연히 저렴해져야 한다. 그러나 유럽과 미국 물가가 도리어 비싼 것은 무엇 때문인가?' 나는 이렇게 대답하겠다. 기계 이용이 백성을 이롭게 만드는 이유가 이것이다. 자잘한 백성이 오랜 세월 젖 먹던 힘까지 내서 애써 몹시 바쁘게 수고해봐야 겨우 물건 하나를 만든다면 값을 많이 받으려고 하지 않겠느냐? 그러나 대가가 겨우 요만큼 뿐이라면 대단히 슬픈 일일 것이다. 물가가 비싸다거나 싸다는 것은 아마 백성의 목숨 값을 후하게 쳐주느냐 박하게 쳐주느냐를 재는 저울이지 싶다. 정치와 문명이 융성하고 아름다운 시대에 백성은 모두 충실하고 여유로운 삶을 풍요롭게 즐기고 생명을 아끼며 노동력[192]을 많이 쓰지 않으려고 할 것이다. 따라서 인간 자체도 아끼게 될 것이다. 물건 하나를 창조하더라도 노동력이 비싸다면 물건도 비싸질 것이다. 만약 비싸게 받을 수 없고 급하게 판매할 필요가 없다면 더 만들려고 하지 않을 것이다. 또한 모든 백성이 부유해진다면 값을 많이 쳐줘야 하더라도 인색하게 굴겠느냐? 그러나 기계가 아니라면 무엇을 근거로 부유해지겠느냐? 기계 이용이 많아져서 물가가 비싸지더라도 기계 자체가 백성의 이익을 빼앗는 것이 아니라고 보게 될 것이다.

중국 백성들은 자기 몸을 팔아 노예가 되는 지경이 되었다. 백성을 개나 양처럼 부리거나 중죄인처럼 노역에 얽어매놓았지만 미국이나 동남아시아(南洋)에서도 쫓겨나고 먹고 살 겨를이 없는 형편이다.[193] 제 몸 하나도 이 모양인데 우리가 만들 물건을 다시 따지겠는가? 이것은 중국 물가가 싸도 판매가 잘 안 되는 이유이다. 그런데 현재 정치 참모(策士)들은 이렇게 말하기도 한다. '중국의 순수한 풍속과 후한 인심은 아무도 따라올 수가 없다. 인건비의 저렴함과 검소한 비용은 유럽과 미국도 충분히 이길 수 있다.' 그러면서도 그들은 유럽과 미국이 뛰어나다고 생각하고 있다. 어휴! 여기 이상하게 생각할만한 것이 무엇이 있겠느냐! 중국이 이 모양으로 변하지 않는다면 수십 년도 못 가서 소위 순수한 중국인, 소위 인심 좋은 중국

192) '노동력'의 원문은 '人力'이다. 지금 인력이라는 말이 가진 함의와 다르고 현재 노동력이란 말의 개념을 가지고 있다.

193) 1850년대부터 1920년대까지 미국은 이민자의 황금기였고 중국에서도 다수의 노동자(쿨리)가 이민을 떠났다. 그러나 1877년 경제 공황이 닥치자 중국이민배척법이 제출되었고 1880년대부터 1940년대까지 중국인 이민을 제한했다.

인, 저렴한 중국인, 검소한 중국인은 말라비틀어진 흙덩이를 먹다가 황천의 샘물을 마시게 될 것이다.[194] 사람들이 모두 굶어죽는다면 인류가 멸망하는 그날이 온 셈이다. 왜 이렇게 말할 수 있는가? 생계가 끊어지면 세상은 틀림없이 이런 지경에 이르게 될 것이기 때문이다. 그저 정지해 있기 때문에 게을러지고 게을러지면 바보가 된다. 그저 검소하기 때문에 너절해지고 너절해지면 바보가 된다. 두 가지 어리석음을 겸비하게 되면 생명을 가진 모든 것들을 남김없이 죽이는 일도 충분히 생길 수 있다. 그러므로 정지와 검소함은 백성을 어리석게 만드는 참혹한 방식이고 백성을 죽음으로 내모는 짓이다. 유럽과 미국의 정치와 문명이 융성한 이유는 빈부 격차를 없애고 고르게 하자는 정당이 있고 그들은 자신의 목숨을 가벼이 여기고 부자들과 다투고 있기 때문이다. 부자가 편안히 앉은 채 자금을 지니고만 있게 하지 말자고 하면서 가난한 사람을 편드는 마음이 있는 시대가 그들을 부른 것이 아니겠는가! 그래서 검소함의 재앙은 정지보다 더욱 가혹한 것이다.

22

남에게 자금을 빌리고 일 년에 1%의 이자를 낸다면 세상 사람들은 틀림없이 이율이 박하다고 할 것이다. 그러나 일 년을 한 달로 바꾸면 이율은 후해질 것이고 한 달을 하루로 바꾸면 이율은 더욱 후해질 것이다. 이것은 1% 대 12% 대 360% 비율이다. 가게를 내고 일 년에 물

194) 『孟子』 「滕文公 下」의 이야기와 기본적으로 비슷한 생각이다.

건 하나를 만든다면 비록 10%의 이익을 얻어도 세상 사람들은 변변찮은 장인이라고 할 것이다. 그러나 일 년을 하루로 바꾸면 부는 막대할 것이다. 이것은 10% 대 360%[195] 비율이다. 먼 거리를 다니면서 상품을 판매할 때 일 년에 한번 왕복한다면 비록 20%의 이익을 얻어도 세상 사람들은 딱한 장사치라고 할 것이다. 일 년에 백번 왕복한다면 의돈(猗頓)[196]이라도 부러울 게 없다. 이것은 20% 대 1000%[197] 비율이다. 그러므로 값어치 나가는 물건이 생기는 것은 시간에서 생기는 것이다. 시간을 낭비하면 값나가는 재화는 모자라게 되고 시간을 아끼면 값나가는 재화는 풍부해진다. 시간과 재화의 관계는 상반되기 때문에 상대적이다. 기계의 제조와 운영도 어찌 다르겠는가? 시간을 아끼는 것뿐이다. 시간을 아끼는 것이 이롭고 시간을 아끼지 않는 것이 해롭다. 백배, 천배 차이가 나는 경우가 허다하다. 그러면 기계 이용은 잠시도 늦출 수 없다. 시간이 쌓이면 상품을 만들고 상품이 쌓이면 가격은 틀림없이 하락한다. 그래서 낡은 법률 제도(舊法)를 바꾸고 제거한 다음에 새로운 사물을 창조해야만 새로운 것으로 누적된 낡은 것들을 구제하게 될 것이다. 시장에 나온 어린아이들조차 무엇을 골라야 할지 결정하는 법을 알게 될 것이다. 그러면 가격은 저절로 상승할 것이고 다시 새로운 것이 나오면 가격은 다시 상승하게 될 것이다. 사람들의 솜씨를 떨치고 자연 자원의 힘을 남김없이 발휘하며 나라가 표준을 조심스럽게 제정한다면 불량품은 시장에서 절멸될 것이다. 그러면 놀면서 게으름 피우는 놈들은 주의해야 한다는 것을 알

195) 3600%가 아닌지 의심스럽다.
196) 고대 중국의 성공한 상인의 이름이다.
197) 2000%가 아닌지 의심스럽다.

고 우량품이 통용될 것이다. 서양인은 중국에 상품을 팔 때 견고하지 못하고 잘 해지는 것을 가지고 온다. 그러면서 중국은 싸구려를 좋아한다고 한다. 싸구려를 좋아하는 것은 나라가 가난한 탓이다. 나라가 가난한 것은 시간을 아끼는 방법을 얻지 못한 탓이다. 시간을 아끼는 방법을 얻지 못한 것은 기계가 없는 탓이다. 기계 이용이 많아지면 물가가 비싸질 텐데 이것은 나라를 다스리고 천하를 평화롭게 만드는 일(治平)의 한 가지 효과이다.

나라를 다스리고 천하를 평화롭게 만드는 일이 끝없이 진행되면 진행될수록 물가도 끝없이 높아진다. 망해가는 나라의 백성은 아침저녁 밥술도 제대로 뜨지 못하고 변변찮은 옷도 갖춰 입지 못한다. 우량품이 있어도 혜택을 받지 못한다. 그러나 세상 사정을 이해하지 못하는 썩을 놈의 유학자들은 천지가 낳은 재물의 숫자는 자기가 아는 정도뿐이라고 지껄이면서 천하 사람들을 억지로 억누르고 인간 본성의 본래 상태를 떨쳐 일으켜 죄다 검소한 쪽으로 이끌고 간다. 사물의 값어치도 그들이 정한 검소함을 어기고 저만 튀어오를 수는 없다. 애초에 그들은 선하지 않은 일을 꾀해놓고 제가 잘못한 경우에는 하늘 핑계를 댄다. 이어서 자연이 낳은 풍부한 자원을 숨 막히게 해놓고 도리어 자원을 틀어쥐고 사람들을 통제한다. 검소해야 한다는 명분을 세운 뒤에 군주권[198]은 나날이 높아졌지만 값어치 있는 물건은 땅바닥에 버리게 되었다. 이것도 서로가 서로의 원인이 되는 추세 때문이다. 군주권의 재갈을 일단 제거하면 민권(民權)이 일어날 텐데[199] 조용히

198) '군주권'의 원문은 '君權'이다. 君權이나 군주권은 네덜란드 말 het recht om te heersen의 번역어로 동아시아에 소개되었다.

199) 중국이 변법을 추진하던 때 실제 권리를 가진 주체를 구별하는 君權, 官權, 民

의논해서 각자 자기 살림을 제대로 이루고 각자 자기 이익을 고르게 만들 수 있을 것이다. 베틀이 잘 돌아가면 누더기 옷이 없어질 것이고 사업이 잘 되면 천정만 바라보고 한숨 쉬는 일이 없어질 것이다. 광산 개발 금지가 풀리면 누가 돈을 가볍게 여기지 않겠는가? 여행이 빨라지면 누가 놀러 다니는 것을 즐기지 않겠는가? 그러니까 검소함을 이야기할 이유가 있겠는가?

이것을 화폐 정책에 적용해봐도 마찬가지이다. 까마득한 옛날에는 내가 가진 것을 가지고 내게 없는 것을 바꿨지 화폐라는 것은 없었다. 문명이 점차 개화되자 비로소 조개껍질을 사용해서 화폐를 대신하는 일이 생겼다. 현재 미 대륙의 원주민은 여전히 조개껍질 돈을 쓴다. 그래서 고대 중국의 조개껍질을 문명이 최초로 개화된 증거로 삼을 만하다. 세월이 흐르고 집단지성이 점점 열리면서 비로소 구리를 가지고 교역했다. 다시 세월이 흐르자 은을 가지고 교역했다. 현재 서양의 나라들은 더 나아가 금을 사용하고 있다. 문명을 더욱 개화시키면 금을 버리고 더욱 높은 상태로 진보하게 될 것이다. 모든 사람이 사치를 누릴 수 있는 지경까지 나라를 다스리고 천하를 평화롭게 만들면 인간의 본성을 남김없이 발휘하게 된다. 모든 상품이 비싸지는 지경까지 나라를 다스리고 천하를 평화롭게 만들면 사물의 본성도 남김없이 발휘하게 된다. 그러나 모든 사람이 사치를 누리고 모든 상품이 비싸지는 지경까지 나라를 다스리고 천하를 평화롭게 만들면 부러워하거나 제멋대로 권세를 부리며 함부로 날뛰는 일은 소용이 없어질 테고 서로가 서로를 잊어버리고 결국 담백한 상태로 돌아갈 것이다. 사치가

權, 紳權 등의 말이 있었다.

눈을 어지럽히는 일이 없어져야 하지만 사치도 검소함과 다르지 않다고 생각하고 억지로 검소하게 만들 필요가 없어져야 한다. 꼭 그것을 가로막고 틀어막아야 하는가? 피로와 고생이 쌓이다 보면 반대로 돌아가게 마련이다. 그러면 인간의 욕망이 제대로 흐르지 않고 옆으로 꿰지는 법이다. 일단 인간의 욕망이 터져 나오게 되면 걷잡을 수 없게 되고 결국 도적이 반란을 일으켜 군주의 자리를 빼앗고 군주를 죽이는 재앙을 무르익히게 된다. 그러므로 천하를 사적으로 소유한 놈들은 검소함을 숭배한다. 사적 소유가 편중되면 통하지 않고 막히게 되며 막히기 때문에 어지러워진다. 천하를 공적으로 소유하는 사람들은 사치를 숭상한다. 공적 소유가 평등해지면(財均)[200] 막히지 않고 유통되며 유통되기 때문에 평화로워진다.

23

외국과 맺는 관계에도 공적 소유의 평등은 있다. 대외 관계에서 서로 평등하지 않다면 평등을 말할 수 없다. 무역의 의미는 이것을 조건으로 해서 흥하게 된다. 서양인도 애초에 평등해야 하는 이유를 잘 몰랐기 때문에 무역을 통해 남의 나라를 빈털터리로 만들어도 된다고 생각했던 적이 있다. 그래서 자기 나라의 살과 피를 베어가게 되면 마른 장작처럼 뻣뻣하게 돼지고 말 것이라고 두려워했다. 보호관세라는 것이 생겼고 무거운 관세를 매겨서 외국 상품이 들어오는 것을 몰래 막았다. 그러므로 보호관세를 가혹하게 매겨서 서로 괴롭혔기 때문에

---

200) 이어지는 23의 주제를 미리 밝혔다.

이웃나라끼리 화목하지 못하는 경우도 생겼다. 관세 업무가 남의 나라를 망하게 할 수 있다는 말도 그래서 생겼다. 그러나 사실 모두 틀린 말이다. 한 아버지에게 아들이 여럿이라면 몇 대가 지난 뒤에 대가족이 될 것이다. 서양인은 가족의 증가와 소모를 상세하게 조사해보고 다음과 같은 결론을 얻었다. 매년 태어난 사람과 죽은 사람을 더하고 빼서 1%의 인구가 증가한다고 할 때 물난리, 가뭄, 전염병, 전쟁, 여러 가지 뜻밖의 재난이 없다고 해도 수십 년 지나지 않아 틀림없이 국내 생산으로만 지탱하지 못하게 될 것이다. 다른 데서 새로운 영토를 개척하지 않는다면 국내에는 새로 개척할 여지가 없어져버리는 처지가 될 것이다. 다행히 외국에 대가를 치르고 물건을 수입해서 국내 생산의 부족분을 임시로 변통한다면 다행이다. 그러면 외국이 우리의 해외 창고가 되어 해마다 외국의 생산물을 제공받는 효과가 있을 뿐 아니라 외따로 뚝 떨어져 있는 지역을 개척하는 수고로움과 비용도 없어질 것이다. 거대한 이익이 저절로 생기게 만들 때 이것보다 편리한 방법은 없다.

그러므로 무역은 서로 베푸는 호혜(相仁)[201]의 방식이기도 하고 서로 이로워지는 방식이기도 하다. 상품을 가지고 오는 쪽도 이롭지만 맞이하는 쪽도 이롭다. 서양인은 중국에서 장사를 할 때 대가를 받고 팔기 위해 저희 물건을 가지고 온다. 이것은 우리에게 베푸는 것이다. 하지만 대가를 치르고 우리 물건을 사가지고 가기도 한다. 이것은 저들 자신에게 베푸는 것이다. 그러면 교역하려고 가지고 온 금과 은을

---

201) 담사동은 여기서 인의 중요한 의미가 '서로 베풀기'라고 주장하고 있다. 앞서 인하다, 인하지 않다는 것은 문맥에 따라 베풀다, 베풀지 않다라고 옮겼다.

다시 가지고 돌아가지 않게 될 것이다. 그러나 서양인은 금과 은을 가지고 돌아가고 있다. 우리 공업기술(工藝)이 일어나지 못하게 만들고 상업이 불쌍한 형편이 되게 만들며 대가를 받고 파는 물건이 엇비슷하게라도 서양에 맞서지 못하게 만드는 것은 대체 누구인가? 설령 중국이 오랫동안 희망도 없이 절망적인 상태에 있었고 공업기술이나 상업도 없는 바람에 대가를 받고 팔 물건이 없었어도 무역의 두터운 이익을 보지 못한 적은 이제껏 없었다. 우리가 대가를 받고 팔 만한 물건을 만들지 못하면 못할수록 남의 눈치를 보지 않을 수 없다. 이것이 한 가지 이로움이다. 저들이 얻는 것은 금과 은뿐이고 우리가 얻는 것은 값어치 나가는 온갖 물건이다. 값어치 나가는 물건은 틀림없이 쓸모가 있을 테지만 금과 은은 굶주려도 먹을 수 없고 추워도 입을 수 없다. 쓸모없는 금과 은을 치르고 쓸모 있는 물건을 수입하는 것은 저들을 고용해서 우리를 위해 봉사하게 만드는 것에 그치지 않는다. 이것이 또 다른 이로움이다. 금과 은도 대가를 치르고 사야 하는 물건이고 금과 은이 고갈되면 대가를 치르고 살 수 있는 물건도 사라질 것이라고 생각할지도 모르겠다. 이것은 광산이 없는 나라라면 그렇게 말할 수도 있겠다. 중국은 지구에서 광산이 가장 풍부하다. 자기 팔뚝을 당기고 자기 손가락을 비틀며 자기 백성이 광물을 채취하도록 만들지 않고 그저 이미 생산되고 있는 보잘것없는 일부 생산물만 믿으며 무한한 노다지를 막는 것은 누구인가? 이것도 모르면서 입만 뻥긋하면 무역이 가난을 부른다느니, 외국에 대한 원망을 쌓아 독을 품게 된다고 한다. 스스로 떨쳐 일어나지 못하고 허물을 남에게 미뤄버리는 짓은 게으른 놈이나 하는 짓이다.

저들은 무역으로 우리에게 베풀지만 우리는 저들에게 베풀 것이 아무것도 없다. 이것만 해도 충분히 부끄러워할 만한 일이다. 이것을 부끄러워한 적도 없고 도리어 베푸는 일을 끊으려고 하는 것은 자기가 베풀지 못한다고 남이 베푸는 것을 끊어버리는 짓이다. 또한 남이 우리에게 베푸는 일을 끊어버리는 짓보다 우리 자신에게 베풀지 못하는 일이 앞설 것이다. 무역을 끊을 수 없게 되자 관세를 무겁게 매겨 무역을 끊으려고 한다. 관세 자체는 무겁게 매길 수 있지만 무거운 관세만 매긴다고 어찌 무역을 끊을 수 있겠는가? 영국인은 밀의 수입에 무거운 관세를 매긴 적이 있다. 결국 크게 곤란을 겪게 되자 갑자기 밀의 관세를 없앴다.[202] 무거운 관세가 백성의 일용에 적절하지 못했기 때문이다. 그러므로 무역이나 관세로 남의 나라를 차지할 수 있다는 말은 결국 서양인의 낡은 학문이다. 현재 망한 나라들은 망하게 된 길이 따로 있었기 때문에 무역과 관세가 아니라도 틀림없이 망했을 것이다. 인도나 동남아시아(南洋群島)에 망하지 않을 정치가 어디 하나라도 있었을까? 여러 가지 일을 오랫동안 겪다 보면 이로움과 해악이 자명해진다. 이제라도 무역이나 관세로 남의 나라를 차지할 수 있다는 주장을 바꿔야 한다. 또한 무역을 끊어버린다는 것도 말이 안 되는 이치일 뿐만 아니라 시행할 수도 없는 추세이다. 현재 장강 하류 지역은 옛날 오나라나 초나라 땅이다. 오나라나 초나라는 이민족 땅이었기 때문에 하남성(河南)이나 산동성(山東)의 입장에서 보면 분명히 오늘날 중국과 외국 같았을 것이다. 만약 장강을 경계로 긋고 남쪽 사람이 북쪽으로 가지 못하고 북쪽 사람이 남쪽으로 가지 못하게 만들며 자기 땅에서 나는 것만 매일 먹고 마시게 하고 전혀 오가지 못하

---

202) 나폴레옹 전쟁 때의 일이다.

게 만드는 것이 가능한 일이겠는가? 하물며 증기선, 철도, 전신, 전화 같은 것들이 천리 길을 거의 코앞처럼 가까운 거리로 줄이는 바람에 지구를 내 손발처럼 들었다 놨다 하게 만들었고 산을 오르고 바다를 가로지르는 일도 내 집 문턱을 밟는 것처럼 만들었는데 말이다. 옛날 이민족과 중화의 구분처럼 애초에 중국과 외국의 한계라는 것은 없다. 그런데 그것에 따라 무역을 끊어버릴 수 있겠는가?

공업기술을 장려하고 상업에 혜택을 주며 상품 제조를 신속하게 하고 대가를 치르고 수입한 물건을 번성하게 하며 광산 개발에 특히 중점을 두어야 한다. 이것이 현재의 계책 가운데 상책이다. 저들이 우리에게 베풀기를 바란다면 우리도 저들에게 베풀 것을 가지고 있어야 한다. 남에게 베풀 수 있으면 공적 소유가 평등해지고 우리 자신도 곤란해지지 않는다. 저들에게 베풀 만큼 힘이 충분하지 않다면 먼저 우리 자신에게 베풀 방법을 찾아서 저들이 우리에게 베푸는 일을 줄여야 한다. 이것이 차선책이다. 남이 우리에게 베푸는 일을 달갑지 않게 생각해야 비로소 남에게 베풀 수 있기 때문이다. 저들이 우리에게 베푸는 일을 줄여야만 저들이 우리에게 베푸는 힘을 천천히 누그러뜨릴 수 있다. 그리고 그들을 누그러뜨려야만 그들에게 베풀 수 있다. 그렇지 않고 매일 남이 베푸는 것만 받으면서 편안히 앉아 보답하지도 않고 그저 놀면서 게으름만 피우다가 이러지도 저러지도 못하는 딱한 신세가 되면 남에게 갈가리 찢겨 팔다리가 잘리는 지경이 될 것이다. 선에는 선, 악에는 악을 베풀어 갚는 하늘의 이치로 헤아려 봐도 그렇게 당해도 싸다. 남과 나를 통하게 만드는 것을 인이라고 한다. 무역은 통하게 하는 일의 한 가지일 뿐이다. 무역의 장단점은 이처럼 비교해서 이미 명백해졌다. 그러므로 통하는 것보다 인한 것도 없고 통하지 않는 것보다 인하지 않은 것도 없다.

24

시간을 아낀다는 의미는 크구나! 우임금은 촌음을 아꼈고 도간(陶侃)[203]은 촌음보다 짧은 분음을 아꼈다. 천자, 곧 하느님의 아들을 자처하는 황제의 온갖 정치 사무부터 평민의 생계수단까지, 성인과 현인의 행위부터 평범한 사람의 입고 먹는 문제까지 모든 것은 시간을 아끼는 데서 생긴다. 서양인의 기계학(機器之學)이 나타나면서부터 기계로 제조하고 운송할 때 시간을 아끼는 도구가 갖춰지게 되었다. 이제 운송에 대해서만 이야기해보자. 길가는 사람 아무나 붙잡고 '증기선과 철도는 목숨을 연장할 수 있다. 증기선과 철도가 없으면 목숨이 줄어든다'라고 말한다면 허튼 소리라고 비웃지 않는 사람이 드물겠지만 허튼 소리가 아니다. 만리 길도 증기선은 열흘이면 도달할 수 있고 철도는 사나흘이면 된다. 만약 증기선도, 철도도 없이 움직인다면 몇 달이 걸리고 일 년이 걸리더라도 꼭 도착할 수 있다고 장담하지 못한다. 이렇게 몇 달이나 일 년씩 시간이 걸리면 벼슬살이를 하는 사람은 자기 정치 사무를 그만두어야 하고 공업이나 상업에 종사하는 사람은 상품을 취급하는 일이 더뎌지며 학자는 자기의 예술과 문학을 황폐하게 만들게 되고 남에게 고용된 사람은 자기 생계가 무너지게 된다. 국가의 운송 업

203) 陶潛의 증조할아버지이다. 높은 벼슬아치였는데 謹直勤勉하다는 평이 있었다. 이 이야기는 『晉書』 권66 「陶侃傳」을 참조하라.

무에 징발된 사람은 여행의 피로와 괴로움 때문에 몸을 상하고 징발된 사람을 기다리는 아내는 집에서 한숨짓게 된다. 머나먼 산천을 걸어가야 하기 때문에 편지 한 장 보내려고 해도 정신이 아뜩할 정도로 먼 거리를 뛰어넘어야 한다. 추위와 더위가 지역마다 다르고 도적이 불쑥 들이닥치기도 한다. 이것은 부모나 형제 같은 피붙이나 가까운 친구들이 죽었는지 살았는지 걱정하고 소식이 끊어진 일이나 이별을 슬퍼하는 시(什)[204]를 지은 원인이다. 이렇게 허둥지둥하면서 해야 할 일을 하지 못하는 몸뚱이(氣體)는 비록 살아 있어도 남을 살리는 일에 도움이 되지 않는다. 그렇다면 살아도 죽은 것이나 진배없다. 그래서 이렇게 몇 달이나 일 년씩 시간이 걸리면 목숨이 짧아진다는 것이다. 이렇게 유추해보면 아무 데도 가지 않고 시간을 허투루 쓰거나 쉬지 않은 채 다행히 백 년을 산다고 해도 대부분 흔적도 없이 소모해버린다. 게다가 늦출 수 없는 군사 업무도 늦어지고 잠시도 늦출 수 없는 재난 구제도 늦어진다. 뛰어난 인재들이 흩어져 있어도 집중시킬 방법이 없고 온갖 산업이 버려진 채로 있어도 빛나게 만들 방법이 없다. 여기 분명히 인재를 죽이고 자원을 죽이는 근심과 해악이 있다. 증기선이나 철도가 있다면 이런 일을 걱정하지 않아도 된다. 십여 일을 가야 할 거리를 하루면 갈 수 있다면 십여 년 걸릴 일을 일 년이면 처리할 수 있다. 게다가 전신, 우편, 기계화된 제조업에서 공정을 간소하게 만들고 용어를 편리하게 만든 다음, 그것을 합쳐서 셈해보면 삼십 년 걸려 성

---

204) '什'은 『詩經』의 「小雅」와 「大雅」의 묶음을 가리키는 말이다. 여기서는 시를 대신하는 말로 쓰고 있다.

취한 일도 삼십 년을 수십 번 거듭해야 할 수 있는 일과 맞먹을 테고 한 사람의 일생도 일생을 수십 번[205] 산 것과 맞먹을 것이다. 지기를 펴게 해주면 재주를 가진 사람과 지혜로운 사람도 떨쳐 일어날 테고 사람들 형편도 운신의 폭이 넓어지고 평탄해질 테며 평화롭고 즐거우며 거침없어질 테다. 이것이 목숨을 연장하는 것이라는 말이 어찌 속임수이겠는가? 그러므로 서양 국가의 정치가 하루아침에 중국의 전성시대를 앞질러 올라설 수 있었던 것에 다른 뾰족한 방법이 있는 것은 아니었다. 시간을 아끼면 시간은 주지 않는 것이 없다. 이것은 마치 한 사람이 수십 명 몫의 힘을 아우르는 것과 같을 뿐이다. 『예기』는 이렇게 말한다. '그것을 하는 사람은 시간을 아낀다.'[206] 이것은 기계라야 감당할 수 있다. 시간을 아낀 효과가 이와 같다면 시간을 아끼지 않은 해악은 다음과 같다. 이런 말이 있다. '잘 다스리는 시절은 편안하고 길며 어지러운 시절은 급하고 짧다.'[207] 시간을 아낄 수 있는 도구가 있는 것과 없는 것은 잘 다스리는 세상과 어지러운 세상의 기본적인 행위 준칙이고 잘 다스리는 세상과 어지러운 세상의 구분도 여기서 나뉜다.

미생멸은 순식간에 우리 앞을 지나간다. 미생멸은 생성하지도 않고 소멸하지도 않는 것과 함께 짜여 세계를 완성하기 때문에 시간이라는 이름이 생긴다. 시간을 아끼지 않는다면 천지의 운동(乾坤)

205) 원문은 '數十年'이라고 되어 있다. 年은 生과 쓰는 법이 비슷한 글자라서 잘못 쓴 것 같다.

206) 원문은 '爲之者疾'이다. 『大學』에 나오는 말이다.

207) 원문은 '化世之日舒以長, 亂世之日促以短'이다. 출처는 알 수 없고 아마 속담이나 시쳇말이지 싶다.

은 어쩌면 거의 멈출 것이다. 현재 사람들은 시간을 아끼지 않을 뿐 아니라 도리어 시간에 쫓겨 급해지게 되었다. 과거시험을 치를 때는 과목을 번거롭게 만들고 인재를 기용할 때는 연공으로 곤란하게 만들며 벼슬에 임명할 때는 돌아오는 순번에 얽매이고 사무를 처리할 때는 장부와 문서 때문에 번거롭게 만든다. 시장이나 관문을 맡은 구실아치(關吏)는 나쁜 관례를 많이 만들어 통행을 어렵게 만들고 소금 운송을 맡은 조직(鹽綱)은 순번대로 돌아가며 소금을 팔라고 강요한다. 이것은 결국 시간이 빠르게 지나가지 않는 것을 두려워하게 만들 뿐이다. 어휴! 시간이 가면 나라만 망하고 말겠느냐? 종족까지 사라지고 말 테다. 존속과 멸망만 그럴까? 공자(宣尼)[208]처럼 위대한 지혜를 지닌 사람은 칠십 대에 이르러 마음먹은 대로 살 수 있었다. 선재동자[209]는 평범한 사내의 몸으로 평생에 걸쳐 깨달았다. 그래서 시간을 아끼는 궁극적 의미는 부처가 되고 성인이 되는 것일 뿐이다.

25

미생멸은 어디서 시작하는가? 이것은 말하기 어렵다! 무명(無明)이 일어나는 곳은 부처만 알 수 있기 때문이다. 깨닫지 못한 범부[210]가 어찌 이것을 이야기할 수 있을까? 그렇지만 나는 천지와 만물의 시작

---

208) '공자'의 원문은 '宣尼'이다. 당나라 때 공자를 부르던 호칭에 끼어 있는 말이다.
209) '선재동자'의 원문은 '善財'이다. 『華嚴經』의 주인공이다.
210) '범부'의 원문은 '毛道'이다. 毛道 내지 凡夫는 번뇌에 얽매여 생사를 초월하지 못하는 사람을 말한다.

을 말해보려고 한다. 그 시작은 맑고 밝으며 깊고 멀다.[211] 생기는 것 같다가 사라지고 사라지는 것 같다가 생긴다.[212] 안에는 사물도 없고 안팎의 구분도 없다. 그것이 없다고 지각하면 없다는 지각이 생긴다. 없다는 지각이 생긴 것은 없다는 것을 아는 일이 생긴 것이다. 여기서 갑자기 운동의 체제가 생긴다. 이것을 구름에 비유해보자. 구름이 둘씩 짝을 지으면 음극과 양극이 된다. 그래서 두 가지 전기가 생기게 된다. 둘씩 짝을 지으면 차이와 동일성이 생긴다. 차이가 있으면 공격하고 동일성이 있으면 취한다. 그래서 소리도 나게 되고 빛도 나게 되는데 그것을 우레라고 한다. 미세한 것을 진동시키고 드러나지 않은 것을 드러내서 변화의 운수에 맞춰 이리저리 뒤섞을 때 생성이 생기게 된다. 생성은 오로지 차이가 있으면 공격하고 동일성이 있으면 취하는 것일 뿐이겠지? 그저 변화의 운수에 맞춰 이리저리 뒤섞는 것일 뿐이겠지?

천지와 만물은 일개 거품에서 시작되었을 뿐이다. 거품은 수많은 거품으로 나뉘고 녹은 쇳물처럼 바람을 타고 회전하다가 결국 공 모양의 태양이 된다. 날마다 다시 나뉘다가 결국 우리 지구가 되었다. 지구는 차가워지면서 수축하고 수축하면서 건조해지게 되었다. 수축하는 속도가 고르지 않았기 때문에 마치 햇빛에 잘 말린 대추나 마른 과일처럼 주름이 잡힌 모양이다. 무늬가 생기는 경우도 있는데 무늬에는 산맥이나 강물처럼 결(理)도 있다. 수축은 빠르지만 건조는 더디기 때문에 물이 넘쳐서 홍수가 나기도 한다. 건조되면서 더욱 수축하

211) 원문은 '洞然窅然'이다. 『莊子』 「知北游」에 나오는 말이다.
212) 원문은 '恍兮忽兮'이다. 『老子』 제21장에 나오는 말이다.

게 되면 물은 비로소 낮은 곳으로 가게 된다. 얕은 습지에서 물이 뜨거운 김으로 스멀스멀 피어오르면 풀이 무성해지고 벌레가 꼼지락거리게 마련이다. 박테리아(璧他利亞), 식물성 플랑크톤(微植), 동물성 플랑크톤(微生), 고둥, 조개, 뱀, 거북을 거쳐 점차 조류 형태를 갖춘다. 조류가 오랑우탄이나 원숭이가 되면 인간을 칠팔십 퍼센트는 닮았다. 인간의 총명함도 선조보다 후손이 나은 것처럼 말이다.[213)]

은혜와 원망이 어지럽게 얽혀 생겼다 소멸하기를 반복한다. 순식간에 생겼다 순식간에 소멸하는 것은 사실 생기고 소멸한 적이 없는 것이나 진배없다. 생성과 소멸이라고 보는 것은 오로지 식일 뿐(成唯識)이다. 장식[214)]에도 생성과 소멸은 없다. 그래서 부처와 중생이 끊어지지 않는다는 점은 동일하다. 갑자기 일곱 번째 식[215)]에 사로잡혀 자아의 관념[216)]으로 전환된다. 사로잡히면 의식[217)]이 생기기 때문에 의식에 나타난 것은 대상[218)]이 된다. 눈, 귀, 코, 혀, 피부도 각각 보이는 것

---

213) 일역본의 주를 참고하고 내 생각을 덧붙이자면 이렇게 말할 수 있다. 일개 거품에서 천지만물이 시작했다는 주장은 당시 소개되기 시작한 칸트-라플라스 星雲說을 생각하고 있었던 것은 아닐까 의심된다. 동시대의 강유위는 우주생성을 이야기할 때 성운설을 사용하고 있다. 그리고 생물의 발생을 말하는 부분은 라이엘의 책을 번역한 『地學淺釋』이 당시 출판되었던 것으로 보아 담사동이 진화론을 알고 있었다고 짐작할 수 있다.

214) '장식'의 원문은 '藏識'이다. 唯識佛敎에서 천지와 만물을 비추는 근본적인 식이자 여덟 번째 식인 아라야식을 중국어로 옮긴 말이다.

215) 일곱 번째 식은 마나식 또는 執識이라고 한다.

216) '자아의 관념'의 원문은 '我相'이다. 나 자신이라는 망상을 가리킨다.

217) '의식'의 원문은 '意識'이다. 여섯 번째 식이고 눈, 귀, 코, 혀, 피부 같은 다섯 가지 감각기관 五蘊을 모으는 기능을 한다. 共通感覺에 해당하는 불교 용어이다.

218) '대상'의 원문은 '相'이다. 여기서는 특히 의식이 처리하는 대상인 見相을 가리킨다.

이 있기 때문에 하나하나 대상[219]이 된다. 대상은 왜곡된 훈습[220]을 받는 것이기 때문에 이번 생에 지은 것이 장식으로 되돌아가 다음 생의 원인(因)이 된다. 원인은 다시 결과(果)가 되기 때문에 원인과 결과는 엎치락뒤치락 돌고 도는 셈이며 무한한 생성과 소멸은 시작이 없다. 무한한 생성과 소멸이 무한하기 때문에 분명하게 천지와 만물이라고 말하더라도 그것이 천지인지 만물인지 알 수 없다. 그것이 안에 있지 바깥에 있지 않다는 것을 누가 알겠는가?

그렇지만 반대로 마음은 바깥에 있지 안에 있는 것이 아니라고 말할 수도 있겠다. 이것은 무슨 까닭인가? 마음이 생기려면 작용(緣)[221]도 꼭 있어야 하고 작용을 받는 대상(所緣)도 꼭 있어야 한다. 작용과 작용을 받는 대상은 서로 이어져 있고 끊어지지 않는다. 작용하지 않게 억지를 써도 틀림없이 공(空)을 작동시키게 될 것이다. 작용을 받는 대상이 여기저기 번갈아 대체하더라도 결국 작용과 작용을 받는 대상이 아무런 걸림 없이 풀리는 법은 없다. 작용이 참된 경우도 있고 작용이 허망한 경우도 있다. 지나간 과거에 작용하는 경우도 있고 아직 오지 않은 미래에 작용하는 경우도 있다. 모든 것이 참된 천지와 만물에만 의존하는 것은 아니겠지? 모든 것이 허망한 천지와 만물에만 의존하는 것은 아니겠지? 모든 것이 과거의 천지와 만물에만 의존하는 것은 아니겠지? 모든 것이 미래의 천지와 만물에만 의존하는

219) 이때는 감각기관이 받아들인 빛깔, 소리, 냄새, 맛, 촉감 등 감각 대상을 가리킨다.

220) '훈습'의 원문은 '薰習'이다. 我執의 意識에 의해 오염되는 것. '냄새가 옷에 밴다'는 것이 원래 뜻이다.

221) 緣은 원인을 도와 결과를 만드는 작용이다. 여기서는 인지 작용과 인지 대상을 가리킨다.

것은 아니겠지? 세상 사람들이 바깥이라고 이름 지었기 때문에 마음도 바깥에 있는 것이 되고 안에 있는 것은 아니게 되었다. 안식(眼識)이 안에 있다고 해볼까? 안식은 환상이고 물질(色)이기 때문에 물질을 좋아하는(好色)[222] 마음은 안에 있는 것이 아니다. 마음이 바깥에 깃들어 있으면 멈추지 않고 떠돌게 된다. 깃들 곳이 없어지는 지경이 되면 집착해서 크게 괴로워한다. 물질과 짝을 이뤄 잠시 머무른다면 머무르는 곳을 얻었기 때문에 즐거워한다. 깃들고 짝을 이루는 일을 오랫동안 지속하게 만드는 것이 있다면 자랑스럽게 아름답다고 생각하며 더구나 즐겁다고 생각한다. 그러나 깃들었다고 이름 지은 바에야 영원할 정도로 지속할 수는 없는 법이다. 깃드는 일도 싫증나게 되면 돌이켜 다른 곳으로 간다. 아들이나 딸, 보석이나 비단, 글씨나 그림, 자연의 경치 및 형태를 가진 모든 물질을 좋아하는 사람은 어느 것 하나만 딱 부러지게 좋아하는 것이 아니라 이것저것 쉬지 않고 생각이 나게 된다. 이런 생각은 모두 본심(本心)이 아니고 대신하는 마음이기 때문이다. 무엇을 근거로 대신한다는 것을 아느냐? 마음 자체는 없는 것이기 때문이다. 이것을 귀, 코, 혀, 피부까지 미뤄 짐작하면 역시 이와 같을 것이다.

우리 대뇌가 있는 곳이 장식이 있는 곳이다. 대뇌 앞쪽에 둥그렇게 부푼 전두엽이 있다. 우리 의식이 거울이라고 하면 천지와 만물의 영상은 거울에 모두 나타날 것이다. 게다가 천지와 만물이 거울이라고 하면 우리 영상도 거울에 나타날 것이다. 우리 의식의 거울과 천지만

222) 好色은 본디 낯이 반반한 여자를 좋아한다는 뜻이다. 공자가 『論語』에서 호색을 언급한 것을 패러디해서 이렇게 말한 것이다.

물의 거울은 서로 포함하고 있고 서로 받아들이며 빛과 영상이 겹겹으로 거듭되기 때문에 안도 아니고 바깥도 아니다.

26

시작이 있다는 것은 다름 아니라 여기 구체적 세계(器)를 말하는 것이다. 구체적 세계(世間)에는 하나의 태양, 하나의 지구가 있을 뿐이다. 만약 태양과 지구가 생기기 전이라도 태양과 지구는 틀림없이 있었을 것이다. 이것은 시작이 없다는 것이다. 태양과 지구가 소멸한 뒤라도 태양과 지구는 틀림없이 있을 것이다. 이것은 끝이 없다는 것이다. 에테르 자체는 시작도 끝도 없기 때문이다. 유식불교의 상분[223)]도 에테르이지만 에테르가 없다고 해도 괜찮다. 기왕 에테르를 빌려 이야기한다면 에테르에 시작이나 끝이 있다고 말하면 안 된다. 대상에 작용하는 식에는 끝도 없는가? 시작은 없지만 끝은 있는 것이 식이다. 업식이 지혜로 전환하는 것, 이것이 식의 끝이다.

나는 아무개[224)]의 『대학』 강의를 들은 적이 있다. 그는 『대학』이 아마 유식불교(唯識之宗)와 진배없을 것이라고 했다. 유식에서 다섯 가지 감각(前五識)[225)]은 독립적일 수 없고 꼭 여덟 번째 식[226)]으로 먼저 전환해야 한다. 여덟 번째 식은 스스로 전환할 수 없기 때문에 꼭 일

---

223) '상분'의 원문은 '相分'이다. 작용을 받는 대상의 세계, 곧 의식에 나타난 대상들의 세계를 가리킨다.

224) 南京의 불교학자 楊文會일 가능성이 매우 높다. 『大學』을 유식불교와 나란히 놓는 주장은 중국 종교의 특징인 三教會通論의 영향 때문일 것이다.

225) 눈, 귀, 코, 혀, 피부의 다섯 가지 감각기관을 가리킨다.

226) 여덟 번째 식은 앞에 소개한 藏識이다.

곱 번째 식[227]으로 먼저 전환해야 한다. 일곱 번째 식은 순식간에 전환할 수 없기 때문에 꼭 여섯 번째 식[228]으로 먼저 전환해야 한다.

여섯 번째 식이 묘관찰지[229]로 전환하는 것을 『대학』은 '앎을 이루는 동시에 앎이 도착한다'[230]라고 한다. 불교의 '의식(意)'이 공자가 '앎(知)'이라고 하는 것이다. 의식이 전환된 다음에 집식도 전환할 수 있다. 그러므로 이렇게 말한다. '자기 의도를 충실하게 만들려고 하는 사람은 꼭 자기 앎을 먼저 이뤄야 한다.'[231] 앎을 이루는 일(致知)은 사물을 틀에 집어넣는 일(格物)을 근거로 해야 한다. 앎을 이루는 것이 모든 일의 어머니이다. 공자는 이렇게 말한다. '아래로부터 배워서 위에 통달한다.'[232] 주희(朱紫陽)는 『대학』의 「격물」 장과 「치지」 장을 보충할 때[233] 사실 화엄종의 오교(五教)[234]를 응용했다. 화엄종의 소승교(小教)는 입문자가 배우는 것[235]이기 때문에 『대학』에 적용할 수 없

---

227) 일곱 번째 식은 앞에 소개한 執識이다. 나와 법(존재), 자아와 타자의 대립을 일으키는 식이라고 한다.

228) 여섯 번째 식은 앞에 소개한 意識이다.

229) '묘관찰지'의 원문은 '妙觀察智'이다. 모든 존재의 헷갈림을 살펴서 알고 헷갈림을 끊는 방편을 행하는 지혜를 가리킨다. 『成唯識論』 권9는 이렇게 말하고 있다. '妙觀察智相應心品, 緣一切法自相共相皆無障礙, 二智所攝.'

230) 원문은 '致知而知至'이다. 『大學』에 나오는 말이다.

231) 원문은 '欲誠其意者, 必先致其知'이다. 『大學』에 나오는 말이다.

232) 원문은 '下學而上達也'이다. 『論語』 「憲問」에 나오는 말이다.

233) 朱熹 『大學章句』의 「格物致知補傳」을 가리킨다.

234) 華嚴宗의 教相判釋을 가리킨다. 사키야 무니 붓다의 일생을 다섯 시기로 구분하고 시기마다 가르침의 수준이 다르다는 주장이 教相判釋이다. 화엄종은 소승교, 대승시교, 대승종교, 돈교, 원교라고 부른다. 가르침의 수준이 다른 이유는 입문자부터 궁극적 깨달음을 얻은 자의 단계가 다르기 때문이다.

235) '입문자가 배우는 것'의 원문은 '小學'이다. 본격적인 철학 수업인 大學과 짝을 이루며 朱子學에서 입문자의 생활 규범 따위를 가리킬 때 쓰는 말이다. 같은 제

다. 나머지 네 가지 가르침은 『대학』에서 다음과 같다. '자기가 이미 알고 있는 이치를 근거로 하지 않는 천하의 사물은 아무 것도 없다는 것을 배우는 사람이 배우게 만들고 더욱 궁리하게 만드는 것이다.'[236] 이것은 화엄종의 대승시교(始教)[237]이다. '궁리를 통해 궁극적 이치에 도달하려고 노력한다.'[238] 이것은 화엄종의 대승종교(終教)[239]이다. '오랫동안 힘쓰고 난 다음, 하루아침에 툭 터져서 꿰뚫게 된다.'[240] 이것은 화엄종의 돈교(頓教)[241]이다. '그러면 모든 사물의 안팎이며 세세하거나 굵직한 것도 도착하지 않는 것은 없다. 그리고 내 마음의 온전한 본질과 위대한 작용도 명백해지지 않는 것은 없다.'[242] 이것은 화엄종의 원교(圓教)[243]이다. 어떤 일이든 꼭 사물을 틀에 집어넣는 일과 앎을 이루는 일에서 시작해야만 한다. 이것이 묘관찰지이다.

일곱 번째 식이 평등성지[244]로 전환하는 것을 『대학』은 '의도를 정

목의 책도 있다.

236) 원문은 '必使學者卽天下之物, 莫不因其已知之理, 而益窮之'이다. 『大學章句』의 朱熹 주에 나오는 말이다.

237) 大乘始教는 모든 존재가 空이라는 諸法皆空의 가르침이다.

238) 원문은 '以求至乎其極'이다. 『大學章句』의 朱熹 주에 나오는 말이다.

239) 大乘終教는 모든 존재가 부처가 된다는 一切成佛의 가르침이다.

240) 원문은 '至於用力之久, 而一旦豁然貫通焉'이다. 『大學章句』의 朱熹 주에 나오는 말이다.

241) 頓教는 갑작스럽게 깨달아 부처가 된다는 頓悟成佛의 가르침이다.

242) 원문은 '則衆物之表裏精粗無不到, 而吾心之全體大用, 無不明矣'이다. 『大學章句』의 朱熹 주에 나오는 말이다.

243) 圓教는 모나지 않고 원만한 궁극의 상태인 圓融究竟의 가르침이다.

244) '평등성지'의 원문은 '平等性智'이다. 모든 존재에 대해 大慈大悲한 마음을 일으키는 지혜를 가리킨다. 『成唯識論』 권9는 이렇게 말하고 있다. '平等性智相應心品, 有義但緣第八淨識, 如染第七緣藏識故. 有義但緣眞如爲境, 緣一切法平等性故. 有義遍緣眞俗爲境, 佛地經說平等性智證得十種平等性故. 莊嚴論說緣諸有情

성스럽게 하는 동시에 의도가 정성스러워진다'[245]라고 한다. 불교의 집착(執)'이 공자가 '의도(意)'라고 하는 것이다. 일곱 번째 식인 집식이 전환된 다음이라야 여덟 번째 식인 장식은 전환할 수 있다. 그러므로 이렇게 말한다. '자기 마음을 바로잡고 싶다면 꼭 자기 의도를 먼저 충실하게 만들어야 한다.'[246] 여덟 번째 식에 집착해서 나라고 생각하는 것이 집착이다. 의도가 충실하지 않은 이유도 아집이 있기 때문이다. 오로지 평등해진 다음이라야 아집이 없어지고 아집이 없어진 다음이라야 집착의 대상이 없어진다. 그래야만 충실하다고 이름 짓게 된다. '자기 의도를 충실하게 만든다는 말은 스스로 속이지 말아야 한다는 것이다.'[247] 나를 속이는 것은 나이다. '나쁜 냄새를 싫어하는 것처럼, 반반한 얼굴을 좋아하는 것처럼.'[248] 자기가 좋아하고 싫어하는 것이 충실할 때 아집이 있다는 것을 모르게 된다. '소인은 혼자 있는 경우 선하지 않을 일을 닥치는 대로 저지르게 된다. 군자를 만난 다음에 싫증을 내게 되고 자기의 선하지 않음을 가리고 자기의 선함을 드러내게 된다.'[249] 아집이 하나만 있는 것이 아니라 아집이 겹겹이라는 말이다. '남이 자기를 볼 때는 자기 간이나 허파를 들여다보는 것과 같다.'[250] 자기에게 아집이 있다는 것을 분명하게 본다는 말이다. 아

自他平等隨他勝解示現無邊佛影像故. 由斯此品通緣眞俗二智所攝於理無違.'

245) 원문은 '誠意而意誠'이다.

246) 원문은 '欲正其心, 必先誠其意'이다.

247) 원문은 '所謂誠其意者, 毋自欺也'이다. 『大學』에 나오는 말이다.

248) 원문은 '如惡惡臭, 如好好色'이다. 『大學』에 나오는 말이다.

249) 원문은 '小人閒居爲不善, 無所不至, 見君子而后厭然, 揜其不善而著其善'이다. 『大學』에 나오는 말이다.

250) 원문은 '人之視己, 如見其肺肝然'이다. 『大學』에 나오는 말이다.

집을 없애려면 반드시 지관[251]을 수행해야 한다. '군자는 꼭 자기가 홀로 있을 때를 삼가야만 한다.'[252] 공자 학파의 지법(止)이다. '열 개의 눈이 바라보거나 열 개의 손이 가리키는 것처럼 무서우리만큼 분명하구나!'[253] 증자(曾子)의 말은 공자 학파의 관법(觀)이다. 열 개의 손이나 열 개의 눈은 불교가 말하는 천수천안(千手千眼)이다. 천 개이든지 열 개이든지 무슨 구별이 있겠느냐? 또한 '남이 열 번 할 수 있는 것을 나는 천 번 한다.'[254]는 말을 본다면 말이다. 이것이 평등성지이다.

여덟 번째 식이 대원경지[255]로 전환하는 것을 『대학』은 '마음을 바로잡는 동시에 마음이 바르게 된다'[256]라고 한다. 불교의 장식이고 공자가 마음이라고 하는 것이다. 장식이 전환된 다음에 다섯 가지 감각은 전환해주기를 기다리지 않고 스스로 전환할 수 있다. 그러므로 이렇게 말한다. '자기 자신을 닦으려고 하는 사람은 꼭 자기 마음을 먼저 바로잡는다.'[257] 마음에 일단 대상이 생겼지만 대상의 올바른 상태를 즉시 얻지 못하면 즉시 마음에 두지 않는 것이다. 장식은 그래서

---

251) '지관'의 원문은 '止觀'이다. 止는 집착하고 있는 바르지 않은 생각을 떠난 생각이고 觀은 모든 존재의 진실을 환하게 비춰보는 것이다. 중국 불교의 일파인 天台宗의 근본 교리이다.

252) 원문은 '君子必愼其獨'이다. 『大學』에 나오는 말이다.

253) 원문은 '十目所視, 十手所指, 其嚴乎'이다. 『大學』에 나오는 말이다.

254) 원문은 '人十能之己千之'이다. 『中庸』에 나오는 말이다.

255) '대원경지'의 원문은 '大圓鏡智'이다. 과거, 현재, 미래에 벌어지는 모든 일의 사리를 환하게 비춰보는 지혜를 가리킨다. 『成唯識論』 권9는 이렇게 말하고 있다. '大圓鏡智相應心品, 有義但緣眞如爲境, 是無分別非後得智, 行相所緣不可知故.'

256) 원문은 '正心而心正'이다. 『大學』에 뿌리를 둔 말이다.

257) 원문은 '欲修其身者, 必先正其心'이다. 『大學』에 나오는 말이다.

덮어두지도 기억하지도 않는 것[258]이다. 마음이 올바른 사람은 마음도 없어지고 마음의 작용[259]도 없어지며 마음에 두는 것도 없어지는 동시에 마음에 두지 않는 것도 없어진다. 이것이 대원경지이다.

다섯 가지 감각이 성소작지[260]로 전환하는 것을 『대학』은 '몸을 닦는 동시에 몸이 닦인다'[261]라고 한다. 불교의 눈, 귀, 코, 혀, 피부를 공자는 통틀어 몸이라고 한다. 공자는 해서는 안 되는 네 가지[262]를 안연에게 알려주었다. 그저 보고 듣고 말하고 행동하는 것만 가지고 말했지만 이처럼 딱 맞아떨어지니 안연의 장식은 이미 전환되었다는 것을 알 수 있다. 장식이 전환되어야 비로소 인하다고 할 수 있다. '안연이 석 달 동안 어기지 않았다'[263]는 것은 대원경지를 어기지 않았다는 말이다. 석 달이라는 것은 공자가 안연을 관찰한 기간을 스스로 셈해보니 석 달이나 되었다는 말이다. 석 달 동안이나 관찰했지만 안연이 어기는 일을 보지 못했기 때문에 안연이 결국 어기지 않겠다는 것을 믿을 수 있다는 말이다. '나머지는 하루가 되었든, 한 달이 되었든 언제라도 도달하리라.'[264] 일곱 번째 식의 아집이 아직 끊어지지 않았기 때문이다. 다섯 가지 감각이 모두 전환할 때 어디로

258) 원문은 '無覆無記'이다. 청정무구해서 선과 악이 없는 상태를 말한다.

259) '마음의 작용'의 원문은 '心所'이다. 외부 세계와 마주할 때 마음에 수반되어 일어나는 마음의 특수한 작용을 가리킨다.

260) '성소작지'의 원문은 '成所作智'이다. 모든 존재가 고유한 본성에 따라 존재하도록 이끌어주는 지혜를 가리킨다. 『成唯識論』 권9는 이렇게 말하고 있다. '成所作智相應心品, 有義但緣五種現境, 莊嚴論說如來五根一一皆於五境轉故.'

261) 원문은 '修身而身修'이다.

262) 원문은 '四勿'이다. 『論語』 「顔淵」에 나오는 말을 줄여 부르는 말이다.

263) 원문은 '三月不違'이다. 『論語』 「雍也」에 나오는 말이다.

264) 원문은 '其餘日月至焉'이다. 『論語』 「雍也」에 나오는 말이다.

간들 인이 아닌 것이 없기 때문에 '집안을 가지런히 하고 나라를 다스리고 천하를 평화롭게 만드는 일'[265]은 말할 것도 없다. 그러므로 '한결같이 모두 자신을 닦는 것을 근본으로 한다.'[266] 이것이 성소작지이다.

공자는 위대한 성인이다. 불교가 말하는 것처럼 처음 마음을 일으켰을 때 즉시 깨닫는 올바른 결과(正果)를 완성했기 때문에 공부의 순서를 말할 필요가 없다. 부처가 사람 몸으로 나타나 진리를 이야기한 것처럼 하나하나 분명히 자신을 설명했다. 여기에도 정말 속일 수 없는 것이 있다. '열다섯 살이 되자 배움에 뜻을 두었다'[267]라는 것도 '의도가 충실해지는'[268] 데서 손을 댔다는 말이다. '서른이 되자 서게 되었다'[269]라는 것은 의도가 이미 한결같아지고 어지럽지 않았다는 말이지만 아직 끊지는 못했다. '마흔이 되자 헷갈리지 않았다'[270]라는 것은 의도가 충실해져서 묘관찰지로 전환되었다는 말이다. '쉰이 되자 천명을 알게 되었다'[271]라는 것은 아집이 끊어졌다는 말이지만 여전히 천명이 현존하고 있기 때문에 법집[272]은 아직 끊어지지 않았다. '예순이 되자 귀가 순해졌다'[273]라는 것은 법집도 끊어져서 평등성지가 되었다는 말이다. '일흔이 되자 마음 내키는 대로 행해도 정해진

265) 원문은 '齊家治國平天下'이다.
266) 원문은 '壹是皆以修身爲本'이다. 『大學』에 나오는 말이다.
267) 원문은 '十五志學也'이다. 『論語』「爲政」에 나오는 말이다.
268) 원문은 '意誠'이다. 『大學』에 뿌리를 둔 말이다.
269) 원문은 '三十而立'이다. 『論語』「爲政」에 나오는 말이다.
270) 원문은 '四十不惑'이다. 『論語』「爲政」에 나오는 말이다.
271) 원문은 '五十知天命'이다. 『論語』「爲政」에 나오는 말이다.
272) '법집'의 원문은 '法執'이다. 인식 대상을 실체라고 보는 집착을 말한다.
273) 원문은 '六十耳順'이다. 『論語』「爲政」에 나오는 말이다.

규범을 넘지 않았다'[274]라는 것은 장식이 대원경지로 전환되었다는 말이다. 여덟 번째 식을 전환해서 네 가지 지혜를 성취하는 것은 아마 성인이나 일반인에게 공통되는 것이리라. 공자가 도심(道心)이라고 말한 것이 불교의 지혜(智慧)이고 공자가 인심(人心)이라고 말한 것이 불교의 업식이다.[275] 인심 바깥에 도심이 있지 않다는 것은 업식이 없다는 말이다. 업식이 없다면 지혜로 전환할 수 있는 근거가 없어지게 된다. 왕부지는 이렇게 말한다. '영원한 진리는 다름 아니라 인간의 욕망 가운데 있다.'[276] 인간의 욕망이 없다면 영원한 진리도 발현될 길이 없다. 이것은 『대학』의 공부 순서와 가장 부합한다. 인간의 욕망을 남김없이 정화시키려는 주희처럼 영원한 진리와 인간의 욕망을 분리시키는 잘못도 저지르지 않고 '거리는 온통 성인으로 넘쳐난다'[277]라는 왕수인(姚江)처럼 성인과 일반인을 혼동하지도 않는다. 또한 『대학』은 네 가지 법계[278]와 부합하기도 한다. '사물을 틀에 집어넣는 일'은 사법계[279]이다. '앎을 이루는 일'은 이법계[280]이다. '의도를 충실하게 하고 마음을 바로잡으며 자기 자신을 닦는 일'은 이사무애법계[281]이다. '집안을 가지런히 하고 나라를 다스리고 천하를 평화롭게 만드

274) 원문은 '七十從心所欲不踰矩'이다. 『論語』「爲政」에 나오는 말이다.

275) 道心과 人心은 『尙書』「大禹謨」에 나오는 말이다.

276) 원문은 '天理卽在人欲之中'이다. 王夫之 『四書訓義』 권2에 나오는 말이다.

277) 원문은 '滿街聖人'이다. 王守仁 『傳習錄』 下에 나오는 말이다.

278) '네 가지 법계'의 원문은 '四法界'이다. 法界說은 화엄종의 근본 교리의 하나이다.

279) '사법계'의 원문은 '事法界'이다. 차별이 있는 현상의 세계를 가리킨다.

280) '이법계'의 원문은 '理法界'이다. 차별을 넘어선 실체의 세계를 가리킨다.

281) '이사무애법계'의 원문은 '理事無礙法界'이다. 현상과 실체가 걸림 없이 조화로운, 현상과 실체가 다르지 않은 세계를 가리킨다.

는 일'은 사사무애법계[282]이다. 오로지 배우기 좋아하고 깊이 생각하며 유교 경전(六經)이 불교 경전과 부합하지 않은 적이 없다고 생각하는 사람이라야만 불교 경전 바깥에 있을 수 있는 것은 아무것도 없다고 할 것이다.

27

아무개[283]는 이렇게 말한다. '불교, 공자교, 예수교 세 가지 종교는 행성이 궤도를 도는 것과 같은 것인가?' 부처가 가장 먼저 태어났고 공자가 그다음에 태어났고 예수가 그다음에 태어났다. 지금은 예수교가 세상에 분명히 드러났고 공자교도 이어지지 않던 실마리를 다시 시작하려고 하고 있다. 그러나 불교는 여전히 예전처럼 어둠 속에 잠겨 있다. 무슨 까닭으로 먼저 태어난 교주의 교가 도리어 나중에 널리 퍼지고 나중에 태어난 교주의 교가 먼저 퍼지는가? 크고 작은 궤도 차이 때문에 멀고 가까운 운행 과정의 차이가 생기는 것이 아니겠는가? 그러므로 운행 시간이 길면 속도가 느리게 보이고 운행 시간이 짧으면 속도가 빠르게 보이게 될 것이다! 불교의 궤도가 크고 공자교가 그다음으로 크며 예수교가 작다. 궤도가 작은 것이 먼저 퍼지고 난 다음에 공자교에 도달하는 것이 마땅하고 결국 불교에 도달해야 할 것이다. 이것이 순서이다. 아무개는 이렇게 말한다. '부처는 정말 위

282) '사사무애법계'의 원문은 '事事無礙法界'이다. 차별을 가진 현상 자체를 절대로 생각할 수 없는 세계를 가리킨다.

283) 여기 아무개는 康有爲를 가리킬 가능성이 높다. 다음에 이어서 나오는 아무개도 康有爲일 가능성이 자연히 높다.

대하다! 하늘 이하의 육도[284)]가 있고 육도 위에 층층이 있으니 말이다.[285)] 공자는 정말 위대하다! 으뜸가는 근원을 세워서 하늘을 거느리니[286)] 말이다. 예수는 스스로 하느님(天)[287)]이라고 이름 지었다. 자기가 작다고 생각하는 것은 그가 스스로 한 것이다.' 부처, 공자, 예수의 차이는 이와 같지만 그들이 불평등을 평등으로 바꾼 것은 동일하다. 불교, 공자교, 예수교는 모두 아마 브라만 종교[288)]에서 기원한 것이겠지? 그래서 동일하게 하느님을 말하고 동일하게 하느님의 억압과 통제를 받았을 것이다. 하느님과 인간이 평등하지 않기 때문에 인간과 인간은 더욱 평등하지 않은 것이다.

지상과 천상이 통하는 것을 끊은[289)] 때부터 중국에서는 하느님의 아들을 자처하는 천자만 하느님에게 제사를 지낼 수 있게 되었다. 천자가 여러 하느님 가운데 하나(一天)[290)]를 지니고 천하를 억압하고 통제하지만 천하는 결국 천자가 분명히 여러 하느님 가운데 하나라고 우러러보게 되었다. 천하 전부를 통틀어 잔인하게 해쳐도 오히려 하

---

284) '육도'의 원문은 '六道'이다. 天道, 人道, 修羅道, 畜生道, 餓鬼道, 地獄道를 가리킨다.

285) 층층이 있는 것은 聲聞, 緣覺, 菩薩, 佛의 四聖을 가리킨다.

286) 원문은 '立元以統天'이다. 『周易』「乾卦」의 「彖傳」에 나오는 말이다.

287) 담사동 당시에는 神이나 主를 일반적으로 天이라고 옮겼다.

288) '브라만 종교'의 원문은 '婆羅門'이다. 고대 인도의 베다 종교를 가리킨다. 베다는 리그베다, 야주르베다, 사마베다, 아타르바베다 네 가지가 있고 인격신 브라마 데바(梵天)를 모신다.

289) 원문은 '絶地天通'이다. 『尚書』「呂刑」에 나오는 말이다. '乃命重黎, 絶地天通, 罔有降格.' 세계 각지에 두루 나타나는 사다리 신화의 중국 버전이라고 할 수 있다. 담사동이 여기 주목한 것은 대단한 혜안이다.

290) 하느님과 하느님의 세상이 여럿이라는 것은 불교의 생각이다.

느님이 명령한 것이라고 생각하고 감히 받아들이지 않을 수 없게 되었다. 이 지경에 도달한 백성은 불치병에 걸린 멍청이가 되었고 지극히 불평등해졌다. 공자가 나타나면서 이것을 바꿨다. 『시』와 『서』를 편집하고 『예』와 『악』을 수정하며 문자를 비교해서 정하고 제도를 개혁한 다음, 저울질하는 기준을 『춘추』에 온통 깃들여놓았다. 『춘추』는 군주가 권력을 장악하고 제 맘대로 일을 처리하는 독재를 싫어한다. 하느님을 내세워 그들을 다스리기 때문에 천자나 제후는 모두 칭찬이나 나무람[291]의 대상이 돼버리고 자신을 무관의 제왕(素王)으로 세우게 되었다. 『춘추』는 하느님이 권력을 장악하고 제 맘대로 일을 처리하는 것도 싫어한다. 으뜸가는 근원을 내세워 하느님을 다스리기 때문에 『주역』과 『춘추』는 모두 '으뜸가는 근원으로 하늘을 거느리는' 것이다.[292] 『춘추』를 공양고(公羊高)에게 전수했기 때문에 『춘추공양전』에는 드러나지 않는 말에 담긴 뜻(微旨)[293]이 많다. 그러나 뜻이 드러나지 않았기 때문에 어쩌면 환하게 드러나지 못했을 것이다. 필힐(佛肹)이나 공산불요(公山)[294]의 부름을 받았을 때 가려고 했다는 데서 공자의 마음이 드러난다. 당시에 살지 않았던 유학자들은 군주의 포악하고 어지러운 법에 지나치게 익숙했기 때문에 공자가 반역자를

---

291) '칭찬이나 나무람'의 원문은 '褒貶'이다. 옳고 그름이나 선하고 악함을 판단하여 결정하는 『春秋』 특유의 서술 기법을 가리킨다.

292) 『周易』의 첫 점사 '元亨利貞'에서 元으로 시작하고 『춘추』의 첫 경문 '元年春王正月'이 元으로 시작하는 데서 얻은 이미지를 확장한 풀이이다.

293) 微言大義를 달리 말한 것이다.

294) 필힐과 공산불요는 반란을 일으킨 신하들이다. 공자의 본래 의도는 반란을 일으킨 신하를 이용해서라도 주나라의 제도를 회복하려는 것이다. 『論語』「陽貨」를 참고하라.

따르려고 한 것 아니냐고 의심하고 『춘추공양전』(遺經)의 위대한 뜻을 따르면서도 곰곰이 생각해보지 않는다.[295] 군주가 공공의 자리라는 것을 저들이 어찌 알겠는가! 장자는 '자기 시대를 만나 하느님 같은 임금이 된다'[296]라고 말하기도 하고 '번갈아 가면서 임금이 되기도 하고 신하가 되기도 하는 나라라야 사람들이 살 만하다'[297]라고 말하기도 한다. 선하지 않은 군주를 아무라도 죽일 수 있다면 반역이라고 부를 만한 것은 처음부터 없다. 군주가 천하를 을러대려고 만들어낸 이름이 반역이다. 이제껏 군주들 가운데 스스로 반역하지 않고 나온 놈은 없었다. 군주가 되지 못하면 반역자라고 욕하다가도 군주가 되면 하느님(帝天)이라고 아첨한다. 중국인은 충성과 의리를 서로 으스대면서도 부끄러운 일이 세상에 있다는 것을 정말 모른다. 필힐이나 공산불요의 부름을 받았을 때 가려고 했다는 것은 민주주의(民主)[298]의 위대한 뜻을 겨우 보존한 것이다. 공자가 교를 바꿨다는 것은 이것이다.

서양(泰西)에서는 모세가 율법을 만들 때부터 십계(十誡)라는 것이 차별의 명분에 치우쳐 있었다. 하느님을 말할 때는 이스라엘의 하느님이라고 사적으로 소유하고 전 세계는 말할 만한 것이 없다고 둘러쳐버려서 지극히 불평등했다. 예수가 나타나서 그것을 바꾸고 큰 소리로 꾸짖었다. 모든 사람이 하나하나 하늘에 계신 아버

---

295) 崔述 『洙泗考信錄』 권2를 참조하라.

296) 원문은 '時爲帝'이다. 『莊子』 「徐无鬼」에 나오는 말이다.

297) 원문은 '遞相爲君臣, 人人可以居之'이다. 『莊子』 「齊物論」에 나오는 말이다.

298) 民主는 맹자에게 유래한 개념이지만 담사동 당시 서양 정치사상의 영향으로 큰 변화를 겪었다. 당시 중국을 비롯한 한자 문화권에서는 세계의 정치 체제를 民主(대통령제), 君民共主(입헌군주제), 君主制로 구분하고 있다.

지의 자식이라고 했고[299] 모든 사람이 하나하나 하느님의 작은 일부라고 했으며 모든 사람이 하나하나 자주권(自主之權)을 가지게 했다. 그리고 나라를 가지고 집안을 가진 놈들의 이기심을 쳐부수고 동지를 모아서 따로 천국을 세웠다. 예수가 교를 바꿨다는 것은 이것이다.

인도는 카스트(喀私德)라는 이름을 세운 다음부터 인간을 네 등급으로 나누게 되었다. 위쪽 등급에 속한 사람은 대대로 임금, 대신, 대부, 사를 세습했고 아래쪽 등급에 속한 사람은 대대로 천민, 평민, 노예, 포로였기 때문에 지극히 불평등했다. 부처가 나타나면서 그것을 바꿨다. 세상의 법은 평등이라고 하지만 세상을 벗어난 법은 하느님보다 위쪽으로 더욱 벗어난다. 부처가 교를 바꿨다는 것은 이것이다. 불교, 공자교, 예수교는 다르지만 바꿨다는 점은 동일하다. 바꾼 것은 다르지만 불평등을 평등으로 바꾼 점은 동일하다.

28

예수, 공자, 부처가 다르다는 주장에 따르면 부처가 최고이다. 불평등을 평등으로 바꾼 점은 동일하다는 주장에 따르면 공자와 부처가 최고이다. 그러나 이렇게 등급을 정하더라도 결국 부족하다. 왜 이렇게 말할 수 있는가? 모든 교주는 세상에 나타날 때 자기 시대의 추세를 근거로 삼고 중생의 근성과 기량을 헤아려서 그들을 위해 사람 몸

299) 『신약성서』「요한복음」을 참고하라.

으로 나타나 진리를 이야기하기 때문이다. 그러므로 교주는 동일하지 않아도 교주에게 등급이 있는 것은 아니다. 중생이 보는 것은 교주의 화신[300]이지만 사실 법신[301]과 동일하다. 만약 전체의 뜻을 생각하지 않고 부분적으로 인용해본다면 '억지로 이름을 지어 말해보세, 삼위일체를 설명하세'[302]라는 「대진경교유행중국비」(景教流行中國碑)[303]의 말은 불교, 공자교, 예수교의 판결문이라고 해도 좋다. 그래서 근본은 동일하지만 결국 동일하지 않은 것은 중생 때문에 그렇게 된 것이지만 교주도 불행한 일을 당한 셈이다. 『춘추공양전』의 삼세설(三世之說)[304]을 가지고 교주들을 저울질한다면 공자가 가장 불행하다. 군자의 예법과 제도는 공자 시대에 이미 지나치게 촘촘하고 번거로워졌다. 이른바 바꿀 수 없는 인간관계의 떳떳한 도리[305]나 인간이라면 지켜야만 하는 예절과 의리, 억지로 얽매어 제한하고 통제하는 모든 명

300) '화신'의 원문은 '化身'이다. 부처가 중생을 만나 교화시킬 때 상대의 根性과 器量에 따라 적절한 모습으로 변형해서 나타나는 몸이다. 사람 몸으로 나타난다는 現身과 같은 말이다.

301) '법신'의 원문은 '法身'이다. 부처의 궁극적인 진짜 모습을 가리킨다.

302) 원문은 '強名言兮演三一'이다. 삼위일체는 성부(여호와), 성자(그리스도), 성령이 하나라는 주장이다.

303) 정식 이름은 「大秦景教流行中國碑」이다. 頌과 序로 구성되어 있는데 大秦寺 사제인 景淨이 짓고 長安에 세운 것이다. 景教는 그리스도교 가운데 네스토리우스파를 가리키는 중국말이다. 비석은 당나라 때인 781년 長安 大秦寺에 세웠고 명나라 때 재발견되었다. 앞서 인용된 부분은 비문에서 '頌'의 일부이다.

304) 三世說은 역사가 거란세, 승평세, 태평세로 전개된다는 춘추공양학의 주장이다.

305) '바꿀 수 없는 인간관계의 떳떳한 도리'의 원문은 '倫常'이다. 倫常은 각각 五倫과 五常을 가리킨다. 五倫은 다섯 가지 인간관계, 곧 부자, 군신, 부부, 형제, 붕우이고 五常은 다섯 가지 인간관계에 적용되는 원칙, 곧 仁義禮智信을 가리킨다. 담사동은 이데올로기가 된 倫常을 비난한다.

분은 모든 사람 하나하나의 마음에 스며들어 있었기 때문이다. 그래서 순식간에 몽땅 변혁할 수도 없는 거란세(據亂之世)였기 때문에 공자도 어찌할 수 없었다. 드러나지 않은 말에 담긴 위대한 뜻(微言大義)이라는 방식에 공자는 잘 드러나지 않게 숨긴 말을 깃들게 할 수밖에 없었다. 남의 감정이 상하지 않도록 모나지 않고 부드러운 말투로, 아무것도 없다는 듯 시치미 떼며 자기 뜻을 드러냈다. 위대한 뜻은 우아한 말(雅言)로 나타나기 때문에 군주제라는 구체제에 끌려다니지 않을 수 없었다. 그래서 공자의 방식도 거란세의 법에 머물 뿐이다. 거란세는 군주의 통치 체제(君統)이다. 군주의 통치 체제 이후에 살았던 학자들은 공자의 방식이 가리키는 궁극적인 의미를 잘 찾지 못한다. 그래서 그들은 사람을 윗분과 아래 것들로 구분하고 신분의 높낮이를 늘어놓으며 위아래의 신분 차이를 조심하고 명분과 자리를 정한다. 그들은 자신이 외로운 사내(獨夫)[306]나 공공의 적(民賊)[307]을 돕는 사람이라고 보고 있을 뿐이다.

예수는 공자 다음으로 불행하다. 예수의 시대도 군주가 거리끼지 않고 막돼먹은 시대이다. 그러나 신분 차이에 따른 차별은 중국만큼 차이가 두드러지지 않았고 승평세(昇平)[308]의 기상이 있었다. 그러므로 예수는 승평세에 하느님이 다스린다(天治)는 자신의 주장을 펼칠 수 있었다. 이것은 하느님의 통치 체제(天統)이다. 그래도 유대

306) 獨夫는 백성을 저버린 군주를 가리키는 말이다. 『尙書』 「泰誓 下」에 나오는 말이다.

307) 民賊은 백성의 목숨이나 재산을 빼앗는 도적이라는 말이다. 『孟子』 「告子 下」에 나오는 말이다.

308) 거란세에서 태평세로 넘어가는 과도기를 가리킨다.

교(舊敎)의 제약을 받았기 때문에 하느님보다 위로 나갈 수는 없었다. 현재의 관점으로 보면 그들이 아로호(阿羅訶)나 천주(天主)[309]라고 내세우는 신은 『성유식론』(成唯識論)에 나오는 대자재천(大自在) 가운데 하나 정도이고 여기에 집착하는 것이기 때문에 하느님의 법집이다.[310] 영혼의 영생이라고 내세우는 것도 육사외도[311]의 신교[312]에 가깝다. 그래서 부처 혼자만 다행이다. 부처의 국토에는 인간이 타고난 그대로인 순진함을 망가뜨리거나 근본적인 순박함을 물들이면서도 자기가 함부로 가까이할 수 없을 만큼 거룩한 주님이라고 대대로 내세웠던 모세, 요한, 우임금, 탕왕, 문왕, 무왕, 주공 같은 것들이 없기 때문이다. 부처는 본래 세상을 벗어나 출가한 사람이기 때문에 세상에서 피할 것도 없고 가질 것도 없었다. 그러므로 부처는 태평세(太平之世)[313]에 모두 어울려 하나가 되는 대동(大同)이라는 자신의 주장을 펼칠 수 있었다. 이것은 으뜸가는 근원의 통치 체제(元統)이다. 자

---

309) 아로호는 헤브라이의 엘로아에 해당하는 말이고 '신'의 이름이다. 당나라 때 景敎는 유일신을 '眞主阿羅訶'라고 불렀다. 마테오리치는 야훼를 天主라고 번역했는데 청나라 말기에 개신교가 들어오면서 천주교의 天主와 차별화를 꾀해 따로 上帝라고 불렀다.

310) 大自在天에 대해 『成唯識論』 권1은 이렇게 말하고 있다. '有執有一大自在天, 體實遍常能生諸法, 彼執非理, 所以者何? 若法能生必非常故, 諸非常者必不遍故, 諸不遍者非眞實故.'

311) 고대 인도 철학을 불교의 입장에서 부르는 이름이다.

312) '신교'의 원문은 '神敎'이다. 아트만을 절대자로 상정하는 고대 인도의 신학인데 육사외도의 하나이다.

313) 太平世 또는 大同이 중국의 유토피아 사상이라는 점은 익히 알고 있는 것인데 이것을 불교나 서양의 유토피아 사상과 연결시켜 생각하는 것이 담사동이나 康有爲의 새로운 점이다. 이 개념은 나중에 사회주의나 아나키즘을 수용할 때도 나타나게 된다.

기 부모만 부모라고 생각하지 않고 자기 자식만 자식이라고 생각하지 않는 것이 대동의 통치이다. 부모와 자식도 평등한데 군주와 신하 사이에 무슨 다른 점이 있겠는가? 외로운 사내나 공공의 적이 억지로 얽매어 제한하고 통제하는 모든 명분은 시행할 수 없게 된다. 그리고 부처는 결국 다른 종교보다 높아질 것이다. 이것은 시대가 그렇게 만든 것이고 추세도 그렇게 되지 않을 수 없는 것이다. 교주의 법신을 제멋대로 짐작하면 안 된다. 교주의 법신은 동일할 뿐이기 때문이다. 아무개[314]는 이렇게 말한다. '삼교의 교주는 동일하다. 내가 그중 하나를 섬긴다면 모두 섬기는 것이다.' 바로 이 말이다. 내가 취한 것은.

29

공자의 불행이 여기에만 그치는 것은 아니다. 공자는 거란세에 살았지만 고대 학문을 없애버리고 당시의 제도를 고치면서 승평세와 태평세를 핑계 대며 하고 싶은 말과 위대한 뜻을 깃들여 놓았다. 공자는 거듭해서 자기 의도를 전달하지 않은 적이 없다. 만약 거란세에 공자가 했던 우아한 말만 본다면 공자교를 남김없이 알 수 없다. 더구나 공자의 학문이 여러 세대를 거치면서 끊어져버린 데다가 지극히 거칠고 천박한 놈들이 순자의 학문[315]과 뒤죽박죽 섞는 바람에 근본이 더욱 심하게 바뀌어 공자의 진면목을 몽땅 잃어버렸다. 공자의 학문은 크게 두 갈래로 퍼졌다. 하나는 증자(曾子)가 자사(子思)에게 전해

---

314) 康有爲가 아닐까 짐작한다.

315) 荀子의 학문적 계보를 이렇게 주장한 사람은 청나라 중기의 汪中이다. 그의 『述學』「荀卿子通論」을 참조하라.

서 맹자에게 이르렀다. 맹자는 그래서 민주주의의 이치를 환하게 펼쳐서 공자의 의지를 끝까지 추구했다. 하나는 자하(子夏)로부터 전자방(田子方)에게 전해졌다가 장자에게 이르렀다. 장자는 그래서 군주를 통렬하게 흉보았는데 요임금이나 순임금보다 앞 시대 사람이라도 피할 수가 없었다. 불행하게도 이상 두 갈래는 모두 끊어져서 전하지 않게 되었다.[316] 순자는 그 틈을 타서 공자의 이름을 사칭해 공자의 도를 망가뜨렸다. '당대의 권력을 법으로 받들고 군주의 통치 체제를 존중한다'[317]라는 순자의 말은 공자의 학문을 기울게 만들었다. '사람이 다스리는 일은 있어도 법이 다스리는 일은 없다'[318]라는 말은 순자 이후의 사람들이 법을 바꾸는 일을 몰래 가로막았다. 순자는 또한 예법, 음악, 정치, 형벌 같은 것들을 이야기하기 좋아했고 그저 억지로 얽매어 제한하고 통제하는 도구가 번거롭지 않을까 두려워했다.[319] 순자

316) 고대 유가의 계보에 대한 담사동의 판단은 당연히 일리가 있다. 하지만 관점을 달리하면 담사동의 파악에도 문제는 있다고 생각한다. 특히 仁과 學에서 學보다 仁이 공자의 진의를 보여주는 것이고 學은 어쩌면 방편일 뿐이라고 생각해보면 學을 계승한 것으로 보이는 曾子가 설 자리는 없을 것 같다. 學의 계보에서는 子夏 및 子夏의 계보인 荀子도 曾子와 연결해서 똑같이 판단해야 한다고 생각한다. 曾子보다는 그래도 荀子가 시대정신에 더 철저한 사람이었고 曾子보다 낫다고 생각한다. 그의 禮學은 도래하고 있던 法家 사상과 개념어만 달랐을 뿐이지 같은 개념을 사용하고 있다.

317) 원문은 '法後王, 尊君統'이다. 荀子가 이런 말을 직접 한 적은 없고 담사동의 말이다. 담사동 이전에 이런 말을 한 사람이 있는지 찾기 힘들지만 청나라 段玉裁가 비슷한 생각을 했던 것 같다. 그의 『說文解字注』「第一篇 上」의 '弌, 篆, 古文一'에 대한 풀이를 참고하라. '凡言古文者, 謂倉頡所作古文也. 此書法後王, 尊漢制, 以小篆爲質, 而兼錄古文籒文, 所謂今敍篆文, 合以古籒也.'

318) 원문은 '有治人, 無治法'이다.

319) 원문은 '又喜言禮樂政刑之屬, 惟恐箝制束縛之具之不繁也'이다.

에게 전수받은 다음 세대는 이사(李斯)[320]이다. 이사의 재앙도 세상에 맹렬하게 드러났다. 그러나 이사의 학문은 아랫자리에 있는 사람이 사용한 방법이다. 구차하게 부귀를 누리려고 군주가 기쁜 표정을 지을 만한 짓을 서슴지 않고 저지르며 노비처럼 비굴한 표정으로 아첨이나 하고 곁에서 무릎을 꿇고 아양이나 떠는 놈들조차 신하의 절개를 상하게 하지 않았다고 떳떳하게 지껄이면서 나쁜 군주를 도와서 나쁜 짓을 한 놈들까지 도리어 충성스럽고 정의로운 신하라고 부른다. 윗자리에 있는 사람이 사용하는 방법은 더구나 이익을 취하기 위해 군주를 존중하게 만들고 신하를 깔보게 만들며 평민을 바보로 만들어 자신은 제멋대로 횡포를 부리면서 천하의 인심을 짓누르는 것이다. 그러므로 진나라가 망하자 한나라 고조(漢高帝)가 윗자리에서 그 방법을 구사했다. '나를 따르는 사람은 내가 높은 자리에 앉혀주고 유명하게 만들어주겠다'[321]라는 말은 군주가 잠자코 밑밥을 물속에 푼 것이다. 숙손통(叔孫通)[322]은 아랫자리에서 그 방법을 사용했다. '지금에서야 황제가 귀한 자리라는 것을 알겠다'[323]라는 말은 조정에서 시행하는 의식을 정리해서(綿蕞) 군주를 나쁜 길로 인도한 것이다. 한나라가 스러지자 왕망(王莽)이 윗자리에서 그 방법을 사용하여 결국 경학(經學)으로 황제 자리를 빼앗고 황제를 죽이게 되었다. 유흠(劉歆)이 아랫자리에서 그 방법을 사용하자 옛날부터 전해온 경전을 제멋대로

320) 李斯는 荀子의 제자이고 秦始皇의 신하이다.

321) 원문은 '從吾游者吾能尊顯之'이다. 『漢書』「高帝紀」에 나오는 말이다.

322) 叔孫通은 한나라 고조의 신하인 유학자이다. 『史記』 권99 「叔孫通列傳」을 참고하라.

323) 원문은 '今而後知皇帝之貴'이다. 『漢書』「高帝紀」에 나오는 말이다.

바꿔서 왕망의 행위를 부채질했다.[324] 신나라가 꺼꾸러지자 후한 광무제(漢光武)는 윗자리에서 그 방법을 사용했다. '나는 부드러움의 도로 천하를 다스리겠다'[325]라는 말은 아마 시끄러운 놈들을 차차 길들이면 자기는 오랫동안 편안히 쉴 수 있다는 것이리라. 환영(桓榮)[326]은 아랫자리에서 그 방법을 사용했다. '황제가 하사한 자가용과 옷은 옛날 경전을 공부한 덕분이다'[327]라는 말은 『상서』를 겨드랑이에 끼고 잡상인 짓을 하고도 부끄러운 생각이 없기 때문이다. 이런 상태로 사백 년이 지났는데 위나라, 오나라, 촉나라 삼국이 서로 잡아먹을 듯이 다투지 않고 북쪽 이민족이 물 끓듯 소란을 피우지 않으며 남조와 북조가 중원을 나눠 쪼개는 난리를 부르지 않을 수 있었겠는가? 당나라 때 일단 상태가 좀 나아지게(小康) 되었지만 당나라 태종(太宗)은 윗자리에서 그 방법을 사용했다. '천하의 영웅들은 모두 활을 쥔 내 손아귀에 들어왔다.'[328] 그런데 무엇 때문에 샘내고 미워하겠는가? 한유는 아랫자리에서 그 방법을 사용했다. '명령을 내리는 사람이 군주이다. 군주의 명령을 시행해서 백성에게 도달하게 만드는 사람이 신하이다. 곡식이나 옷감을 내고 도구를 만들며 값나가는 재화를 유통시켜 자

---

324) 『論語』「默而」 편이 어떻게 「述而」 편이 되었는지 앞에서 이야기한 내용을 참고하라.

325) 원문은 '吾以柔道治天下'이다. 『後漢書』「光武帝紀」에 나오는 말이다.

326) 桓榮은 동한 광무제의 신하인 유학자이다.

327) 원문은 '車服, 稽古之力也'이다. 『後漢書』 권27 「桓榮列傳」에 나오는 말을 조금 바꿨다. 환영은 황태자에게 『尙書』를 가르친 공으로 太子少傅 벼슬까지 오르며 출세했다.

328) 원문은 '天下英雄, 皆入吾彀中矣'이다. 당나라 王定保가 지은 『摭言』 권1 「述進士上篇」에 나오는 말이다. 활을 쏴서 죽였다는 말이다.

기 윗사람을 섬기는 사람이 백성이다.'[329] 한유는 결국 무엇 때문에 군주를 세웠는지 직시하지 못하고 '백성이 소중하지 군주는 별것 아니다'[330]라는 이치를 보란듯이 저버린 채 '천하를 죽으라고 일만 하는 개나 말처럼 만들어버리고 천하를 한 줌의 흙이나 풀잎처럼 하찮은 것으로 만들어버려'[331] 군주 한 명에게만 아첨했다. 게다가 '제 죄는 죽어 마땅하지만 하느님 같으신 임금님은 거룩하고 똑똑하십니다'[332]라는 노래 구절은 감히 올바르지 못한 말을 씨부렁대서 과거의 성인을 더럽힌 것이고 당시의 황제를 즐겁게 만든 아첨이다. 그래서 영원히 지속되어야 할 상식을 무너뜨렸으니 한유의 죄는 더구나 용서받을 수 없다. 송나라 때 일단 상태가 좀 나아지게 되었지만 송나라 태종이 윗자리에서 그 방법을 사용했다. 『태평어람』(太平御覽)[333]이라는 책을 짓게 해서 당시의 호걸들을 소모시켰다. 손복(孫復)은 아랫자리에서 그 방법을 사용해서 『춘추존왕발미』(春秋尊王發微)[334]를 지었다. 손복

---

329) 원문은 '君者出令者也, 臣者行君之令而致之民者也, 民者出粟米麻絲作器皿通貨財以事其上者也'이다. 『韓昌黎全集』 권11 「原道」에 나오는 말이다.

330) 원문은 '民貴君輕'이다. 『孟子』 「盡心 下」에 나오는 말이다.

331) 원문은 '以犬馬土芥乎天下'이다. 『孟子』 「離婁 下」에 나오는 말이다. 韓愈는 맹자를 재발견하고 높였는데 담사동이 볼 때 한유는 결국 맹자를 배반한 셈이다. 입만 뻥긋하면 맹자를 들먹인 한유에게 반격하면서 맹자의 말을 끌어온 담사동의 수법이 재미나다.

332) 원문은 '臣罪當誅, 天王聖明'이다. 『韓昌黎全集』 권1 「琴操」에 나오는 구절이다. 주나라 문왕이 은나라 주왕에게 붙들려 있을 때 했을 법한 말을 한유가 각색한 작품이다.

333) 『太平御覽』은 1000권이나 되는 방대한 분량의 사전이다. 분류는 55門으로 했다. 당시 존재하던 1690가지 책을 인용해서 만들었기 때문에 문헌학적 가치가 높다.

334) 孫復이 지은 책의 이름. 12권으로 구성되어 있는데 송나라 春秋學의 시작이라

은 높은 신분과 낮은 신분의 구분을 갈라 나누고 중국과 외국의 한계를 엄격하게 세우는 글을 지었다. 무참하고 지독하며 각박하고 엄격하게 구분하고 제한한 탓에 자연인의 유연한 생각을 남김없이 틀어막아서 다시 움직일 수 없게 만들어버렸다. 드디어 남송과 북송 때 위대한 유학자들이 여러 학파를 열었지만 위대한 유학자들도 결국 새를 가두는 조롱 같은 제한을 벗어날 수 없었고 세상에 가득한 잔혹함은 더욱 거세졌다.

아하! 최초의 인간이 나타난 뒤에 송나라 때 와서 중국은 진짜로 망해버렸구나! 저절로 그렇게 된 것인가? 사람이 그렇게 만든 것인가? 홀로 깊이 생각해도 그렇게 된 이유를 찾을 수 없는 것인가? 명나라 때는 게다가 물을 만한 가치도 없는 지경이다. 『시경』「회풍」(鄶)[335] 이후의 노래와 같다고 해도 되겠다. 대체로 서로 전수하고 전수받으면서 저절로 계통을 이루었지만 송나라 유학자들의 가랑이 아래에서 조금이라도 벗어나 공자교의 위대함을 잠시라도 본 사람은 없었다. 윗자리에 있는 사람 가운데 송나라 때 유학자들을 극진히 숭배하지 않은 사람도 없다. 그래서 송나라 때 유학자들을 공자와 맹자를 올바르게 전달한 사람들이라고 부른다. 자기가 덕을 사적으로 소유하게 해주고 큰 이익을 보게 해준 것이 송나라 때 유학자들 덕분이라고 어찌 말하지 않는가? 슬프고도 슬프구나! 백성의 살림살이(民生)에 닥친 불행이 끝날 때가 있겠는가! 그러므로 지난 이천 년 동안의 정치는 진나라의 정치이기 때문에 모두 큰 도둑놈이라고 나는 늘 생각했

고 한다.

335) 『詩經』 國風의 하나인데 國風도 「鄶風」 이후의 시는 음란하다는 평이 있기 때문이다.

다. 지난 이천 년 동안의 학문은 순자의 학문이기 때문에 모두 향원이라고 늘 생각했다. 그저 큰 도둑놈이라야만 향원을 이용하고 그저 향원이라야만 큰 도둑놈에게 교묘하게 아첨할 것이다. 큰 도둑놈과 향원은 서로 결탁해놓고 공자 핑계를 대지 않은 적이 없다. 공자 핑계를 대는 큰 도둑놈과 향원 때문에 핑계거리가 된 공자를 꾸짖는 판인데 어찌 공자를 알 수 있겠는가?

30

공자가 교를 세우기 시작했을 때 고대 학문을 없애버리고 당시의 제도를 고쳤으며 군주의 통치 체제를 없애버리고 민주주의를 이끌었으며 불평등을 평등으로 바꾸면서 절박하게 움직였다. 어찌 순자의 학문을 하는 놈들이 공자의 정밀한 의도를 남김없이 없애버리고 겉으로 드러난 공자의 흔적에 얽매인 채, 거꾸로 군주에게 막대하고 무한한 권력을 부여하고 공자교를 끼고 천하를 통제하도록 만든다는 말인가! 지금 순자의 학문을 하는 놈들은 틀림없이 바꿀 수 없는 인간관계의 떳떳한 도리라는 말이 공자교의 정밀한 뜻이라고 속이면서도 그것이 거란세의 법이라는 것을 깨닫지 못한다. 또한 거란세에 대해 논할 때도 바꿀 수 없는 인간관계의 떳떳한 도리만 말하지 하늘의 이치와 직접 마주하지 않는다. 치우치고 온전하지 않은데다 그들이 쌓은 폐해도 헤아릴 수 없는 지경이다. 게다가 삼강(三綱)[336]까지 함부

336) 三綱은 '君爲臣綱, 父爲子綱, 夫爲婦綱'이다. 三綱은 고대 중화 제국이 등장하면서 함께 체계화된 이데올로기일 뿐이다.

로 보태 불평등의 법을 확실히 창제했다. 수레는 앞쪽을 들면 뒤쪽이 내려가고 뒤쪽을 들면 앞쪽이 숙여지는 법이고 모난 자루를 둥근 구멍에 끼우려고 해도 들어맞지 않는 법이다. 하늘을 아버지, 땅을 어머니 삼아 태어난 인간을 차별과 어긋남으로 고통스럽게 만든다. 어리둥절할 것도 없지! 중국의 군주권과 부권(父權)이 지나치게 크다고 서양인이 흉보는 것도, 하느님을 내세워 위기에서 구하라고 권유하는 것도, 공자교가 시행할 수 없을 정도로 치우친 교라고 지목하는 지경이 되었으니 말이다. 그래서 지난 이천 년 동안 군주와 신하의 관계는 더구나 암흑 속에서 꽉 막히게 되었고 인간의 도리를 회복하지 못한 채, 오늘날 이 지경까지 이어지면서 더욱 심해진 것이다.

지금 군주라는 놈도 귀, 눈, 손, 발이 제대로 달린 사람이지 머리가 두 개 달리고 눈알이 네 개 박힌 괴물이거나 모든 사람을 뛰어넘는 지능을 가진 것도 아니다. 그런데 과연 무슨 믿는 구석이 있어서 사억 명이나 되는 중국의 대중을 학대하는가? 그것은 옛날부터 있었던 삼강오륜이라는 글자가 인간의 신체를 통제할 수 있고 아울러 인간의 마음도 통제할 수 있다는 사실에 의지하고 있다. 이것은 '보석을 훔친 놈은 사형을 당하고 나라를 훔친 놈은 제후가 된다'[337]라는 장자의 말과 같다. 전성자(田成子)가 제나라를 훔칠 때 인의예지(仁義禮智) 같은 법도를 들먹이면서 나라를 훔쳤다. 훔쳤지만 똑같이 중국에 사는 사람이 되고 똑같이 공자교에 속하는 사람이 된다는 것은 말이 안 되는 것 같지만 말이 된다. 평소 중국도 모르고 평소 공자교도 모르는 키얀이나 아이신 기오로 같은 천해 빠진 이민족 놈들조차 어떻게

337) 원문은 '竊鉤者誅, 竊國者侯'이다. 『莊子』「胠篋」에 나오는 말이다.

세력을 믿고 침범해서 야만스럽고 흉악한 성질머리로 중국을 훔치고 말았던가? 중국을 훔친 다음부터는 훔치기 전에 따르던 훔치는 방법[338]으로 도리어 자기 주인을 통제하게 되었다. 그리고 조용히 뻔뻔스러운 낯짝을 하고 평소 알지도 못하던 공자교를 끼고 평소 알지도 못하던 중국을 억압하고 통제하는데도 중국인은 오히려 그들을 하느님처럼 떠받들면서 그들의 죄를 모른다! 『시』와 『서』로 백성을 어리석게 만드는 편이 『시』와 『서』를 불살라 백성들을 어리석게 만드는 것보다 낫다. 진시황 그놈(嬴政)은 둔해빠진 사내자식이겠구나! 그놈은 순자의 학문 덕분에 군주에게 권력을 주었지만 백성을 어리석게 만들어 죽음으로 몰아넣었다. 비록 만 번을 고쳐 죽인다 해도 어찌 공자를 팔아먹은 죗값을 치를 수 있겠는가? 공자를 팔아먹었으니 하늘에 계신 공자의 넋은 얼마나 크게 한숨 쉬고 뼈저리게 아파할까? 공자를 따르는 모든 사람들은 또 얼마나 크게 한숨 쉬고 뼈저리게 아파할까? 그놈들을 하나도 남김없이 쓸어버리고 세상을 말쑥하게 만들기를 바랄 것이다!

또한 예수교도 애초에는 이와 같았다. 인간에게 자주권을 주고 여러 가지 불평등을 바꾸고 없애 평등으로 되돌리기 위해서 예수교는 천국을 세운 것이다. 이것은 마치 공자가 하늘을 내세워 다스리는 것과 같다. 교가 미처 시행되지 않았을 때, 뜻하지 않게 로마 교황이 나타나서 예수의 주장을 핑계로 하느님을 자기 소유로 만들고 이것을 근거로 사람들을 통제했다. 국왕처럼 존귀한 자리도 제 맘대로 폐위시키고 제 맘대로 즉위시키자 손을 핥고 발을 빨면서 교황에게 아첨

338) 일역본의 주는 훔치는 방법이 三綱五倫이라고 한다.

하는 지경이 되었다. 교를 핑계로 전쟁을 일으킨 것이 수백 번이고 전사한 사람이 수백, 수천, 수만 명이다. 이것은 공자 이후 군주의 재앙과 같다. 루터를 따르는 무리가 많아지자 교황이 비로소 기울기 시작했고 사람들도 비로소 예수교의 진면목을 보게 되었다. 그러므로 예수교가 망한 것은 교황이 망친 것이다. 예수교를 회복시킨 것은 루터의 힘이다. 공자교가 망한 것은 군주와 군주제의 통치 체제를 이야기하는 거짓 학문이 망친 것이다. 공자교를 회복시킬 사람은 아직 없지만 나는 공자교에 루터[339]가 나타나기를 깊이 축원한다.

339) 아마 康有爲를 가리키는 것이리라.

인학 2

인학 2

31

군주의 통치 체제가 왕성해지면서 요임금과 순임금 이후에는 볼 만한 정치가 없어졌고 공자교가 망하자 삼대 이후에는 읽을 만한 글이 없어졌다! 만약 쓰레기 더미에서 귀한 책을 가리고 와륵 더미에서 보석을 줍는 것처럼 만에 하나 공자교에 합당할 만한 책을 기대한다면 황종희의 『명이대방록』(明夷待訪錄)[1]이 거의 비슷한 책일 것이다! 그 다음은 왕부지의 『선산유서』(遺書)[2]가 거의 비슷한 책일 것이다. 황종희와 왕부지의 책에는 군주와 신하 사이에 대해 말할 수 없을 만큼 깊은 아픔이 있다. 황종희는 육구연과 왕수인에게서 나왔고 육구연과 왕수인은 장자와 거의 비슷한 것을 이어받으려고 했다.[3] 왕부지는 주

1) 黃宗羲(1610~1695)는 현재의 浙江省 餘姚 출신이다. 명나라가 멸망한 이후 義勇軍을 조직해서 저항한 경력이 있다. 군사 행동이 실패한 뒤 목숨이 오락가락할 때 지은 책이 『명이대방록』이다. 담사동 당시 황종희는 덕분에 '중국의 루소'라고 찬양받았다. 담사동의 군주론에 큰 영향을 끼친 인물이다.

2) 王夫之의 저술을 모은 저작집이다. 담사동 당시에는 228권이 알려져 있었다.

3) 莊子는 공자 제자의 제자인 田子方에게 배웠다는 이야기가 있다. 담사동은 장자도 공자의 학통에서 나왔다고 생각하기 때문에 육구연과 왕수인이 장자를 이었

돈이와 장재에게 나왔고 주돈이와 장재도 잃어버린 맹자(鄒嶧)[4]의 실마리를 이으려고 했다. 그래서 공자의 제자에게 조금이나마 들은 것이 있는 것도 우연이 아니다. 황종희나 왕부지와 같은 급이라고 내세우지만 이름과 실재가 상반되고 장단점이 반대로 어긋나는 사람은 고염무(顧炎武)[5]이겠다. 고염무는 정이[6]와 주희에게서 나왔고 정이와 주희는 순자의 후계자이다. 고염무의 주장은 군주의 통치 체제일 뿐이기 때문에 욕먹을 만한 자격도 없다! 군주의 통치 체제에 깊이 탐닉하거나 익숙할 정도로 생각할 만한 깊은 뜻이 있겠는가? 하늘이 베풀어주고 항상성을 가진 인성도 바꾸고 고대의 훌륭한 학문 방식까지 바꾸는 지경이 되었고, 자기 자신과 자기 집안도 죽이고 자기 동족까지 죽이는 지경을 만들었으니 말이다. 군주의 통치 체제를 둘러싼 채 부여잡고 가지 말라고 하소연한 지도 수천 년이나 되었지만 어찌 자신이 진 멍에를 벗어나려고 생각하지 않는가? 아하! 근본으로 돌아가야 하지 않겠는가?

최초의 인간이 나타났을 때 군주나 신하라는 말 자체도 없었고 모두 자연인(民)이었다. 자연인은 서로 통치할 수도 없었고 통치할 겨

다고 하는 말은 남들과 달리 욕하는 것이 아니다.

4) 孟子의 출신지를 가지고 맹자라는 사람을 대신하는 수법이다.

5) 顧炎武(1613~1682)는 현재의 江蘇省 출신이다. 명나라 말기 정치에 관심을 가지고 청년 지식인 결사인 復社에 가담했고 명나라가 망하자 反淸 운동에 참여하기도 했지만 실패한 뒤 전국 각지를 돌았던 경력이 있다. 당시 학문을 비판하고 실증주의를 제창했기 때문에 청나라 考證學의 시조라고 한다. 이 점이 담사동의 마음에 들지 않았을 것이다.

6) 程頤는 북송의 유학자이다. 형 程顥와 함께 二程이라고 부르기도 한다. 程顥, 程頤 형제는 하나로 치기도 하지만 둘로 나눠보기도 한다. 여기서 朱熹와 나란히 쓸 경우는 理學을 주창한 程頤로 보는 것이 옳겠다.

를도 없었다. 그래서 자연인 한 사람을 공동으로 선거해서(共擧) 군주로 만들었다. 공동으로 선거했다면 군주가 백성을 고른 것이 아니라 백성이 군주를 골랐다는 말이다. 공동으로 선거했다면 군주의 신분적 차이도 백성에게서 그리 멀리 떨어지지도 않았을 테지만 백성과 동급으로 내려오지도 않았을 것이다. 공동으로 선거했다면 백성이 먼저 생기고 군주는 나중에 생긴 것이다. 군주가 나뭇가지라면 백성은 뿌리이다. 나뭇가지 때문에 뿌리까지 괴로워지거나 손해를 보게 되는 일은 천하에 없는 법인데 군주 때문에 백성이 괴로워지거나 손해를 보아서야 되겠느냐? 공동으로 선거했다면 틀림없이 공동으로 없애도 된다. 백성을 위해 일을 처리하는 사람이 군주이다. 백성의 일을 도와서 처리하는 사람이 신하이다. 백성에게서 세금을 걷는 이유는 백성의 일을 처리하는 자금을 마련하기 위해서이다. 세금을 걷는데도 일이 처리되지 않는 경우가 있다. 일이 처리되지 않으면 담당자를 바꾸는 것이 역시 천하의 일반적인 원칙이다. 촌동네[7]에서 여는 축제[8]를 예로 들어보자. 그런 경우라도 꼭 우두머리를 선거해서 그가 축제의 사무를 처리하게 하고 어떤 사람을 쓸 것인지, 어떻게 재물을 처리할 것인지에 대한 권한도 모두 지휘하도록 한다. 우두머리에게 지도력이 부족한 경우 바꾸게 마련인 것쯤은 어리석은 농부들이라도 안다. 군주의 경우만 부족해도 왜 바꾸지 않는가? 군주를 선거하고 추대했다

7) '촌동네'의 원문은 '鄕社'이다. 농촌의 사회 조직을 가리키며 村社라고도 한다. 고대에는 사방 六里씩 면적으로 나눠 社라고 한다는 주장도 있고 스물다섯 가구를 社라고 한다는 주장도 있다.

8) '축제'의 원문은 '賽會'이다. 음악을 연주하고 노래를 부르며 의장을 갖춰 神像을 모시고 거리나 마을을 쏘다니는 옛날 종교 활동이다. 주로 도교사원을 중심으로 행해졌다.

고 해서 천하 모든 이의 몸과 목숨, 피와 땀을 탕진하면서까지 군주의 오락, 게으름과 오만, 교만과 사치, 쾌락의 탐닉과 무고한 살육에 이바지해야 한다고 말하는가? 제 한 몸을 이바지하는 것도 부족해서 군주는 온갖 벼슬아치를 마구 부려먹기도 하고 군주 자리를 자자손손 영원할 정도로 긴 시간 동안 전해주려고 한다. 이해할 수 없는 모질고 지독한 모든 법은 여기서부터 대단히 많이 일어나게 되었다. 백성들은 개가 주인을 본 것처럼 고개를 떨어뜨리고 귀를 늘어뜨린[9] 채, 군주의 모진 형벌[10]을 담담하게 받아들이고 있다. 이상하다고 생각하지 않지만 본디 대단히 괴상한 일이다. 더구나 군주가 망한다면 오히려 그를 위해 죽더라도 절개를 지키려고 한다. 그러므로 죽더라도 절개를 지킨다는 주장이 크게 어긋나는 일이라고 나처럼 생각한 사람은 아직 없었다.

군주도 자연인의 한 사람이다. 게다가 일반 백성과 비교하면 군주는 더욱 하찮다. 자연인과 자연인 사이에 남을 위해 죽는다는 이치는 없다. 뿌리와 나뭇가지 사이에도 뿌리를 위해 가지가, 가지를 위해 뿌리가 죽는다는 이치는 더구나 없는 것처럼 말이다. 그러면 죽더라도 절개를 지킨 옛사람들은 모두 옳지 못한 것인가? 크게 한 말씀을 청한다면 이렇게 단정하겠다. '성인의 사업 때문에 죽는다는 이치만 있을 뿐이지 군주를 위해 죽는다는 이치는 결코 없다.' 군주를 위해 죽는 경우는 환관이나 궁녀가 총애를 받았거나 하찮은 남자나 여자가 작은 신의를 고집할[11] 때뿐이다. 달게 환관이나 궁녀가

9) 원문은 '俯首帖耳'이다.

10) 원문은 '鼎鑊刀鋸'이다.

11) 원문은 '匹夫匹婦之爲諒也'이다. 『論語』「憲問」에 나오는 말이다.

되려는 사람이나 하찮은 남자나 여자를 면하지 못하는 사람을 무엇 때문에 죽이겠는가? 공동으로 선거했다면 내가 공동으로 선거하는 일에 참여했기 때문에 죽는 것이라고 말할 수는 있어도 군주를 위해 죽는 것은 아니다. 성인의 시대보다 나중에 나타난 군주들을 어떻게 이해할 것인가? 그들은 모두 강력한 군사력으로 힘껏 쳐서 경영하고 빼앗은 것이지 본래 자연스럽게 공동으로 추대한 사람이 아니다! 게다가 만주족과 한족을 차별하는 인종주의(種類之見)를 가지고 천하를 노예처럼 부리는 놈들인데 말이다! 지금 천하를 노예처럼 부리는 놈들은 백성이 죽더라도 절개를 지키는 것을 대단히 즐긴다.

32

일개 집안에 지나지 않는 왕조(一姓)가 잘되거나 망하는 일은 너무너무 작은 일이다. 백성과 무슨 상관이 있겠는가? 그런데 죽더라도 절개를 지키겠다는 사람은 수만 명으로 끝나지 않는다. 나무의 뿌리와 가지가 거꾸로 선 것처럼 뒤집힌 일이 어찌 이보다 더할 수 있겠는가? 백이(伯夷)와 숙제(叔齊)의 죽음은 은나라의 마지막 임금을 위해 죽은 것이 아니다. '폭력으로 포악한 군주를 바꿨다'[12]라고 스스로 말한 백이와 숙제도 군주의 재앙을 다시 보는 것을 참지 못했기 때문에 결국 한 번 죽어 영원히 그 꼴을 보지 않으려고 했을 뿐일 것이다. 또한 망한 왕조의 군주를 위해 누가 죽는다면 새 왕조

12) 원문은 '以暴易暴'이다. 『史記』「伯夷列傳」에 나오는 말이다.

의 군주는 그를 아주 싫어할 것이다. 그러나 새로운 왕조를 만드는 사업이 안정되기만 하면 다시 그들을 위해 빌어주거나 제사를 드리기도 하고 제물을 바치기도 하며 숭배하기도 한다. 살아남은 사람은 다시 나를 위해 죽어주었으면 하고 바라는 짓이 아니겠는가? 이것은 마치 '옛날 어떤 남자가 아내를 맞아들일 때 자기를 위해서 남을 욕하는 태도를 취하는'[13] 것과 같다. 재야(山林)에서 그윽하고 꼿꼿하게 사는 선비 자신은 집에만 틀어박혀 나들이하지 않는 처녀 같다. 벼슬길에 나서라고 재야의 선비를 으르는데 벼슬길에 나서지 않으면 죽게 된 판이라면 이것은 흉기를 낀 채 처녀를 끌어안고 강간하는 짓이나 같다. 이미 짓밟아놓고 다시 절개를 지키지 않았다고 욕하면서 절개를 잃었다는 것까지 폭로하려고 『이신전(貳臣傳)』[14]을 지어 욕보이는 지경이다. 이것이 어찌 그 사람만 욕보인 것이겠는가! 천하 모든 사람이나 당시 태어나지도 않은 사람들을 스리슬쩍 을러서 감히 배신하지 못하도록 만들려는 짓이기도 하다. 한 남자에게 절개를 지키지 못하고 절개를 잃는 일은 쾌락을 탐닉하는 흉악한 무뢰한이 몸을 파는 창녀에게나 하는 짓이다. 처음에는 강간하고 이어서 다시 남과 간통하지 못하게 막기도 한다. 남들 모르는 곳에 가두기도 하다가 간통을 막을 수 없다는 사실을 알게 되면 결국 자기를 따르지 않은 죄라는 꼬리표를 붙여 나머지 사람들을 윽박지른다. 약한 여자라면 정말 어쩔 수 없이 무뢰한이 하는 대

13) 원문은 '古之娶妻者, 取其爲我詈人也'이다. 『戰國策』 「秦策 上」에 나오는 말이다.

14) 『貳臣傳』은 청나라 건륭제가 직접 명령해서 지은 책이다. 모두 12권이다. 청나라 초기 명나라 遺臣들 가운데 청나라의 초빙을 받은 사람들의 전기를 모아 두 왕조를 섬긴 나쁜 사람이라고 비난한 아이러니한 역사책이다.

로 맡기지 않을 수 없을 것이다. 그러나 저들이 몸 파는 천한 기생을 대하듯 자기를 사육하는데도 지혜롭고 용감하며 재주 있고 힘 있는 수많은 사람들은 조금도 불평불만을 마음에 품지 않을 뿐 아니라 심지어 만족스러워하면서 '충신이구나! 충신!'이라고들 하는가? 옛날 충신이라고 하는 사람들이 이렇게 어리석었나?

옛날 충을 풀이할 때 '알맹이가 꽉 찬 것'[15]을 충이라고 하는 경우도 있었다. 아랫사람이 윗사람을 섬길 때는 충실해야 하지만 윗사람이 아랫사람을 대할 때는 충실해서는 안 되는가? 그래서 충은 신분과 상관없는 일반명사(共辭)이기도 하고 남김없이 교제하는 방법이기도 한데 그저 신하에게만 책임지라고 할 수 있겠는가? 공자는 이렇게 말한다. '군주는 군주다워야 하고 신하는 신하다워야 한다.'[16] 또한 이렇게도 말한다. '부모는 부모답고 자식은 자식다워야 하며 형은 형답고 아우는 아우다워야 하며 남편은 남편답고 아내는 아내다워야 한다.'[17] 공자교 교주는 불평등한 일이 생겨서는 안 된다고 말한다. 옛날 충을 풀이할 때 '공정한 마음'을 충이라고 하는 경우가 있었다.[18] '우리를 어루만져주면 임금이고 우리를 학대하면 원수'[19]라는 말처럼 사물에 대응할 때 공평하게 대하고 치우치고 편드는 마음이 없다면 공정하다고 할 수도 있고 충실하다고 할 수

---

15) 원문은 實이다. 『國語』에 나오는 말이다. '忠, 文之實也.'

16) 원문은 '君君臣臣'이다. 『論語』「顔淵」에 나오는 말이다.

17) 원문은 '父父子子, 兄兄弟弟, 夫夫婦婦'이다. 『周易』「家人卦」의 「彖傳」에 나오는 말이다.

18) 공정한 마음의 원문은 '中心'이다. 이 풀이는 양나라 皇侃 『論語義疏』「學而」에 나오는 말이다.

19) 원문은 '撫我則后, 虐我則讎'이다. 『尙書』「泰誓 下」에 나오는 말이다.

도 있다. 군주가 외로운 사내나 공공의 적인데도 도리어 진심으로 그를 섬긴다면 이것은 포악하다는 악명을 떨친 하나라의 마지막 임금이나 은나라의 마지막 임금을 돕는 꼴이다. 그것이 공정한 마음인가, 공정하지 않은 마음인가? 아! 삼대 이후의 충신 가운데 하나라의 마지막 임금이나 은나라의 마지막 임금처럼 포악한 군주를 돕지 않은 사람은 드물구나! 게다가 포악한 군주를 위해 백성들의 살림살이를 뒤지고 무거운 세금을 거두는 꼴은 못을 말려 물고기를 잡는 것이나 진배없다. 그러고도 재정을 불리고 나라에 보답하는 일이라고 스스로 규정한다. 오늘날 줄줄 새는 재정을 절감하자고 주장하는 사람은 나라와 백성을 나누고 별도로 보기 때문이겠지? 나라와 백성을 나누었지만 백성을 제외하면 나라가 과연 무엇을 가지고 있는지 나는 모르겠다. 어리둥절할 것도 없지! 군주는 천하를 자기 주머니 속의 사유재산이라고 보고 천하의 백성을 죽으라고 일만 하는 개나 말처럼 만들어버렸고 천하의 백성을 한 줌의 흙이나 풀잎처럼 하찮은 것으로 만들어버렸기 때문이다. 백성은 이미 국가의 외부로 쫓겨나 버렸는데 어찌 나라를 사랑하는 마음이 조금이라도 생길 수 있겠는가? 무엇 때문인가? 나랑 상관없다는 마음 때문이다. 내가 주장하지 않더라도 오늘부터는 죽더라도 절개를 지키려는 사람이 틀림없이 없어지리라는 것을 나는 알겠다.[20)]

20) 梁漱溟의 아버지 梁濟나 王國維는 어떤 마음이었던 것일까?

33

천하를 군주의 주머니에 들어 있는 사유재산이라고 보는 일은 최근에 시작된 것이 아니라 본디 수천 년 동안 그랬다. 그러나 요나라, 금나라, 원나라 같은 이민족 왕조가 지은 죄[21]의 높이는 이민족 정복 이전의 한족 군주보다 훨씬 높겠지? 이민족의 땅은 황무지이고 이민족은 유목 민족[22]이며 이민족의 마음은 짐승의 마음이고 이민족의 풍속은 모직물을 깔고 사는 풍속이다. 일단 그들은 흉악하고 잔인하게 쾌락을 탐닉하고 무고하게 살육하는 위력을 제멋대로 휘둘러 중원의 아들과 딸, 보석과 비단을 후려쳐 빼앗았다. 맹수(猰貐)[23]의 커다란 이빨을 갈고 도척(盜跖)[24]처럼 자기 이익을 위해 나쁜 짓을 일삼는 사람을 본받아 말발굽으로 중원을 짓밟자 중원은 폐허가 되었다. 중화인에게 칼날을 대자 중화인은 넙죽 엎드리게 되었지만 그들은 아직 배부르지 않다고 생각하고 식은 재가 다시 타오르지 않을까 걱정해서 신경을 곤두세운다. 주인이 깨는 것이 싫은 도둑처럼 중화인의 눈과 귀를 막고 중화인의 손과 발을 꽁꽁 묶으며 중화인의 생각을 억압하고 통제하며 중화인이 이익을 얻을 근원을 끊어버리고 중화인의 생계를 궁색하게 만들며 중화인의 지혜로운 방법

---

21) 요나라는 거란족, 금나라는 여진족, 원나라는 몽고족이 세운 중국의 정복왕조이다. 담사동이 살고 있던 청나라도 이민족의 정복왕조이지만 청나라를 직접 겨냥할 수 없어서 이렇게 '~과 같다(如)'라는 말을 넣어서 표현한 것이다.

22) '유목 민족'의 원문은 '羶種'이다. 노린내 나는 종족이라는 것이 본뜻이다.

23) 猰貐는 요임금이 활 잘 쏘는 羿에게 죽이라고 명령했던 맹수이다. 『淮南子』「本經訓」에 나온다.

24) 盜尺은 고대 중국의 유명한 도적이다.

을 막아버릴 생각이다. 인사하는 예의범절을 번거롭게 만들어[25] 중화인의 기상과 절개를 꺾자 사대부의 재주는 딱하게 되었다. 이민족을 건드리는 글을 짓는 일을 금지하는 법령을 세워 중화인의 언론을 틀어막자 문장이나 낱말 때문에 생기는 재앙은 매서워졌다.[26] 또한 진나라처럼 탄압하면서 유교에 의한 통치를 가장한 한나라[27]처럼 이민족은 이 땅에서 숭상하는 공자교를 끼고 중화인을 바보로 만들면서 자신을 굳게 감추게 되었다! 슬프고도 슬프구나! 성왕의 도(王道), 거룩한 종교(聖教), 가치 있는 제도와 문화의 산물(典章文物)이 망하면 딱 이런 상태이겠지! 저놈들과 가까이 살면 가까이 살수록 재앙을 입는 정도도 더욱 매섭다. 그러므로 장강, 회수, 황하 이북 지역은 옛날에 하늘이 내린 풍요롭고 기름진 땅이라고 부르던 곳이었고 조정에 있으면 재상이 되고 출정하면 장수가 될 만한 인재나 예의를 잘 알고 덕망이 높으며 경험 많은 노인이 우글우글한 곳이었으며 학술과 문예가 교차하는 곳이었다. 지금 북쪽의 다섯 성[28]은 어떤 지경인가? 고대의 포악한 군주는 천하를 자기 사유재산이라고 생각했지만 그것으로 끝이었다. 저들은 유목 부락에서 일어났기 때문에 중국

---

25) 청나라 때는 세 번 꿇어앉아 절하고 아홉 번 머리를 조아리는 三跪九叩頭禮가 가장 융숭한 인사법이다. 이전보다 절하는 횟수가 훨씬 많아졌기 때문에 굴욕감은 더했을 것이다.

26) 문자옥을 가리킨다. 문자옥은 청나라 전성기인 17세기부터 18세기 동안 연이어 터진 필화 사건을 가리킨다.

27) '진나라처럼 탄압하면서 유교에 의한 통치를 가장한 한나라'의 원문은 '緣飾皮傅'이다. 緣飾은 소맷부리처럼 가장자리를 장식하는 것을 가리키고 꾸민다는 뜻이다. 皮傅는 억지로 시키는 것을 가리킨다. 한나라의 실체가 陰法陽儒라고 비판한 것은 이미 한나라 때 나온 평가이다.

28) 河北, 山東, 河南, 山西, 陝西를 가리킨다.

을 자기 목장이라고 생각할 뿐이다. 만약 물이 좋고 풀이 기름진 것을 보면 자기가 키우는 가축을 남김없이 몰고 들어와 제멋대로 씹어 삼켜버리려고 한다. 주방[29]이니 명량[30]이니 이견[31] 따위의 모든 무리한 재물 수탈에 혈안이 되어 있고 형벌이나 감옥에 가두는 일이 법도에 맞지 않게 혹독한 것이 명백한 증거이다. 게다가 그들이 중화인에게 벼슬자리를 주는 것은 남에게 일을 해달라고 부탁하는 것이 명명백백한데 도리어 은혜를 감사하게 여기라고 하면서도 일의 대가는 박하게 준다. 무엇을 감사한다는 말인가? 자잘한 백성을 갉아먹어서 이익을 챙기라고 암묵적으로 시키는 것이 아니겠는가?

그렇지만 칭기즈 칸의 난리를 서양 국가들은 아직도 이야기하고 있다. 쿠빌라이의 모진 짓은 정사초(鄭所南)의 『심사』(心史)[32]가 기록하고 있지만 쓰라린 심정[33]을 수백 년 동안 감히 말하지도 못하고 감히 기록하지도 못한 것은 더욱 슬픈 일 아니냐! 『명계패사』(明季稗史)[34] 가운데 『양주십일기』(揚州十日記)[35]라든지 『가정도성기략』(嘉定屠城紀

29) '주방'의 원문은 '駐防'이다. 치안 유지를 위해 곳곳의 요충지에 군대를 주둔시키는 청나라 때 제도이다.

30) '명량'의 원문은 '名糧'이다. 만주족 등 정규군 장교와 병사를 위해 직위에 따라 수입을 보증하던 제도이다.

31) '이견'의 원문은 '釐捐'이다. 太平天國을 진압하기 위한 군비 조달을 위해 시작되었다. 상품의 국내 통관세이다.

32) 鄭思肖(1206~1283)는 송나라 말부터 원나라 초까지 살았던 사람이다. 所南은 그의 호이다. 『심사』를 써서 쇠로 만든 상자에 넣어두었는데 삼백여 년 뒤에 발견되었다.

33) 만주족의 청나라가 지배한 일을 가리킨다.

34) 정식 이름은 『明季稗史匯編』이고 청나라 사람 留雲居士가 모은 명나라 말기의 열여섯 가지 野史이다.

35) 王秀楚가 강소성 양주 함락 당시 열흘 동안의 일을 기록한 책이다.

略)[36] 같은 책은 사건의 일이십 퍼센트만 대략 열거한 것에 지나지 않는다. 당시 청나라 군대는 제멋대로 불사르고 약탈을 일삼은 동시에 치발령(薙髮之令)을 엄격하게 실시해서[37] 가는 곳마다 함부로 참혹하게 마구 죽이고 떼를 지어 돌아다니며 사람을 해치거나 재물을 강제로 빼앗았다. 이것은 기록과 다르지 않다. 저기 중가르(準部)[38]도 수천 리나 되는 영토를 지닌 큰 종족이었지만 결국 건륭제(乾隆) 이전의 인구를 회복하지 못했으니 그들의 잔인함과 무자비함이 어떠했겠는가? 훌륭한 군주라는 명성도 있었지만 『남순록』(南巡錄)[39]의 기록을 보면 건륭제도 제멋대로 사람을 해치고 재물을 빼앗거나 막돼먹은 성품으로 함부로 행동한 점은 수나라 양제(隋煬)나 명나라 무제(明武)[40]와 조금도 다르지 않다. 짐승 같은 짓거리를 보란 듯 드러낸 것이 『대의각미록』(大義覺迷錄)[41]만은 아니다. 타이완은 동쪽 바다의 외로운 섬이고 중원(中原)에 해가 되지 않는다. 정성공 집안(鄭氏)이 타이완을 근거로 삼아 이미 망한 명나라(前明)의 헛된 이름을 보존하기 충분

36) 朱子素가 강소성 가정 함락 당시 끔찍한 상황을 기록한 책이다.

37) 1644년 청나라가 남하한 해에 발령한 포고령. 한족 남자에게 만주족의 남자 두발 형태로 머리를 깎지 않으면 참수하도록 강제했다.

38) 17세기부터 18세기까지 몽골 서북부와 천산북로를 지배한 오이라트 몽골족의 부족 국가이다. 17세기 후반부터 강성해져서 투르키스탄 지역의 지배권을 둘러싸고 청나라와 다투었지만 1758년 건륭제에게 거의 전멸되었다.

39) 정식 이름은 『南巡聖典』이고 130권이나 되는 책이다. 건륭제가 강소성, 절강성 지역을 여러 차례 순시한 일을 적은 청나라 정부 측의 공식 기록이다.

40) 명나라 무제는 명나라 正德帝를 가리킨다.

41) 만주족이 중국을 지배하게 된 일을 정당화하려고 雍正帝가 지은 책이다. 부록에 청나라를 탄핵하는 문헌들을 수록하고 있다.

했다.[42] 그런데 이유 없이 그 땅을 차지하려고 욕심을 내서 빼앗은 뒤 자기 소유로 만들었다.[43] 빼앗아서 자기 소유로 만든 것은 오히려 괜찮다. 이백여 년이 넘도록 타이완 백성의 힘을 없애버린 뒤, 일단 겨우 자신을 구할 길이 생겼을 때[44] 몽땅 들어서 남에게 줘버렸다.[45] 그들은 중화인의 신체나 집안을 장난감만큼도 생각하지 않는다. 허! 하는 짓이 이 모양이라도 타이완 자체는 망가지지 않겠지만 열여덟 성[46]에 살고 있는 중화인은 참수의 칼날(刀礁) 아래로 굴러떨어지고 매판(販賈)의 손아귀에 움츠러들게 된다. 그런데도 자잘한 이익을 먹으려고 작은 땅에 발붙이려는 놈에게 나눠준 것일 뿐이라고 이것을 규정한다. 과연 누가 누구의 자잘한 이익을 먹는 것이고 누가 누구의 땅에 발붙이는 것이냐? '오랫동안 빌려줬다가 돌려받지 못하면 제 것이 아니라는 것은 어찌 알겠느냐?'[47] 남이 비록 이야기하지 않더라도 자신은 속으로 부끄럽지 않겠느냐? 나는 중화인에게 바란다. 다시는 저들이 우리와 같은 부류의 인간이라고 절대로 잘못 생각하지 않기를. 서양인의 시각으로 본다면 우리는 저들과 일찌감치 갈라진 남남이다. 그러므로 러시아 신문은 이렇게 보도하고 있다. '견딜 수 없는 고통스러운 상태에 도달한 중화인이 무수하다. 우리는 청나라 왕조를 멸망시키고 청나라 백성을 구제해야만 한다.' 이렇게 말하지 않는 유럽 대

---

42) 1661년 명나라 유신 鄭成功(1624~1662)이 네덜란드인을 추방하고 점거한 뒤 손자 대까지 22년 동안 정권을 유지했다.
43) 1683년 臺灣 섬은 청나라에 복속된다.
44) 1885년 臺灣이 福建省에서 독립해서 臺灣省이 되었다.
45) 1895년 淸日戰爭에서 패한 청나라는 臺灣을 일본에 넘겨주었다.
46) 청나라 때는 長城 남쪽 지역을 열여덟 개의 省으로 나누었다.
47) 원문은 '久假不歸, 烏知非有'이다. 『孟子』「盡心 上」에 나오는 말이다.

륙과 미 대륙의 나라는 없다. 그러나 이것도 결국 정의롭다는 아름다운 명분을 빌려서 우리의 자산을 몰래 약탈할 작정이다. 중화인이 스스로 구제하지 않는다면 재앙은 말도 못할 지경이겠지?

34

프랑스 사람들은 민주주의(民主)로 바꾸면서 이렇게 말했다. '세상 모든 군주를 남김없이 죽여버리고 그들의 피로 지구를 물들여서 세상 모든 사람의 한을 풀어줄 것을 맹세한다.' 조선 사람들에게도 이런 말이 있다. '지구에 있는 어떤 나라라도 그저 송나라나 명나라 때 썩어빠진 유학자들의 책만 읽으면서도 예의와 정의가 있다고 스스로 규정하는 나라가 있다면 그것은 인간 세상에 나타난 지옥일 것이다.'[48] 프랑스 사람들의 학문은 지구에서 가장 뛰어나기 때문에 민주주의의 정의를 부르짖을 수 있었다.[49] 이것은 이상한 일이 아니다. 조선은 지구상에서 가장 어리석은 나라이기 때문에 이런 말이 생긴 것이다. 군주의 재앙이 이보다 더할 수 없는 지경이기 때문이 어찌 아니고 산 사람이 견딜 수 없기 때문이 어찌 아니겠는가? 군주의 재앙이 이민족 정복 이전의 왕조에도 있었던 재앙이라도 이민족 정복 이전 시대에 살았던 사람들이 순순히 받아들이고 있었기 때문에 이민족에게 정복당한 현재의 사람들은 어쩌면 비교할 수도 없을 것이다. 하지만 현재 외국의 침략 때문에 생긴 재앙이 깊어지고 해군이 전멸

---

48) 뼈저리게 새겨야 할 말이다. 다음과 같이 담사동의 원문을 옮겨두겠다. '地球上不論何國, 但讀宋明腐儒之書, 而自命爲禮義之邦者, 卽是人間地獄.'

49) 아마도 장 자크 루소의 사상을 가리키는 것이리라.

하며 요충지가 짓눌리고 깊숙한 내륙까지 들어오며 이권을 빼앗기고 재원이 말라버리며 영토가 분할될 조짐이 보이고 백성들이 거꾸로 매달려 있는 지경이다. 현재처럼 나라도 종교[50]도 종족[51]도 한꺼번에 망하게 생긴 경우가 이민족 정복 이전에는 없었다. 오로지 체제를 개혁해야만 중국을 구제할 수 있다. 그러나 끝내 바꾸지 않으려는 태도를 굳게 지키는 놈들이 있다. 체제를 개혁하면 백성에게 지성이 생길 텐데 이놈들은 백성을 어리석게 만들려고 하는 것이 아니겠는가? 체제를 개혁하면 백성이 부유해질 텐데 이놈들은 백성을 가난하게 만들려고 하는 것이 아니겠는가? 체제를 개혁하면 백성이 강해질 텐데 이놈들은 백성을 약하게 만들려고 하는 것이 아니겠는가? 체제를 개혁하면 백성에게 살 길이 생길 텐데 이놈들은 백성에게 죽으라고 하는 것이 아니겠는가? 체제를 개혁하면 백성이 자기들과 지성을 다투고 부유함을 다투고 강함을 다투고 살 길을 다투게 될 것이기 때문에 이놈들은 이기심 때문에 자기만 지성을 가지고 자기만 부유하고 자기만 강하고 자기만 살 길을 사유하려고 모든 백성을 어리석게 만들고 가난하게 만들며 약하게 만들고 죽으라고 하는 것이 아니겠는가? 그러므로 이놈들은 바꾸지 않으려는 태도를 굳게 지키는 것이다. 결국 백성에게 지성이 생기게 하고 부유해지게 하며 강해지게 하고 살 길이 생기게 하는 일은 외로운 사내가 맡을 만한 일이 결코 아니다. 이놈들이 그것을 모르겠느냐? 그렇다면 지금 목장의 물이나 풀처럼 여기는 중화인까지 몽땅 가루를 내서 외국에 줘버리는 편이

50) 일역본의 주는 文明이라고 한다.
51) 일역본의 주는 民族이라고 한다.

차라리 낫다. 남 좋은 일을 시켜버리는 바람에 우리 이익은 결국 우리가 못 먹게 만들어놓고 도리어 우리를 적으로 돌리니 말이다. 이것은 지나친 말이 아니다. 수백 년 동안 시행한 일과 최근의 정치 및 외교 교섭에서 증명해보겠다. 이놈들의 흔적은 눈발을 무릅쓰고 날아간 기러기가 남긴 발자취나 진흙탕에서 싸운 짐승이 남긴 흔적처럼 명백해서 숨길 수가 없다. 강학회(強學會)를 금지시킨 일[52]이나 러시아와 비밀 조약을 맺는 일[53] 등은 모두 조금도 의심하지 않고 꿋꿋하게 시행했다. 게다가 동쪽의 사태가 몹시 급박했을 때[54]도 백성이 스스로 참전해서 나라를 지킬 권리조차 절대로 백성들에게 넘겨주려고 하지 않으면서 심지어 이렇게 말했다. '차라리 망한 나라의 마지막 황제(懷愍徽欽)[55]가 되더라도 한족이 절대로 뜻을 이루게 만들지 않겠다.' 이렇게 명명백백하게 말하는데도 중화인은 어찌 듣지도 알지도 못하고 있는가? 이것은 마치 '길에서 만나면 눈만 맞출 뿐'[56]인 상황처럼 서로 남을 쳐다보기만 하고 자신은 감히 앞장서지 않으려고 하기 때문이다. 이것은 재앙을 두려워하는 탓이다. 이놈들은 억울

---

52) 康有爲 등이 만든 維新變法運動 조직이다. 1895년 북경과 상해에 설립했지만 곧 금지되었다.

53) 1896년 李鴻章이 체결한 러시아와 청나라의 밀약을 가리킨다. 일본에 대항하기 위한 군사동맹이며 러시아 군사기지를 중국에 설치한다는 내용이다.

54) 1894년부터 1895년 사이에 벌어진 淸日戰爭을 가리킨다.

55) 懷帝와 愍帝는 西晉의 황제들인데 흉노족이 세운 前趙에 사로잡혔고 西晉은 망했다. 徽宗과 欽宗은 북송의 황제들인데 여진족이 세운 금나라에 사로잡혔고 북송은 망했다.

56) 원문은 '道路以目'이다. 『國語』 「周語 上」에 나오는 말이다. 주나라 厲王 때 왕을 비판하면 죽여버렸기 때문에 사람들이 쉬쉬하고 말도 제대로 하지 못하는 숨 막히는 상황을 묘사한 말이다.

한 문자옥을 수십 번이나 일으켰고 죽은 사람도 수천 명, 수백 명이나 된다.[57] 간행을 금지시킨 『위애서목』(違礙干禁書目)[58]에 포함된 책도 수천 가지, 수백 가지나 된다. 아울러 송나라나 명나라처럼 이전의 왕조에서 발간된 책도 금서 목록에 들어가 있다. 지식인을 얽매는 그물(文網)이 지극히 촘촘하다고 할 수 있지만 현재는 감히 누구냐고 물을 수가 없다. 그러므로 하느님의 명령이 떠나면 학대의 불길은 저절로 사그라질 것이기 때문에 두려워할 필요가 없다.

『시경』에는 이런 노래가 있다. '하느님이 네게 임하셨으니 딴 마음을 먹지 마라.'[59] 무왕(武王)과 주공(周公)은 하느님이 계신 곳에 숨결이 닿을 정도로 직접 통했다. 『주역』은 분명하게 말한다. '탕왕과 무왕이 하느님의 명령을 뒤집은 일은 하느님을 따르고 인간에게 호응한 것이다.'[60] 그런데 소식(蘇軾)은 오히려 이렇게 말한다. '공자는 탕왕과 무왕을 칭찬하지 않았다.'[61] 이것은 정말 모함이다. '탕왕과 무왕이 완벽하게 선하지는 않았다'[62]라는 말은 '천하를 자기 집안으로 만든'[63] 일을 지목한 말이지 외로운 사내를 죽이면 안 된다는 뜻은

57) '억울한 문자옥'의 원문은 '文字之冤獄'이다.

58) 반역적이거나 불법적인 도서 목록이란 뜻이고 1권이다. 건륭 43년, 곧 1778년에 건륭제의 명령으로 편찬했다. 이를 전후한 건륭 39년부터 47년까지 건륭제는 모두 스물네 차례나 금서령을 발동했고 13,862부나 되는 책을 불살랐다.

59) 원문은 '上帝臨汝, 無貳爾心'이다. 『詩經』「大雅」'大明' 시에 나오는 구절이다.

60) 원문은 '湯武革命, 順乎天而應乎人'이다. 『周易』「革卦」에 나오는 말이다.

61) 원문은 '孔子不稱湯武'이다. 『東坡志林』 권5에 나오는 말이다.

62) 원문은 '湯武未盡善'이다. 『論語』「八佾」에 나오는 말이다.

63) 원문은 '家天下'이다. 『禮記』「禮運」에 나오는 말이다. 『禮記』는 긍정적인 의미로 쓰고 있지만 담사동은 천하를 왕실의 사유재산으로 만든다는 부정적 의미로 보고 있다.

아니다.

우리 시대를 생각한다면 중화인은 스스로 떨쳐 일어나야만 한다. 게다가 한 가지 큰일을 일으킨다면 그 일을 통해 중화인에게 큰 이익은 생길 것이 틀림없지만 이놈들의 사업을 이롭게 하지는 않을 것이다.[64] 그러므로 중화인은 조심하고 워싱턴이나 나폴레옹을 말하지 말아야 한다. 천하를 구할 뜻을 가진 사람(志士仁人)은 진섭(陳涉)[65]이나 양현감(楊玄感)[66]이 될 길을 찾아 성인이 악인을 몰아내는 일에 헌신해야만 죽어도 섭섭하지 않을 것이다. 만약 틈탈 만한 기회가 없다면 약자를 돕고 강자를 물리치는 임협(任俠)이 되는 편이 나을 것이다. 약한 백성의 기를 펴게 해주고 용감해지는 기풍을 일으켜줄 수 있기 때문에 임협도 난리를 평정할 도구가 될 수 있다.[67] 서한 때는 백성들의 사정을 위로 전달하기 쉬웠기 때문에 지방의 책임자들이 제멋대로 굴 수 없었다. 흉노가 자주 변경을 침범했지만 결국 고비사막 북쪽으로 쫓아낼 수 있었다. 나라 안은 평화롭고 나라 밖은 위엄이 있었기

64) 여기서 담사동이 말하는 한 가지 큰일은 후일의 행적으로 보면 청나라의 틀 안에서 제도를 개혁하는 것이지만 앞뒤 문맥을 보면 청나라의 전복이라고 생각할 수도 있을 것이다. 담사동은 '그 일'이나 '이놈들의 사업'을 모두 其事라고만 적었다. 그러나 '그 일'은 긍정이고 '이놈들의 사업'은 부정이기 때문에 모순이라고 할 수 있고 이것은 이익의 대상이 다르기 때문일 것이다. '그 일'의 결과로 이익을 얻는 것은 중화인이고 '이놈들의 사업'에서 이놈들은 청나라 정부일 것이라고 생각한다.

65) 陳涉은 진나라에 반기를 들었다가 죽었지만 그가 벌인 틈 덕분에 한나라가 진나라를 멸망시키고 일어날 수 있는 계기가 생겼다.

66) 楊玄感은 수나라를 상대로 반란을 일으켰다가 자살했지만 덕분에 당나라가 들어설 수 있는 계기를 마련했다.

67) 담사동은 어렸을 때 북경에서 大刀 王五에게 검술을 배운 적이 있고 평생 豪俠으로 살았기 때문에 이렇게 말할 수 있었다.

때문에 안정된 시대라고 부르며 칭찬한다. 지금 구실아치들이 켕기는 사람은 누구이겠는가? 틀림없이 정의로운 유협(游俠)의 힘이 아니라면 기대할 수 없을 것이다. 중국과 아주 가깝지만 지금 본받아야 하는 나라는 일본이다. 일본이 체제를 개혁해서 자주 강국이 되는[68] 효과를 본 것도 칼을 차고 여기저기 돌아다니면서 슬픈 노래를 부르기도 하고 큰 소리로 꾸짖기도 하는 일을 좋아한 일본 기풍 덕분이기도 하고 사람을 죽여서라도 원수를 갚겠다는 씩씩한 기상을 지니고 세상에 나가 개혁과 변화의 움직임을 북돋운 덕분이기도 하다. 유학자는 유협을 착실하지 않은 범죄자에 비기면서 그들을 가볍게 여기고 흉본다. 군주권에 갇힌 세상은 유협이 아니라면 스스로 떨쳐 일어날 길이 없어질 것이고 백성은 더욱 어리석고 약해지다가 결국 무너지고 헐어 빠지리라는 것을 유학자 따위가 어찌 알겠는가! 정치를 생각하는 사람이라면 여기 주목하지 않으면 안 된다.

35

다행히 중국의 군사력은 강하지 못하다. 이제껏 해군이 영국이나 프랑스 같고 육군이 러시아나 독일 같았다면 군대를 믿고 이놈들은 잔인함과 무자비함을 제멋대로 휘둘렀을 테고 군주의 재앙이 상상할

---

68) '체제를 개혁해서 자주 강국이 되는'의 원문은 '變法自強'이다. 康有爲, 梁啓超 등이 내세운 개혁 운동의 표어이기도 하다. 變法은 법과 제도 등 체제 개혁을 가리키고 自强은 자주적으로 강국이 된다는 뜻이다. 自强은 『周易』에도 나오기 때문에 중국인에게 익숙한 말이다. 뒤쪽에서 담사동은 自强을 스스로 강하게 만든다는 본뜻으로 사용하는 경우도 있다. 그때는 본뜻에 따라 옮긴다.

수도 없는 지경이 되었을 뿐만 아니라 현재 백인이든, 미 대륙의 원주민(紅人)이든, 흑인이든, 동남아시아 원주민(棧色人)이든[69] 장차 중가르(準噶爾)처럼 되었을 테니 살아남아서 동족을 찾으려고 해도 어찌 찾을 수 있었겠는가? 그러므로 동양과 서양 각국[70]이 중국을 억압하고 지배하는 것도 사실 하느님이 그렇게 시킨 것이기 때문에 어진 마음에서 비롯한 서양인의 사랑을 두루 사용해서 극치의 상태에 도달한 셈이다. 중국은 고맙다는 것도 모르고 분노를 품고 있으며 원수 찾는 짓을 일삼으려고 하지만 자기 역량이 모자라는 것을 자주 보게 되면서 자신의 삶을 숨 막히게 만들어버렸다. 그리고 만약 정치 참모들의 의견대로 한다면 결국 서양인들을 중국 바깥으로 몰아내고 절대로 오가지 않아야 하고 예전에 한 번도 교류하지 않았던 것처럼 중국의 낡아빠진 정치를 고수해야 한다. 큰 도둑과 향원이 두려워서 눈도 제대로 못 맞춘 채, 착취당하고 우롱당하는 길고긴 밤의 어둠이 이어지고 빛도 새들어오지 않는 두터운 장막이 거의 영원에 가까운 세월 동안 이어졌다. 어떠한 새로운 이치도 들은 적이 없고 어떠한 새로운 법도 본 적이 없기 때문에 중국은 지난 이천 년 동안 삼대의 문화에서 추락해 현재 미 대륙의 원주민처럼 야만스러워졌다. 앞으로 이천 년 동안 현재 미 대륙의 원주민처럼 야만스러운 상태에서 더 추락한다면 차츰 원숭이, 개나 돼지, 개구리나 조개처럼 될 테고 생명의 이치까지도 절멸하게 될 것이다. 그리고 황량한 대륙만 남아서 마치 인간이나 생물이 생긴 적도 없는 사막처럼 변하고 말 것이다. 어떻게 해야 어진

---

69) 紅人이라는 표현은 피부색으로 인간을 구분하던 식민자의 인종주의 용어이다. 거무튀튀한 갈색 피부를 가진 사람이라는 뜻의 棧色人도 마찬가지이다.

70) 여기서도 東洋은 일본을 가리킨다.

마음에서 비롯한 하느님의 사랑을 고마워하지 않으면서 중국과 외국을 몰래 화해시키고[71] 황인종처럼 곧 사라질 종족을 구제하고 외로운 사내나 공공의 적의 통제에서 벗어날 수 있겠는가?

아주 오래전 일은 우리가 구체적으로 이야기하지 못하겠지만 상군[72]이 동남부 지역을 평정한 일은 아직도 우리 귀와 눈에 뚜렷하게 남아 있다. 홍수전과 양수청의 무리[73]는 군주와 벼슬아치에게 고통을 받다가 앞장서서 가시밭길을 걸었다. 그들의 상황은 정말 불쌍하게 여길 만하다. 서양 국가의 형법에도 사형이 없는 것은 아니다. 하지만 국가 전복을 꾀하는 일은 저질렀다고 해도 겨우 몇 달 동안 가볍게 감금할 뿐이다. 고의로 그들을 풀어주는 것이 아니라 국가 전복을 꾀하는 일이 공공을 위한 범죄(公罪)이고 혼자나 할 수 있는 일이 아니라는 것이 현재 서양 법률의 뜻일 것이다. 몇몇이 벌인 일이 아니기 때문에 공공을 위한 범죄라는 명분이 생긴다. 공공을 위한 범죄는 틀림없이 어쩔 수 없는 이유가 있는 법이기 때문에 국가의 군주에게 맡겨 군주의 이기심으로 중대 범죄에 해당하는 형벌을 줘서는 안 된다. 또

---

71) '하느님의 사랑을 고마워하지 않는다'는 담사동의 말은 상당히 이해하기 어렵다. 앞에서 외국의 중국 침략을 어떤 섭리의 작용 같은 개념으로 이해하는 모습을 보인 담사동을 생각하면 외국과 그 앞잡이인 예수교에 표를 내지 않는 동시에 외국의 중국 침략이라는 섭리를 받아들인다는 생각이 깃들어 있는 것 같다. 그래서 중국과 외국의 화해라는 말에 '몰래'라는 단서가 붙어 있다고 생각해야만 할 것 같다. 중국 쪽과 외국 쪽이 모두 모르게 말이다.

72) 湘軍은 曾國藩이 이끌던 湖南省 출신자들의 의용군이다. 太平天國을 진압하기 위해 湖南省의 지주들이 조직했다.

73) 洪秀全과 楊秀淸은 太平天國의 우두머리이고 太平天國은 무장한 농민군이 주축이었다. 1851년부터 1864년까지 지속된 태평천국운동은 근대 중국의 획기적 사건이다.

한 백성이 국가 전복을 꾀한다면 군주의 정치나 법률이 선하지 않다는 것을 알 수 있다. 그래서 백성을 위해 군주가 된 사람은 스스로 반성해야 마땅할 것이다. 만약 모반한 사람들에게 중대 범죄에 해당하는 형벌을 준다면 자기부터 중대 범죄에 해당하는 형벌을 달라고 군주가 요청해야 한다. 이렇게 해야 형량을 위아래로 공평하게 매길 수 있기 때문이다.

백성을 무참하게 죽이는 일을 상군은 도대체 왜 정의롭다고 생각했을까? 홍수전과 양수청도 도착하는 곳마다 제멋대로 죽이는 일이 제법 있었지만 이미 점령한 도시에서 백성을 남김없이 죽인 적은 없다. 그런데 소위 '이겨서 회복한(克復)' 곳을 지나가는 상군은 옳지 못한 짓을 저지른 비적을 수색하고 체포한다는 구실로 선량한 백성이든 불순분자든 가리지 않고 창칼로 찌르고 베는 일을 쉬지 않았으며 내친 김에 여자들을 강간하고 재물을 빼앗고 불을 지르고 약탈하면서 지나가지 않은 곳이 없었다. 동남부 여러 지방의 뛰어난 것들을 거둬서 있는 대로 몽땅 상군이 차지했으니 삼사십 년이 지나더라도 동남부 여러 지방을 활기찬 생명력을 회복할 수 없을 것이다. 남경(金陵) 같은 곳은 더욱 아프고 참혹한 도시이다.[74] 동치제 때의 여러 공신들(中興諸公)[75]은 맹자가 말한 '최고 형벌을 받아야 할 놈들'[76]이다. 그러나 자신이 저지른 짓을 죄라고 생각하지 않고 도리어 공을 세웠다고 생각한다. 호남성 출신은 뽐내는 태도를 지니고 있었기 때문에 나

74) 曾國藩의 동생 曾國荃이 南京을 공략할 때 명령한 대규모 약탈을 가리킨다.

75) 태평천국운동을 좌절시킨 뒤의 同治帝 때를 '中興'이라고 부른다. 태평천국을 진압하고 동치제 때 활약한 曾國藩, 李鴻章 등 洋務派 대신을 가리킨다.

76) 원문은 '服上刑者'이다. 『孟子』「離婁 上」에 나오는 말이다.

머지 여러 지방도 결국 다투어 상군을 따라하게 되었다. 그들은 상군의 연전연승이 오래 계속될 것이라고 믿어 의심하지 않았다. 만약 우장(牛莊)[77]에서 단박에 무너지지 않았다면 중국은 천지가 끝날 때까지 어리석은 꿈에서 조금도 깨지 못했을 것이다. 서양인이 중국에 들어온 것은 지금으로부터 삼백 년 전이다. 삼백 년 동안 놀랍게 생각하지도 않고 이상하다고 생각하지 않았으면서 상군이 일어난 다음에야 세상천지에 처음 있는 일처럼 아프게 여기고 끊으려고 한다. 그러므로 호남성 출신이 낡은 것을 고수하고 변화하지 않으면서 중국과 외국의 관계를 원수처럼 보기[78] 때문에 중국과 외국의 외교 교섭은 더욱 손대기 어렵게 되었고 이상한 재앙을 부르게 되었다. 또한 법령을 오랫동안 바꾸지 않고 현재까지 이어진 바람에 불치병이 된 것도 상군 탓이다. 좋구나! 『동방상부술요』(東方商埠述要)[79]의 말은. '영국인[80]이 중국을 도와 홍수전과 양수청을 소탕했지만 식견이 있는 선비는 모두 이렇게 말하고 있다. "만약 당시에 그렇게 큰 난리를 겪지 않고 뛰어난 인물이 나타나 정치의 뼈대를 정돈해서 중국이 완전히 탈바꿈하여 빛나게 될 수만 있었다면 오늘날처럼 과거에 질질 끌려다니며 떨쳐 일어나지 못하는 지경이 되지는 않았을 것이다." 우리 서양 국가의 정치 개혁(維新之政)도 민중의 폭동을 따라 일어나지 않은 경

77) 牛莊은 遼東半島 해안에 있는 지명이다. 여기서 淸日戰爭의 승패를 가르는 결정적인 전투가 벌어졌다.

78) 당시 외국인 선교사를 해치는 사건이 자주 발생했다.

79) 『東方商埠述要』는 원래 어떤 책인지는 알 수 없다. 제목으로 보아 동아시아의 開港場을 소개한 책이지 싶다. 따라서 東方이 동아시아인지 중국에 한정되는 것인지는 분명하지 않다.

80) 영국인 고든(Charles Gorden) 장군이 이끌던 常勝軍을 가리킨다.

우가 없었던 것처럼 말이다.' 그렇다면 상군이 포악한 군주를 도운 죄는 영국인도 나눠 맡았던 셈이다. 현재의 정치가는 군사에 관해 어찌 시끄럽게 말만 많이 하는 것인가? 자기 피부와 가죽을 세 자가 넘는 두께의 강철 갑옷인가? 일본이 전력을 다해 베었는데도 쓰라리고 아프다는 것을 어찌 조금도 느끼지 못하는 것인가? 서양 국가의 정의로운 군대(仁義之師)를 잘 본받아서 국가나 공공 단체의 관계를 규정한 공법(公法)을 성실하게 지켰고 군주를 적대시했지 백성을 적대시하지 않았기 때문에 일본은 승리한 것이다. 그들은 많이 죽이려고 하지 않았다. 적군이라도 부상자는 적십자사가 치료해주었다. 포로가 된 사람은 종전 협상이 이뤄지면 돌려보냈다. 요동(遼東)에 큰 기근이 들자 중국은 구휼하지 않았지만 저들은 도리어 막대한 자금과 많은 식량을 풀어서 그들을 구제했다. 게다가 말이지, 중국 군대를 꺾어놓고도 끝까지 추격하지 않았다. 추격하더라도 공포탄을 쏴서 중국 군대를 위협하는 정도에 지나지 않은 일은 각별한 의미가 있다. 패배한 군대를 추격했다면 아마 오륙십 퍼센트의 적을 죽일 수 있을 텐데 말이다. 대단히 많은 군인을 죽일 수 있었겠지만 그때 죽지 않고 살아난 사람은 아무리 재빨리 달아나더라도 죽음을 피할 수 없다는 것을 틀림없이 알게 될 것이다. 그러면 그들이 다시 전쟁에 나가게 되었을 때 살기 위해 기운을 내서 몹시 싸우려고 들 것이고 패전한 병사가 모두 정예 병사로 바뀔 것이다. 이것은 적을 대신해서 적군을 훈련시키는 것일 뿐이다. 패배시키더라도 죽이지 않아야만 그들이 도망칠 것인지 사로잡을 수 있는지 타진해서 알 수 있다. 이것이 모두 살길을 찾는 방법이다. 그래서 전쟁을 벌이려고 할 때도 싸우지 않는다면 죽지 않으리라는 것을 알게 될 것이고 틀림없이 용감하게 싸우지 않을 것이다. 지키려고 할 때도 지키지 않는다면 죽지 않으리라는 것을 알게 될 것이고 틀림없이 단단히 지키지 않을 것이다. 우리가 적대하지 않을 것을 안다면 틀림없이 백성에게 굳은 의지도 생기지 않을 것이다. 게다가 저들의 혜택을 나날이 바라고 있으니 말이다. 일본이 요동을 떠날 때 백성들이 울부짖으며 그들을 한참이나 따라간 것이 명백한 증거이다.

어휴! '정의로운 군대이기 때문에 천하에 상대할 만한 적이 없는 것이다.'[81] 무엇을 믿는 것인가? 우리가 죽이지 않을 것이라는 것을 믿을 뿐이다. 『주역』은 이렇게 말한다. '거룩한 무력은 죽이지 않는다.'[82] 죽이지 않기 때문에 거룩한 무력인 것이다. '훌륭한 무기는 상서롭지 않은'[83] 법인데 어찌 그것을 고려하지 않는가!

36

중국의 군사력은 외국의 모욕을 막기에는 부족하지만 자기 백성을 도살하기에는 힘이 넘친다. 자기 백성을 스스로 베어 죽여놓고 높은 작위를 받고 큰 상을 받으며 큰 명성을 누리고 의기양양하게 눈을 치뜨고 교만하게 지내면서 자신이 큰 공을 세웠다고 생각한다. 내가 상군을 부끄러워하고 미워하는 지경이 되어 잠시도 잊지 못하는 이유는 이것이다. 그렇지만 그들의 졸개가 된 사람도 큰 바보라고 말할 수 있다. 다달이 석 냥이나 두 냥밖에 안 되는 보잘 것 없는 봉급(餉銀)

---

81) 원문은 '仁義之師, 所以無敵於天下者'이다. 『孟子』「公孫丑 上」에 나오는 말이다.
82) 원문은 '神武不殺'이다. 『周易』「繫辭上傳」에 나오는 말이다.
83) 원문은 '佳兵不祥'이다. 『老子』 제31장에 나오는 말이다.

을 받지만 직속상관(營官)이 또 거기서 떼먹는 바람에 나머지는 보잘것없다. 안으로 자기 가족을 부양하기도 부족하고 바깥으로 자기 목숨을 겨우 유지할 정도의 봉급이다. 게다가 굶주리고 피로한데다 모욕까지 받으면서 어디든지 가야 한다. 얼어붙을 정도로 차가운 북쪽 땅에 원정을 가는 동안 길바닥에서 얼어 죽는 일도 자주 있었지만 거둬서 돌봐주는 경우는 없었다. 저들이 졸개 노릇하면서 이렇게 기댈 곳이 없지만 일단 적에게 습격을 당하면 직속상관은 몰아붙여 죽게 만든다. 먹고 살기는 저렇게 박하게 하면서 꾸짖기는 이렇게 두터우니 이성을 잃고 정신병을 앓는 사람이나 태어날 때부터 큰 바보가 아니라면 누가 병사가 되는 일을 맡을 수 있었겠는가? 우장 전투에서 싸우자마자 궤멸했다는 소식을 들었을 때 기이하게 여기면서도 기뻐한 이유는 이것이다. 우리 백성의 집단지성도 이제 맹렬하게 나아갈 수 있게 되었다고 생각했다! 소위 제병[84]은 먹고살기조차 박한 지경이기 때문에 전투 능력도 수비 능력도 부족하다는 것을 논할 필요도 없다. 저들이 병사를 모으는 것도 전투가 닥쳤을 때 모으지 평소 훈련시키는 일은 없다. 적이 경계선까지 압박해야만 비로소 일어나 자기 지역 농민들의 농기구를 빼앗고 그들이 들어본 적도 없는 후장총으로 억지로 바꿔 쥐어준 뒤 적을 막게 시킨다. 자기 졸개들을 모두 희생시키고 적에게 무기를 바치는 것 이외에 장차 다른 결말이 있겠는가? 병사들이 죽을 지경이 되었을 때 그들을 버리는 바람에 병사들이 떠난다면 죄를 지은 놈들이라고 본다. 공을 세운 사람에게 상을 주고 유족을 구제하는 법률은 법전에 적혀 있지만 죽은 병

84) 원문은 '制兵'이다. 당시 지방군의 정규 병사를 가리키는 말이다. 한족 부대이다.

사의 아내와 자식들의 슬픔과 희망은 지나가는 말로도 묻지 않는다. 혹시 다행히 죽지도 않았고 공도 세웠다 하더라도 전투 상황이 덜 긴박해지면 바로 돌려보낸다. 부상을 당했기 때문에 생계도 끊어져 막막한 사람들은 고향에서 수천 리 떨어진 곳에서 부대가 해산한 탓에 돌아가고 싶어도 고향으로 돌아가지 못하고 거지로 전락하고 마는 경우도 있다. 게다가 떠돌이 병사(游勇)를 죽이라는 명령은 특히 엄격하고 혹독하다. 나는 예전에 떠돌이 병사란 부대에서 도망쳐서 도둑이 된 자원병(兵勇)이 틀림없다고 생각했지만 도둑놈이라는 증거를 찾지 못하고 있었다. 이제 그렇지 않다는 것을 알게 되었다. 그들은 다름 아니라 부대가 해산해서 귀향해야 하는데도 돌아가지 못한 사람들이다. 현재의 법률 제도는 떠돌이 백성(游民)을 사로잡으면 지방군 부대에 소속된 적이 있는지 먼저 묻게 되어 있다. 지방군 부대에 소속된 적이 있다면 당장에 처형해버리고 '떠돌이 병사 몇 명을 죽였다'고 상관에게 보고한다. 그러면 상관은 공을 인정해준다. 이것이 소위 떠돌이 병사이다. 아하! 지방군 부대에 소속된 적이 있는 것이 죽을죄에 해당하는 죄명이라는 것을 나는 이제야 알았다! 상부에서는 자원을 받아놓고 자원에 응한 사람을 죽을죄에 해당하는 죄명에 집어넣는다. 그렇다면 상부에서 죽을죄를 지으라고 자원을 받는 것이다. 허방다리를 파놓고 백성을 꾀어다가 갑자기 덮치고 죽인다. 짐승을 이렇게 다뤄도 참을 수 없는 일인데 우리 중화의 백성을 이렇게 딱 자른 듯 태연하게 학대하는가!

떠돌이 병사를 죽이는 것으로도 모자라서 '회비'[85]까지 죽여야 속

85) 원문은 '會匪'이다. 중국의 비밀결사 조직이고 會黨이라고도 한다. 본래 운수업

이 시원한가. '회비'가 일어난 이유를 찾아보니 이것도 자원병과 연결되어 있다. 그들은 서로 돕고 어려움을 함께 하려고 했을 뿐이다. 이것은 상부에서 가상하게 여기고 찬탄해야만 하는 일이다. 게다가 모이는 일은 산사람에게 없어서는 안 되는 자명한 진리이다. 그러나 현재는 모임의 공공성을 허락하지 않는다. 모임의 공공성을 허락하지 않는 것이 이기심에서 나온 것이 틀림없다는 것도 자명한 진리이다. 결국 '도둑떼(匪)'라는 죄명을 제멋대로 씌워서 줄줄이 엮어서 찾아내 죽였고 죽은 사람이 해마다 수만 명이나 되었다. 몇 년 전에 메이슨(梅生)과 이홍(李洪)이 같은 모반 사건에 걸린 적이 있었다. 영국인 메이슨은 서양 법률에 따라 일곱 달 동안 감옥에 갇혔다가 수감 기간을 다 채우자 다시 상해(上海) 시내를 자유롭게 돌아다닐 수 있었지만 중국의 장강(長江) 일대는 천지 사방에 피가 흘렀다.[86] 겨우 자기 백성

자나 군인 출신 실업자 등이 주축이고 상호부조를 위한 조직이다. 정부의 폭정에 대항하는 비밀 민간 조직은 대대로 있었지만 청나라 때 특히 이민족 통치에 대항하는 조직이 폭증했다. 天地會, 哥老會, 在理教, 大刀會 등이 대표적이다.

86) 메이슨 사건(美生案)을 가리킨다. 중국어로 美生, 梅生, 梅遜 등 여러 가지로 이름을 옮기는 메이슨(C. W. Mason)은 鎭江 海關에 근무하던 영국인 젊은이였다. 태평천국에 참여했다가 청나라에 투항한 소금 밀매업자 李世忠은 장강 유역의 교통망을 이용해서 밀매 활동을 펼쳤다. 아울러 도박업과 아편으로 막대한 부를 거머쥐게 되었지만 청나라 정부에게 발각되어 처형당했다. 아들 李豊이 아버지의 복수를 맹세하고 밀매 조직을 통해 哥老會에 입회했다. 李豊은 1890년 가로회 동지 曾鳴皐와 徐春山 등을 통해 홍콩에서 무기를 사는 일을 도와달라고 메이슨에게 부탁하며 은자 6만 량을 건넸다. 1891년 9월 홍콩에서 구입한 무기 서른다섯 상자가 홍콩을 떠난 뒤 上海 海關에 홍콩 신문의 첩보가 들어갔다. 메이슨은 일이 실패한 것을 알고 鎭江으로 도망쳤지만 체포당해서 상해로 압송되었다. 메이슨의 실토로 시작된 청나라 정부의 수사는 李豊에게 닥쳤지만 그의 변성명인 李洪이란 인물과 李豊이 동일인이라는 것을 확신하지 못해 지지부진이었다. 결국 1893년 다른 조직원이 적발되면서 李豊이 바로 李洪이라는 사실이 밝혀지고

에게 모질게 굴 때만 어찌 그리 공평하지 않은지! 게다가 벼슬아치와 구실아치는 승진만 탐내고 막돼먹은 부대는 큰 상을 받는 데만 침을 흘린다. 그래서 없는 사실을 그럴듯하게 꾸며내서 선량한 백성을 어려운 지경에 빠지게 하거나 아무런 잘못이 없는 사람을 억울하게 죽이는 일이 없지 않았다. 이런 것이 모두 소위 허방다리이다. 이놈들이 천하를 다스리는 방식은 국가가 대가 없이 사람을 부리는 것(差役)과 같다. 백성을 불러서 실컷 부려먹었으면서도 백성을 얕잡아보고 하찮게 여기는데다가 짓밟기까지 하고 자손 삼대까지 양민이 될 수 없다고 법령(令甲)에 분명히 써놓기까지 했다. 병사와 대가 없이 부리는 사람을 허방다리에 빠트려놓은 것만도 아니다. 벼슬아치, 선비, 농부, 장인, 상인을 대할 때도 그들에 대한 법조문(條例)을 번거롭게 만들고 그들의 신분을 낮추는 방법으로 그물을 씌우는 경우가 많다. 그물을 씌워서 백성의 이익과 권리를 빼앗고 그들의 발을 걸어 앞으로 자빠지고 뒤로 나동그라지게 만들며 모든 일을 낱낱이 견제하기 때문에 백성은 힘이 빠지고 피로하게 되어 스스로 떨쳐 일어날 길이 없어질 테고 결국 어렵사리 허둥지둥 뛰어다니기만 하다가 늙어 죽게 될 것이고 산 사람의 기운이 남김없이 모조리 빠지게 될 것이다. 그런 다음 군주라는 놈은 비로소 편안하게 베개를 높이 베고 '나를 해치지 못하게 되었구나'[87]라고 말한다. 이것이 천하를 허방다리로 만든 원인

李豊은 일가족과 함께 음독자살하고 말았다. 이 사건 때문에 哥老會가 큰 타격을 입게 되며 哥老會도 排外主義로 돌아서고 長江 일대에서 외국인 학살, 외국인 폭행 사건이 자주 터지게 된다.

87) 원문은 '莫予毒也已'이다. 『春秋左傳』「僖公 28年」 조에 나오는 진나라(晉) 임금의 말이다.

이다. 장자는 이것을 '명사수의 사정권 안에서 놀고 있다'[88]라고 했다. 화살을 맞을 만한 사정권 안에 있는 처지이지만 화살을 맞지 않는 것은 운일 뿐이다. 현재 누가 화살을 맞지 않을 사람이겠는가? 군주의 재앙은 그래서 매섭다.

37

군주와 신하의 재앙이 혹독해지자 부모와 자식, 남편과 아내의 인간관계도 결국 각자 명분과 세력(名勢)으로 서로 통제하는 것을 당연하다고 생각하게 되었다. 이것은 결국 삼강(三綱)이라는 명분이 끼친 해악이다. 명분이 있기 때문에 그들의 입을 틀어막아 감히 드러내서 떠들지 못하게 만들 뿐 아니라 그들의 마음까지 가둬서 감히 생각해보지도 못하게 만든다. 백성을 어리석게 만드는 최상의 방법은 그러므로 명분을 번거롭게 만드는 것이다. 군주와 신하의 명분은 그래도 인위적 만남이기 때문에 깨질 수도 있지만 부모와 자식의 명분은 천부적 만남이라고 생각하기 때문에 입을 다물고 감히 논의하지 못한다.[89] 그러나 천부적 만남은 혈육이라는 진창에 빠진 말이기 때문에 영혼을 보지 못한다는 것을 모른다. 자식도 하느님의 자식이고 부모도 하느님의 자식이다. 부모는 인위적으로 빼앗아 가질 수 있는 것이 아니다. 평등하기 때문이다. 게다가 하느님도 으뜸가는 근원의 통치 체제를 근거로 하기 때문에 하느님도 인간이 기운을 펴지 못하게

88) 원문은 '游於羿之彀中'이다. 『莊子』「德充符」에 나오는 말이다.
89) 『孟子』「滕文公 上」의 '父子有親, 君臣有義'라는 말에서 유래한 생각이다.

힘으로 찍어 누를 수 없다. 평등하기 때문이다. 장자는 이렇게 말한다. '서로 잊는 것이 가장 좋고 효도는 그 다음이다.'[90] 서로 잊는 것이 평등한 것이다. 자잘한 유학자 따위가 수다스럽기는 해도 어찌 이것을 이야기할 수 있겠는가? 그렇지만 서로 잊어야지 효도가 생기지 않는다는 말은 아니다. 진리조차도 버려야만 하는데 하물며 진리가 아닌 것이야 말할 필요가 있겠는가? 효도조차도 안 되는데 하물며 효도가 아닌 것이야 말할 필요가 있겠는가? 천부적 만남이라고 할 때 부모와 자식 사이에는 혈육이라는 근거라도 있지만 시부모는 며느리에게 혈육의 만남을 분명히 주장할 수 없는데도 저렇게 난폭하게 대하는 것인가? 옛날 시아버지와 시어머니가 며느리를 맞으며 잔치를 벌일 때 손님을 대접하는 일헌례(一獻之禮)를 행했다.[91] 일헌례는 술잔을 드리고 육포를 바치는 것이다. 주인과 손님이 서로 술을 따라주며 자리를 함께 하는 일이고 정말 정중하게 부탁하는 일이라서 감히 조심스러워하지 않을 수 없었다. 현재는 포로를 다루듯 며느리를 마구 부려먹을 뿐이고 마구 매질할 뿐이다. 더 이상 못 해먹겠다고 생각하는 지경이 되면 며느리는 자결하고 만다. 촌 동네에서 호된 시집살이를 하는 며느리 숫자를 어찌 일일이 말할 수 있을까? 친정 부모와 형제도 죽을 때까지 마음 아파하지만 그들을 도울 방법이 없다. 그러나 팔뚝을 걷어붙이고 나서서 시부모와 며느리의 떳떳한 관계를 바로잡으라고 소리 높여 말한 사람이 있다는 소리는 끝내 들어본 적이 없다. 게다가 전처의 자식에 대해 의붓어머니는, 정실 자식에 대해 시앗은, 노

---

90) 원문은 '相忘爲上, 孝爲次焉'이다. 『莊子』「天運」에 나오는 말이다.

91) 一獻禮에 대해서는 『禮記』「昏義」나 『儀禮』「士昏禮」를 참고하라.

비에 대해 주인은 모두 혈육과 상관없는 사람들이지만 이것보다 더한 어둠이 있을 수 있는가! 삼강이 인간을 으르게 되면 이처럼 인간의 진심을 부수고 인간의 영혼을 죽일 수 있다.

『예기』는 이렇게 말한다. '혼인의 예가 없어지자 부부의 도는 고통스러워졌다.'[92] 두 사람이 본래 서로 바라는 감정이 없는데도 전혀 상관이 없는 사람들을 억지로 합쳐 죽을 때까지 고삐에 매인 짐승처럼 얽매인 남편과 아내를 만들어놓는다. 일방적 권리를 펼쳐서 서로 괴롭게 만드는 것은 과연 무엇을 믿기 때문인가? 삼강이라는 주장이 그들을 괴롭히기 때문이다. 남편이 자신을 바꿀 수 없는 원칙이라고 규정했다면 자기 아내를 맞는 이유가 아내를 똑같은 인류라고 생각하기 때문은 아닐 것이다. 고대에는 이혼하고 떠나기를 요청하는 사람이라도 자주권을 잃지는 않았다. 진나라가 포악한 법을 회계산의 비석[93]에 새겨서 물려준 때부터 이런 일이 시작되었고 송나라 유학자들이 부채질해서 '굶어 죽는 일은 작은 일이고 절개를 잃는 일이 큰일'[94]이라는 청맹과니 같은 주장을 함부로 만들었다. 이것은 가족에게 신불해나 한비자의 주장처럼 혹독한 짓을 한 것이고 안채를 감옥으로 만든 것이다. 남에게 신불해나 한비자의 주장처럼 가혹한 대접을 받고 감옥에 갇힌 것처럼 지내게 되었으니 여자로 태어난 것이 이 무슨 불행이란 말인가! 일반인에게 이것은 어쩌면 꺼림칙해서 터놓고 말할

92) 원문은 '婚姻之禮廢, 夫婦之道苦'이다. 『禮記』「經解」에 나오는 말이다.

93) 원문은 '會稽刻石'이다. 재위 37년째 되는 해에 秦始皇이 현재의 浙江省 紹興에 있는 會計山에 비석을 세운 적이 있다. 남편의 권리를 높이고 아내와 딸을 남자에게 예속시키는 구절이 포함되어 있다.

94) 원문은 '餓死事小, 失節事大'이다. 『河南程氏遺書』 권22에 나오는 程頤의 말이다.

수도 없는 일이겠지만 지금 군주라는 놈은 삼강을 혼자 몽땅 차지하고 삼강 위에 걸터앉아 부모와 자식, 남편과 아내의 틈이 송곳도 들어가기 힘들 만큼 작다고 생각할 뿐이다. 역사책의 기록은 일일이 헤아리기 어려울 정도이다. 현재의 제도는 큰아버지와 작은아버지, 작은할아버지나 할아버지를 매일 아침저녁으로 만나더라도 꿇어앉아 절하지 않을 수 없게 되어 있다. 심지어 나를 낳아준 부모님이라도 그들 앞에서는 아랫사람이나 시앗처럼 대하고 답례는 없다. 중국은 걸핏하면 이것이 바꿀 수 없는 인간관계의 떳떳한 도리라고 하고 남들과 자신은 다르다고 뻐기며 중화 세계 바깥의 외국인을 밉게 본다. 그러나 군주라는 놈에게 인간관계의 떳떳한 도리는 정말 하나도 없지만 천하는 도리어 이런 일에 익숙해서 이상하다고 생각하지도 않는다. 중국만 유달리 왜 그럴까? 군주 자신이 부부의 떳떳한 도리를 더럽히는 것은 더욱 분개할 만한 일이다. 후궁이 헤아릴 수 없을 정도로 많은데도 소위 불깐 환관이나 궁중에 가둬둔 궁녀들처럼 사람들이 부부의 인연을 맺을 기회를 끊어버리는 짓을 편애한다. 군주의 잔인함과 무자비함은 인간의 도리를 저버린 짓이다. 짐승이라도 이 지경은 아닐 것이다. 그러나 아첨하는 일에 능숙한 놈들은 후사를 이을 길을 넓힌다는 주장(廣嗣續之說)으로 다시 왜곡해서 군주의 악행을 꾸며준다. 그러면 환관이나 궁녀가 후사를 잇는 일 자체를 남김없이 없애도 좋다는 말인가? 게다가 후사를 이을 길을 넓힌다는 주장을 일반인에게도 널리 펼치는 것은 더구나 안 될 일이다. 중국은 온갖 일들을 처리할 때 좋은 대책을 마련하지 않기 때문에 기를 수 있는 방법도 없고 가르칠 수 있는 방법도 없이 그저 후사를 잇는 일에 파묻혀 있을 뿐이다. 어른이나 노인부터 어린아이까지, 대도시부터 외진 마을까지 후사를 잇는 일이 절대적으로 중대한 일이라고 생각하지 않는 사람이 없고 온통 여기에만 정신을 쏟고 후사를 이을 대책만 세우고 있다. 어쩌겠는가? 그들이 헷갈려서 하는 짓을! 그저 혈육이라는 진창에 빠져 영혼이 있다는 것을 모르기 때문에 어리석고 헷갈리게 되었고 세상 형편도 이 모양이 된 것이 틀림없다. 게다가 아주 오랜 옛날부터 모든 사람이 후손을 낳았기 때문에 지구에는 일찌감치 인간을 용납할 곳이 없어져버렸는데 앞으로 어떻게 보존할 생각인가? 게다가 '천하는 천하 그 자체'[95]인데 외로운 사내나 공공의 적의 후사를 이을 길만 넓히려고 한다면 또 어찌 하겠는가? 외로운 사내나 공공의 적 자신이 삼강이라는 명분을 지나치게 즐기는 것은 모든 형법 제도가 이것을 근거로 해서 제 편할 대로 취하기 때문이다.

38

다섯 가지 인간관계 가운데 조금의 폐단도 없이 유익하며 털끝만큼의 고통도 없이 싱겁지만 지겹지 않은 맹물 같은 즐거움이 있는 가장 좋은 관계는 평생의 친구 관계뿐이겠지! 그러나 친구는 어떻게 고르고 사귀어야 하는가? 기준은 무엇인가? 첫째가 '평등'이고 둘째가 '자유'이며 셋째가 '내 의도처럼 친구의 의도를 절제시키거나 펼쳐주는 것'이다. 친구의 의미를 하나로 묶자면 자주권을 잃지 않는 것뿐이다. 형과 아우의 관계는 친구의 도리보다 약간 모자라긴 하지만 비슷하다. 그래서 친구 관계 다음이라고 할 수 있다. 나머지 네 가지 관계는

95) 원문은 '天下者, 天下之天下'이다. 『呂氏春秋』「貴公」에 나오는 말이다.

모두 삼강이 덮고 가린 탓에 지옥과 같다. '위쪽으로 천문을 관찰하고 아래쪽으로 지리를 관찰하며 멀리서는 사물에서 그것을 취하고 가까이에서는 내 몸에서 그것을 취한다면'[96] 자주권을 가질 수 있는 쪽은 일어날 것이고 자주권을 가질 수 없는 쪽은 망할 것이다. 이것은 분명히 자명한 진리이기 때문에 이것에 따르지 않는 것은 없다. 인간관계는 다섯 가지이지만 자주권을 온전하게 갖춘 놈은 하나뿐이다. 어찌 조심하지 않을 수 있겠는가! 게다가 세상에 살든 세상을 벗어나든 통틀어 본디 없앨 수 없는 것이 친구이다. 공자 이래로 많은 선배 유학자들이나 예수 이래로 많은 목사들이 교가 되기 위한 근거이자 학문이 되기 위한 근거로 학회(學會)[97]를 이끌고 큰 무리를 합쳤는데 때에 따라 수천 명, 수만 명을 모아서 친구가 되었다. 아마 이것이 없었다면 교도 생기지 않았을 것이고 학문도 생기지 않았을 것이다. 나라도 생기지 않았을 것이고 인간도 생기지 않았을 것이다. 내가 인이라고 말하는 것도 이것에 의존하지 않을 수 없었을 것이다. 공자를 따른 사람들도 그것을 알기 때문에 자기 고향을 등지고 군주와 신하, 부모와 자식, 남편과 아내, 형과 아우의 인간관계를 버리고 공자를 따랐을 것이다. 혹시라도 봉급을 받기 위해 행정 책임자가 되려는 사람이 있

---

96) 원문은 '上觀天文, 下察地理, 遠取諸物, 近取之身'이다. 『周易』「繫辭下傳」에 나오는 말이다.

97) 學會는 담사동 당시 새로운 학문, 곧 과학이나 변혁 사상을 통해 세상을 바꾸자는 계몽 운동의 핵심 기구를 가리키는 말이다. 學이란 말을 내세웠지만 정치 결사였다. 강유위가 북경과 남경에 强學會를 조직하면서 變法運動의 중심이 되면서 新政運動의 거점인 湖南省이나 廣東省을 시작으로 많은 학회가 생겼다. 중국은 정치 혁신 운동의 중심으로 書院, 詩社, 文社 등을 전통적으로 많이 만들었다. 學會는 이런 전통의 연장선이기도 하다.

다거나 여럿이 함께 있더라도 외톨이로 지내는 사람이 있다면 공자는 틀림없이 비난했을 것이다. 심지어 '남의 자식을 해치는구나'[98]라고 비난하거나 '나는 증점과 함께하겠다'[99]라고 칭찬하면서 제자들을 가르쳤다. 결국 제자들을 머무르게 하지 못하고 제자들이 산산이 흩어져 사방으로 떠나는 것을 바라만 보게 되었을 때 탄식하면서 이렇게 말했다. '진나라와 채나라를 떠도는 동안에 나를 따랐던 사람들은 모두 원래 제자들이 아니다.'[100] 공자는 이처럼 안타까워했다. 예수를 따른 사람들도 그것을 알기 때문에 자기 고향을 등지고 군주와 신하, 부모와 자식, 남편과 아내, 형과 아우의 인간관계를 버리고 예수를 따랐을 것이다. 심지어 세금 징수하는 사람이나 어부[101]도 모두 평소의 직업을 버리고 천국으로 함께 귀의했다. 아버지가 돌아가셔서 고향에 돌아가 장례를 치르려고 했을 때도 예수는 허락하지 않으며 이렇게 말했다. '죽은 사람의 장례는 죽은 사람에게 맡겨라.'[102] 예수도 이처럼 굳세고 결단력이 있었다. 그러나 이것은 여전히 속세의 법칙(世法)이다. 군주와 신하, 부모와 자식, 남편과 아내, 형과 아우 같은 인간관계를 석가모니 부처(釋迦文佛)는 진짜 초월했다. 석가모니 부처는 모든 존재를 공(空)으로 보고 아무것도 없는 것처럼 그것을 버렸지만

98) 원문은 '賊夫人之子'이다. 『論語』「先進」에 나오는 말이다. 아직 공부 중인 제자를 충동질한 제자 子路를 꾸짖는 말이다.

99) 원문은 '吾與點也'이다. 『論語』「先進」에 나오는 말이다. 어른과 아이 여러 명이 함께 봄나들이를 가겠다는 曾點의 말에 대한 공자의 찬동이다.

100) 원문은 '從我於陳蔡者, 皆不及門也'이다. 『論語』「先進」에 나오는 말이다. 망명 시절 어려웠던 때의 이야기이다.

101) 예수의 제자 마태오와 베드로를 가리킨다.

102) 『신약성서』「마태복음」에 나오는 말이다.

마음을 하나로 집중하는 선정에 들지 않았을 때나 선정에 들었을 때나 친구에 대해서만은 잠시도 떠나는 일이 없었다. 설법할 때는 꼭 수천 명, 수만 명과 함께 하고 꼭 시방세계의 모든 부처와 보살들이 와서 모였다. 그리고 석가모니 부처 자신도 설법하는 자리 사자좌를 떠나지 않으면서도 모든 장소에 몸을 드러내고 갠지스 강의 모래알 숫자만큼 무한히 많은 세계에 두루 다니며 모든 부처와 보살들과 만나고 오가면서 묻고 대답하는 일을 쉰 적이 없다. 심지어 『화엄경』은 석가모니 부처가 어머니 뱃속에 잠시 머물 때도 예전처럼 오가거나 모으거나 설법했다고 말하기도 한다.[103] 이것은 석가모니 부처가 친구를 어떻게 대했는지 말하는 것이다. 세속 사람들은 혈육이라는 진창에 빠져 분별하는 마음을 제멋대로 일으켜서 가까운 관계라거나 먼 관계라는 명분을 만들고 친구를 생각하지 않는다. 친구가 나머지 네 가지 인간관계보다 소중하기만 하겠는가? 친구 관계는 나머지 네 가지 인간관계의 기준이 될 것이다. 친구 관계를 제외한 나머지 인간관계는 모두 친구의 방식으로 일관할 수 있기 때문에 친구 관계 이외의 인간관계는 없애도 좋다. 이것은 헐뜯는 말이 아니다. 공자교는 '신하여, 이웃이여!'[104]라고 말하기도 하고 '나라 사람들과 사귄다'[105]라고 말하기도 한다. 따라서 군주와 신하도 친구이다. 공자교는 '자기 부모만 부모라고 하지 않고 자기 자식만 자식이라고 하지 않는다'[106]라

---

103) 이상 석가모니 부처에 대한 내용은 實叉難陀가 번역한 80권본 『大方廣佛華嚴經』의 권56부터 권60까지, 곧 「離世間品」 4부터 8까지를 담사동이 간단하게 요약한 것이다.

104) 원문은 '臣哉鄰哉'이다. 『尙書』 「益稷」에 나오는 말이다.

105) 원문은 '與國人交'이다. 『禮記』 「大學」에 나오는 말이다.

106) 원문은 '不獨父其父, 不獨子其子'이다. 『禮記』 「禮運」에 나오는 말이다.

고 말한다. 따라서 부모와 자식도 친구이다. 부부는 형제보다 느슨한 관계이기 때문에 같이 살 수도 있고 헤어질 수도 있다. 그러므로 공자 집안(孔氏)도 이혼을 꺼리지 않았다.[107] 따라서 남편과 아내도 친구이다. 형과 아우가 '우호 관계'[108]인 것은 더 말할 것도 없다. 예수교에서는 친구의 뜻을 '원수를 친구처럼 보라'고 분명하게 밝히고 있다.[109] 그러므로 천국의 뜻을 함께 실현하려고 하기 때문에 군주와 신하가 친구인 셈이다. 부모와 자식이 분가해서 따로 살고 살림을 각자 살기 때문에 부모와 자식이 친구인 셈이다. 남편과 아내가 될 사람들이 자기 짝을 고르고 두 사람이 자발적으로 원해서 교회당(教堂)에서 결혼식을 올리기 때문에 남편과 아내가 친구인 셈이다. 형과 아우에 대해서는 더 말할 것도 없다. 이것이 민주주의이다. 불교는 임금이나 신하뿐 아니라 부모, 처자식, 형제 등 딸린 식구와 혈육까지 하나도 남김없이 출가해서 계를 받고 법회에 모인다. 그래서 나머지 네 가지 인간관계를 두루 교화해서 결국 친구가 되는 것이다. 국가라고 부르는 것은 없어도 천하가 한 나라 같고 집안이라고 부르는 것은 없어도 천하가 한 집안 같으며 자기 몸이라고 부르는 것은 없어도 천하가 한 몸 같다. 친구라는 인간관계를 유일하게 높일 때가 되어야만 친구 관계 이외의 나머지 인간관계는 없애려고 하지 않아도 저절로 없어질 것이다. 친구 관계 이외의 나머지 인간관계를 없애야 한다는 것을 알 때가 되어야만 친구의 권력(權力)은 비로소 커질 것이다. 현재 중국과 외국은 모두 체제 개혁에 대해 이러쿵저러쿵 말만 많다. 그러나 다섯 가지

---

107) 『孔子家語』「後序」에 나오는 말이다. '故稱孔氏三世出妻.'

108) 원문은 '友于'이다. 『尙書』「君陳」에 나오는 말이다.

109) 『신약성서』「마태복음」에 나오는 말이다.

인간관계가 변하지 않는다면 제아무리 지극하고 중요한 도리라도 모두 시작할 지점을 찾지 못할 것이다. 게다가 삼강이야 말할 필요가 있겠는가!

39

중국이 삼강 때문에 어리석게 되었다는 것을 서양인은 불쌍하게 생각하기 때문에 중국이 하느님을 내세워 다스리기를 권하고 있다. 하느님으로 인간을 연결하고 속세의 법칙이 평등하다면 모든 사람이 자주권도 잃지 않을 테고 삼강을 가볍게 여길 때도 있고 중요하게 여길 때도 있는 나쁜 경향도 싹 쓸어버릴 수 있을 것이다. 그러나 서양인 자신은 하느님을 예수교만 가지고 있는 것으로 신비화시키기 때문에 공자교가 하느님을 빠트리는 결함을 피하지 못한다는 이야기로 옮겨가고 공자교 자체에 하느님이 있다는 것을 모른다. 위대한 『주역』의 의미에 따르면 하늘 아래 땅이 있는 괘가 「태괘」이고 반대로 생긴 괘가 「비괘」이며 불 아래 물이 있는 괘가 「기제괘」(旣濟)이고 반대로 생긴 괘가 「미제괘」(未濟)이다. 양이 음 아래에 있거나 남자가 여자 아래에 있는 경우는 좋지만(吉) 반대인 경우에는 나쁘거나(凶) 걱정스럽다.(吝)[110] 이것은 불평등이라는 나쁜 경향을 일찌감치 바로잡은 것이다. 또한 '으뜸가는 근원을 세워서 하늘을 거느린다'[111]라고도 하고 '하늘보다 앞서지만 하늘이 어기지 않는다'[112]라고도 하는 『주역』의

---

110) 吉凶悔吝은 『周易』의 판단하는 말이다.

111) 원문은 '統天'이다.

112) 원문은 '先天而天弗違'이다. 『周易』「乾卦」의 「文言傳」에 나오는 말이다.

말은 부처와 거의 동일한 것이겠지? 『주역』의 말은 게다가 예수교보다 뛰어나다. 다만 여기 지상에 살고 있는 중생의 근기(根器)[113]가 너무 좋지 않아서 모든 사람이 대동의 교를 알지는 못한다. 세상에 현재 널리 퍼져 있는 것은 소강(小康)을 주장하는 것이 칠팔십 퍼센트인데 이것은 불교에 소승교(小乘)나 대승권교(權敎)[114]가 있는 것이나 매한가지이다. 그러나 향원의 학파가 고치는 바람에 어지러워졌고 뒤섞이는 바람에 빼앗기고 말았다. 그래서 어찌 되었거나 저들이 차지하고 말았다.

이제 모든 종교를 싸잡아 합친다면 공자교를 따르는 사람은 외국 종교가 순수하지 않은 점을 촌스럽게 생각할 것이고 외국 종교를 따르는 사람은 공자교가 널리 퍼지지 않은 점을 비웃을 것이다. 그래서 공자교와 외국 종교가 서로 어울리는 추세는 생기지 않을 것이다. 공자교와 외국 종교가 서로 어울리지 않는다면 올바른 종교의 대권은 결국 틀림없이 불교에 주고 말 것이다. 순수하다면 극히 순수하고 광범위하다면 극히 광범위하기 때문에 불교는 판에 박은 스테레오 타입[115]이 될 수 없다. 교가 향하는 유일한 지점은 지구에 있는 모든 종교, 모든 경전, 제자백가의 극한이다. 그 지점의 형식은 논리학이고 내용은 과학일 것이다.[116] 그 지점은 인간의 사고력(思力)으로 겨우 도달

---

113) 根器는 불교 용어이다. 타고난 근성과 기량, 곧 본성과 능력을 가리키는 말이다.

114) 大乘權敎는 중생의 근기에 대응한 부처의 방편 설법이다.

115) '스테레오 타입'의 원문은 '典要'이다. 본래 『周易』「繫辭下傳」에 나오는 말이다. '易之爲書也不可遠, 爲道也屢遷, 變動不居, 周流六虛, 上下無常, 剛柔相易, 不可爲典要, 唯變所適.' 뒤에 이어지는 문장의 첫 구절은 「繫辭下傳」 구절을 응용한 담사동의 오마주이다.

116) 원문은 '虛如名理, 實如格致'이다. 名理는 근대 중국에서 論理의 번역어로 쓴 적

할 수도 있겠지만 소리나 빛깔이 없어서 보거나 들을 수 없기 때문에 인간의 사고력이 꼭 도달한다고 할 수도 없을 것이다. 그 지점은 아울러 포용하지 못하는 별개의 판단도 없고 공통적으로 꿰뚫지 못하는 개별적인 조리도 없을 것이다.[117] 불교는 인도에서 시작되었지만 브라만 종교와 이슬람교의 재앙을 입었기 때문에 결국 오랫동안 지속되지 못했다. 그러므로 인도가 망한 것은 부처와 상관없는 일이다. 불교 서적에 근거하면 석가모니 부처는 아내를 세 명이나 얻은 적이 있고 지위가 높은 보살들 가운데 아내가 있는 보살도 많았다.[118] 출가는 불교의 한 가지 방식일 뿐인데 오늘날의 승려와 완전히 비슷하기만 했겠는가? 영국 선교사 윌리엄슨은 『고교휘참』을 지어 모든 종교를 두루 훑보았지만 '부처는 진짜 성인'이라며 불교에 대해서만은 찬탄했다. 미국인 올코트(阿爾格特)[119]는 동지를 모아 인도에서 불교 학회(佛學會)를 창립한 적이 있다. 불교 학회는 몇 년 지나지 않아 유럽과 미국의 여러 나라에 마흔 곳이 넘는 분회를 세우게 되었고 프랑스 신자가 특히 많다. 그들은 입을 모아 이렇게 칭찬한다. '예수교만큼

이 있다. 格致가 한때 科學의 번역어인 것은 앞서도 이야기했다.

117) 원문은 '無不異量而兼容, 殊條而共貫'이다. 量은 지적 활동, 특히 판단을 가리키는 불교 논리학의 술어이다. 세 가지가 있는데 이것을 三量이라고 한다. 첫째가 現量, 곧 직접적인 판단, 둘째가 比量, 곧 추리에 의한 판단, 셋째가 聖教量, 곧 부처의 설법에 따라 얻은 판단이다.

118) 『五夢經』에 나오는 주장이다. 『法苑珠林』 권10 「千佛」을 참고하라.

119) 올코트(H. S. Olcott, 1832~1907)는 미국의 신지학자이다. 젊어서 군대 장교, 언론인 등을 거쳐 신지협회(Theosophical Society) 초대 회장(1875)에 선출되었다. 1879년 인도를 거쳐 폼페이를 여행하고 1882년 인도 마드라스 교외에 신지협회 본부를 설치했다. 동양 신비주의를 기본으로 힌두교, 불교를 포함한 교리 체계를 만들었다. 담사동이 불교 학회라고 말한 단체는 사실 신지협회이다.

지구에서 번성한 종교는 없지만 나중에 예수교가 쇠퇴했을 때 예수교를 대신해서 일어날 만한 종교는 아마 불교이겠지?' 영국 선교사 티모시 리처드(李提摩太)[120]는 『대승기신론』(大乘起信論)[121]을 번역해서 자기 나라에 퍼뜨린 적이 있다. 다른 종교가 불교를 믿고 복종하는 것이 이와 같다. 일본은 본래 불교를 믿는다고 동아시아에 이름이 났고 불교를 모르는 사람이 거의 없다. 최근 난죠 분유(南條文雄)[122] 등 여러 사람이 각각 가본 사람이 드문 지역[123]에 가서 산스크리트어(梵文) 고대 경전을 두루 찾아보고 범문회(梵文會)[124]를 만들어 불교학(佛學)

120) 티모시 리처드(Timorthy Richard, 1845~1919)는 1870년 선교를 위해 중국에 왔다. 처음에 山東에 있었는데 1876년 큰 가뭄이 들자 리처드는 사방을 뛰어다니며 구호물자를 모으고 나눠주는 일을 했다. 1878년 山西에도 위기가 찾아왔고 리처드는 그리로 가서 구호활동을 펼쳤다. 동시에 山西 太原에 근거를 마련하고 선교활동도 벌였다. 리처드는 윌리엄슨의 뒤를 이어 많은 책을 중국어로 번역했고 유신변법운동에 큰 영향을 끼쳤다.

121) 인도 스님 아슈바고샤(중국어 이름 馬鳴)이 지은 책이다. 眞如緣起論을 주장하고 있다.

122) 난죠 분유(1849~1927)는 일본 淨土眞宗 오오타니(大谷)파의 스님이다. 산스크리트 불교 경전 연구의 선구자이다. 담사동의 불교 스승인 楊文會가 영국 옥스퍼드대학 유학 시절부터 사귀었다. 楊文會의 부탁을 받아 중국 유식불교의 대표작 『成唯識論述記』를 시작으로 중국에서 오래전에 사라지고 일본에 남아 있는 불교 경전을 많이 보내주었다.

123) '가본 사람이 드문 지역'의 원문은 '絶域'이다. 중국에서 흔히 동투르키스탄을 가리키는 말이다. 중국에서는 西域이라고도 불렀다. 담사동의 서술에 약간의 의문이 있어서 '서역'이라고 옮기지 않았다. 왜냐하면 담사동은 오오타니 원정대 등을 생각하면서 쓴 것 같은데, 대표적 인물로 들었던 난죠 분유는 영국 유학을 다녀왔지 동투르키스탄에 간 적은 없기 때문에 오해를 불러일으킬 만하다.

124) 梵文會라는 이름의 단체가 정말 당시 존재했는지 의문스럽다. 어쩌면 산스크리트어 연구회 정도로 옮겨야 될지도 모른다. 일역본에도 특별히 말이 없는 것으로 보아 그들도 어떤 단체인지 모르는 것 같다.

을 연구했다. 그러므로 일본이 체제를 개혁하기 쉬웠던 이유[125]는 오로지 불교가 드러내지 않고 힘을 보탠 덕분이다. 한 자리에 들러붙어 집착하는 견해가 존재하지 못하게 해준 불교 덕분에 일본은 한 자리에 머물지 않고 외부 변화에 따라 변화할 수 있었다. 결국 불교는 말할 수도, 정말 말할 수도 없는 무한히 거대한 항성과 행성까지 연구할 수 있고 말할 수도, 정말 말할 수도 없는 허공계의 무한히 미세한 세계(微塵世界)까지 파고들 수 있다. 허공계까지 파고드는데 언급할 가치도 없을 정도로 자잘한 여기 지구야 하물며 말할 것이 있겠는가? 그러므로 불교라면 지구의 종교를 합쳐서 하나로 만들 수 있다는 것이다. 하나로 만든다는 주장에서 미뤄 짐작한 것이지만 서양인은 중국의 정전법[126]을 깊이 칭찬한다. 정전법은 자연 재해를 막을 수도 있고 농지의 생산력을 최대한 이용하게 할 수도 있으며 오랫동안 정착하게 할 수도 있고 도로를 평탄하게 만들 수도 있으며 전쟁을 제한할 수도 있고 빈부 격차 없이 고르게 만들 수도 있기 때문이다. 강에 수리 시설을 만들 때 가로세로 네모반듯한 둑을 만든다면 의식하지 못하고 사용하더라도 뛰어난 효과를 거두게 될 것이다. 그러므로 민주주의로 모두 고치고 게다가 정전법을 시행한다면 지구의 정치는 하나로 합칠 수 있을 것이다. 그러나 하나로 합치기 어려운 이유는 다음과 같다. 언어와 문자가 다양해서 국경을 넘으면 서로 말이 통하지 않

---

125) 메이지유신을 가리킨다. 일본의 근대화가 가능했던 이유에 관해 많은 의견이 있지만 불교 연구를 그중 하나로 파악하는 것은 독특한 견해이다.

126) '정전법'의 원문은 '井田之法'이다. 고대 중국에서 시행되었다는 토지 제도인데 일정한 지역을 우물 정(井) 자 모양으로 아홉 등분해서 여덟 가구에 경작을 맡긴다는 토지 균분제의 일종이다.

는데다가 배우지 못했거나 신분이 낮은 사람이 두루 이해하기가 더욱 어렵기 때문이다. 더구나 중국의 상형문자(象形字) 같은 것은 더욱 좋지 않은 것이다. 그러므로 상형문자를 남김없이 표음문자(諧聲)로 고쳐서 각자 자기 지역의 언어를 사용하게 하고 의도를 번역한다면 아침에 전달받은 것을 저녁에 이해할 수 있을 것이고 저기서 지은 것을 여기서 표현할 수 있을 것이다. 그러면 지구의 학문은 하나로 합칠 수 있다.

40

공자교는 왜 지구를 두루 다스릴 수 없는 것일까![127] 교는 옳아도 교를 행하는 방식이 틀렸기 때문이다. 어떤 교이든 자기 교주를 엄격하게 섬기지 않는 교는 없기 때문에 교주를 유일한 존중의 대상으로 정하고 모든 존재를 교주 밑에 싸잡게 마련이다. 그러므로 지혜를 바라는 사람도 찾아가고 재물을 바라는 사람도 찾아가며 자식을 바라는 사람도 찾아가고 오래 살기를 바라는 사람도 찾아가며 아파서 의사가 필요한 사람도 찾아가게 마련이다. 매일 먹고 마셔야 하는 몸이고 가족과 부모자식 관계로 이뤄진 세상이기 때문에 잠을 자든 깨어 일어나든, 작은 일이든 큰일이든 모든 사람은 걱정을 분산시켜 안정하지 않을 수 없기 때문에 교주 하나만 마음에 걸어두고 있다. 도덕은 그래야 동일해지고 풍속은 그래야 동일해진다. 중국은 그렇지

127) 이 질문은 나중에 馮友蘭 선생이 다시 하게 된다. 馮友蘭이 던진 질문은 '中國哲學'이 가능하다면 '西洋理學'도 가능할 것이라는 생각이다. 馮友蘭의 『중국철학사』를 참고하라.

않다. 각급 행정 중심지(府廳州縣)마다 공자 사당을 세웠지만 행정 중심지의 관청에 다니는 벼슬아치나 행정 중심지의 학교에 다니는 학생[128]만 공자에게 제사를 지낼 수 있다. 지극히 견디기 어렵지만 많은 돈을 내고 국자감생(國子監生)[129] 자리라도 하나 사야만 비로소 그 틈바구니에서 바삐 뛰어다니며 일이라도 거들 자격이 생긴다. 농사짓는 농부들은 아무리 나이가 많아도 공자 사당의 문에 들어서지 못하고 담벼락 바깥에서 기웃거리면서 멀찌감치 쳐다볼 뿐이다. 그들은 공자를 기리는 제사 모습도 보지 못하고 음악 소리도 듣지 못한 채, 무엇 하려고 제사 지내는 지도 인식하지 못한다. 그리고 성대한 공자 제사에 자신만 함께 할 수 없기 때문에 그들은 속으로 이렇게 말하지 않겠는가? '공자 사당은 그저 권세와 이익을 다투는 곳(勢利之場)일 뿐이야.' 이렇게 해서야 그런 교가 널리 퍼지길 어찌 바라겠는가! 게다가 예수를 존중하기 때문에 서양인은 어떤 학문이든지 상관없이 꼭 예수에게 공을 돌린다. 심지어 작은 병을 치료하거나 푼돈을 벌어도 꼭 '이것은 예수님 덕분'이라고 말하며 감사한다. 억지로 끌어다 붙여 칭찬하기 때문에 예수교는 나날이 커져서 거대해졌다. 현재 서양인이 그렇게 어리석기 때문일까? 교주를 섬기는 방식 자체는 이래야만 한다.

중국의 소위 유학자들은 공자교의 일부에 지나지 않을 뿐이다. 사마천(司馬遷)의 「논육가요지」(論六家要指)에서 사마천의 드러나지 않은 의도를 알 수 있다. 그러나 유학을 따르는 사람은 유학자라는 인

128) 府, 州, 縣에는 각각 관립 학교가 있었다.

129) 수도에 있는 최고위 관립 학교의 학생을 가리킨다.

간형으로 공자교를 덮어 감추려고 했기 때문에 결국 공자를 갉아먹는 것만 일삼게 되었다. 현실적 정치 사업(治功)에 대해서는 '어린아이도 부끄러워하는 칭호'[130]라고 말하고 학문에 대해서는 '사물을 가지고 놀다가 사물에 휘둘려 의지를 잃는다'[131]라고 말한다. 또한 법률(刑名)에 대해서는 신불해와 한비자처럼 가혹하다고 생각하고 군사(兵陳)에 대해서는 손무와 오기처럼 비참하고 어둡다고 생각한다. 인과응보와 윤회에 대해서도 이단의 바르지 못한 주장이라고 생각하면서 모든 것을 용납하지 않는다. 공자의 도는 나날이 깎이고 나날이 작아져서 발 디딜 곳이 거의 없어졌다. 자잘한 백성은 목숨을 부지할 곳이 없어지자 특정한 일에 대해 별도의 수호신을 모시는 일을 진심으로 좋아하게 되었고 심지어 개인마다 각자 수호신을 하나씩 모시기도 하고 샘이나 바위에 제사를 지내기도 하며 풀숲이나 나무도 신이 깃든 덤불이라고 생각하게 되었다. 그러자 이단 종교가 진짜로 일어나게 되었다. 공자를 따르는 사람이 결국 백성에게 자기 교를 널리 퍼트리는 일을 생각하지 않게 되자 한나라 이후에는 불교가 결국 공자교를 대신해서 백성을 가르쳤고 지금은 예수교가 다시 공자교를 대신해서 백성을 가르치고 있다. 예수를 따르는 사람은 이렇게 말한다. '중국은 이미 자기 백성을 스스로 가르치지 않기 때문에 우리가 대신 가르치는 것을 금지하면 안 된다.' 저들이 모든 사람을 평등하게 보고 똑같이 사랑한다는 구실을 내세우기 때문에 우리는 거절할 구실이 없다. 어찌 거절할 구실만 없겠는가! 공자교가 망할지도 모르겠다는 걱

---

130) 원문은 '五尺羞稱也'이다. 『荀子』 「仲尼」에 나오는 말이다.

131) 원문은 '玩物喪志也'이다. 송나라 때 유학자들이 자주 입에 올리던 말. 『近思錄』 권2 「爲學」 '明道先生以記誦博識爲玩物喪志.'

정을 품었던 훌륭하신 분들이 예전에 있었다. 그분들이 애달프게 부르짖으며 동지를 찾고 공자교 교회당을 세우자고 약속한 적이 있다. 그리고 서양인이 선교하는 방식을 본떠 배운 게 없어 어리석은 사람이든 신분이 낮아 천한 사람이든 공자교를 널리 퍼뜨리자고 했다.[132] 어떤 서양인이 소식을 듣고 이렇게 말했다. '정말 이렇게 할 수만 있다면 우리 선교사들은 모두 귀국해도 좋다.' 이런 시도가 백성을 바보로 만들려고 하는 조정의 뜻과 딱 상반된다는 것을 깨닫지 못하는 바람에 금지당하게 되었다. 나중에[133] 명분은 금지를 풀었다고 했지만 실제는 텅텅 비어 아무것도 없는 관서국(官書局)[134] 하나를 설치하는 데 그쳤을 뿐이다. 이것도 그저 권세와 이익을 다투는 곳을 하나 늘리는 일이었을 뿐이다. 예수교를 거부할 만한 힘은 없어서 그들의 말을 듣고 또한 그들을 보호하기까지 하면서 쇠잔하고 미약해서 통제하기 쉬운 공자교는 금지시키고 엄격하게 다룬다.[135] 가슴 아프구나, 가슴 아파! 돌아가신 성인들(先聖)에게 무슨 잘못이 있고 자연인에게 무슨 잘못이 있어서 모든 사람이 외로운 사내나 공공의 적 손아귀에 짓눌려 죽을 지경을 당하게 되었는가? 처음에는 나도 군주라는 놈이[136]

---

132) 康有爲의 强學會와 强學書局의 설치를 가리키는 것이다.

133) 康有爲가 强學會와 强學書局를 설치한 이듬해인 1896년을 말한다.

134) 北京의 强學會를 이때 이렇게 고쳤다.

135) 애초에 외국 종교의 포교를 금지했던 청나라 정부는 第二次 阿片戰爭을 마무리하는 北京條約을 맺으면서 먼저 프랑스, 이어서 나머지 서양 국가의 기독교 전도를 내륙 지역까지 확대하는 데 합의했다. 종교 이외에 과학을 비롯한 근대 서양 문화를 소개하는 중심이 되기도 했지만 각지에 세운 교회 등은 租界와 마찬가지로 治外法權이 적용되어 중국 침략의 교두보 역할을 하기도 했다.

136) 담사동의 원문에는 주어가 명확하지 않다. 아마 청나라 정부를 꺼리는 마음 때문에 모호하게 썼을지도 모른다. 모호한 말을 복원하자면 이렇게 되어야만 할 것

사람을 억압하고 통제한다고 생각한 탓에 공자교를 숭상하는 허례허식도 잘못이라고 생각했고 반대편에 서는 쪽이 편안하겠다고 생각했다. 그러나 결국 군주라는 놈이 오랫동안 으름장을 놓고 겁주는 일을 다시 돌이키지 않겠다 싶었기 때문에 마침내 대담하게 가짜 공자교[137]를 끊어버리게 되었다. 이렇게 악랄하고 독한 것은 살무사나 짐새[138]처럼 독을 품은 짐승이라도 이 정도이겠는가? 이런 세상에 사는 사람은 이단 종교에 마음을 트고 거리끼거나 얽매이지 말고 자기 의지를 널리 펼치는 쪽이 도리어 낫다.

천진(天津)에 재리교(在理教)[139]라는 것이 있는데 생긴 지도 얼마 되지 않았고 규모도 아주 작은 종교이다. 그들의 글은 천박해서 결코 정밀한 의미도 없고 공자교, 불교, 예수교, 이슬람교에서 표면적인 것들을 조금씩 가져다가 만든 것이다. 그러나 비밀스럽게 전하는 가르침이 따로 있는데 재리교 신도 이외의 사람에게 말하지 않겠다고 맹세해야 한다. 나는 그것을 알아보려고 재리교에 입교한 적이 있는데 아마 불교의 옴마니밧메훔(唵嘛呢叭咪吽) 여섯 글자[140]를 훔쳐다가 복기

이다.

137) '가짜 공자교'의 원문은 '其孔教'이다.

138) 중국 광동에 사는 새라고 한다. 뱀을 잡아먹는데 온몸에 독기가 있어 배설물이나 깃이 잠긴 음식물을 먹으면 즉사한다고 한다.

139) 속칭 在禮教라고도 한다. 청나라 초기 명나라 遺民인 楊來如가 山東省 卽墨에서 만들었다고 하는 白蓮教 계통의 민간 비밀 결사이다. 뱃사람, 딴따라, 점쟁이, 떠돌이 행상 등이 신자의 대부분이었고 흰옷을 입고 다녔다. 관세음보살을 으뜸으로 믿었는데 불교를 받들고 유교의 예의를 지키며 도교의 수행법을 구사했다. 白蓮教의 난에 연루되어 교세가 위축되었지만 담사동 당시 山東省과 東北 지방에 널리 퍼져 있었고 天津 주민의 대다수가 신자였다고 한다.

140) 六字大明呪라고 부르는 주문. '아! 연꽃 위의 보배여!'라는 뜻이다. 티벳 불교 신

[141]할 때의 주문으로 빌린 것일 뿐이지 별다른 오묘함이 있는 것 같지는 않았다. 그러나 재리교를 따르는 사람들은 직예성(直隸)[142] 거의 전체에 두루 퍼져 있다. 교주의 능력 덕분은 아니고 인과응보나 윤회 같은 여러 가지 주장을 바보 같은 남녀 백성들이 듣고 따르기 쉬웠기 때문이다. 또한 아편과 술을 엄격하게 끊게 한 것도 살기 힘든 백성들이 급하지 않은 비용을 은근히 절약하도록 해주었다. 그러므로 재리교든 무슨 종교든 백성의 살림살이에 이익을 가져다줄 수 있는 것이 종교이기 때문에 중국이 어리석은 사람이나 신분이 낮아 천한 사람을 종교 바깥으로 내쫓고 버리는 것보다 낫고 종교가 전혀 없는 상태에 이르도록 만드는 것보다 낫다. 세상에 종교가 생긴 이유와 종교가 퍼질 수 있었던 이유는 백성의 살림살이 자체에 움직이면 멈추고 피곤하면 쉬고 싶은 본성이 꼭 있게 마련인데 백성이 움직이고 피곤해져야만 비로소 기회를 맞이하여 백성을 멈추고 쉬는 방향으로 이끌기 편리하다는 데서 찾을 수 있다. 과거가 아무리 더러웠어도 이우는 때가 닥치고 과거의 흔적이 곧 묻히려고 할 때가 닥치면 아무리 야만적이고 사나운 사람이라도 그들이 경험한 것을 따르지 않거나 미련을 두고 간절하지 않은 법이 없다. 조류(禽族)를 살펴보아도 짹짹거리며 슬프게 우는 무렵이 있는 법이다. 그런데도 백성을 위로해주고 깨우쳐줄 만한 종교가 없다면 얼마나 대단히 슬퍼할 만한 일이겠는가! 『맹자』(傳)에 이런 말이 있다. '굶주린 사람은 먹이기 쉽고 목마른 사

자가 외우는 觀世音菩薩의 眞言이다.

141) '복기'의 원문은 '服氣'이다. 不老長生을 위해 수련하는 도교의 호흡법이다.

142) 直隸省은 대체로 현재의 河北省에 해당하는 지역. 청나라 때는 수도 北京 주변의 직할지를 통틀어 가리켰다.

람은 마시게 하기 쉽다.'[143] 제대로 된 정치를 베푸는 사람(爲政)만 그렇게 할까? 종교가 없는 시대에 태어난 탓에 백성은 마음을 줄 데가 없어서 괴로워한다. 아무리 제멋대로인 사람이 이끄는 외지고 지저분한 종교라도 되는 대로 골라 모두 기어서라도 찾아가서 따르려고 하니 더욱 슬퍼할 만한 일이 아니겠는가! 그렇지만 어찌 어리석은 사람이나 신분이 낮아 천한 사람이 못 배운 탓이기만 하겠는가!

41

이야깃거리는 한두 가지가 아니지만 요약하자면 학문, 정치, 종교 세 가지이다. 학문에 대한 이야깃거리도 한두 가지가 아니지만 과학에 정통하는 것이 지금 형편에 맞다. 정치에 대한 이야깃거리도 한두 가지가 아니지만 민권을 일으키는 것이 지금 형편에 맞다. 종교에 대해서 말하기가 가장 어렵다. 중국과 외국에 각각 제한이 있기 때문에 적절하게 조절하여 어울리게 할 수 없기 때문에 부처가 아니라면 중국 종교와 외국 종교를 통일할 수는 없을 것이다. 학문을 배우는 순서[144]로 이야기하자면 과학이 학문의 기초이고 다음이 정치 사무이며 그다음에야 비로소 종교 사무를 정밀하고 자세하게 살펴볼 수 있다. 학문을 배우는 순서로 쇠락하는 과정을 말한다면 종교가 널리 퍼지지 않으면 정치가 망가지고 정치가 망가지면 학문이 사라지게 된다.

---

143) 원문은 '饑者易爲食, 渴者易爲飮'이다. 『孟子』「公孫丑 上」에 나오는 말이다. 『孟子』를 '전'이라고 부른 이유는 성인이 지은 것을 經, 성인보다 낮은 차원의 현인이 지은 것을 傳이라고 부르는 전통 때문이다.

144) 유교 경전 『大學』의 순서를 염두에 두고 있다.

그러므로 정치를 이야기하든지 학문을 이야기하든지 종교를 생각하지 않는다면 쓸데없는 것이나 매한가지이다. 정치의 방식이든지 학문의 방식이든지 거꾸로 사람을 죽이는 도구가 될 수도 있다. 그러나 국가를 보존하려고 할 때 효과가 빠른 것을 찾는다면 학문보다 효과가 빠른 것은 없다. 프랑스가 프러시아에 패배하자[145] 프랑스 군대는 전멸하고 프랑스 황제는 포로가 되었다. 프랑스를 보존할 만한 근거도 없어졌고 프러시아의 무력이 프랑스를 멸망시키지 못할 것도 아니었지만 끝내 프랑스와 평화 협상을 벌인 이유는 독일 국민의 학문이 프랑스보다 아주 모자란다는 것을 비스마르크(畢士馬克)가 잘 알고 있었기 때문이다. 각자 국경을 지킨다면 막아서 지킬 수 있지만 프랑스를 멸망시킨다면 구별 없이 한 나라가 될 텐데 그렇게 되면 형세가 불리한 쪽은 도망갈 수도 없게 될 테고 프러시아는 결국 프랑스의 노예가 되고 말 것이다. 잔 다르크(若安)[146]는 일개 여자의 몸으로 자기 나라를 회복한 적이 있다. 이것이 프랑스의 과거사이다. 프러시아가 프랑스를 무찌르고도 감히 가질 수 없었던 것은 결국 프랑스의 학문이 그렇게 만든 것이다. 그러므로 국가를 보존하려고 할 때 학문보다 효과가 빠른 것은 없다고 말한 것이다.

국제법[147]은 두 나라가 전쟁을 벌일 때도 공립학교(學堂), 연구소(學

145) 1871년 프랑스와 프러시아 사이의 전쟁을 가리킨다.

146) 잔 다르크(Jeanne d'Arc, 1412~1431)는 프랑스의 애국 소녀. 백년전쟁 당시 16세의 나이로 출전하여 진두에 서서 영국군 포위를 뚫고 오를레앙 성을 탈환했지만 마녀의 누명을 쓰고 국제 정치 음모의 희생양이 되었다. 뤄안(若安)은 잔 다르크의 영어식 이름 조앤 오브 아르크(Joan of Arc)에서 조앤의 중국어 발음이다.

147) '국제법'의 원문은 '萬國公法'이다. 현재 '국제법'이라고 부르는 법률의 이전 번역어이다.

會), 사립학교(書院), 도서관, 박물관, 천문대, 병원 등을 모두 국외중립이라고 인정하고 포탄이나 총알이 날아들지 않게 해야 하고 적절한 보호를 받아야 한다고 규정한다. 그래서 자기 정부(朝廷)가 학문을 일으키지 않으면 민간이라도 스스로 학문을 일으켜야만 자신을 보호할 수 있다. 게다가 정부가 제아무리 제멋대로이고 포악하다고 해도 결국 백성이 배우겠다는 것을 배우지 못하게 금지시킬 수는 없다. 중국 백성도 배울 수 있는 권리가 생겨야만 자주권을 가질 수 있다. 이것을 근거로 확충하면 잃어버린 모든 권리도 결국 회복할 수 있을 것이다. 물을 보일러에 가둬두었다고 물이 약하다고 생각하지 말라. 맹렬한 불을 보일러 아래에 지피면 철판을 백 겹으로 박아놓았다고 해도 보일러는 틀림없이 증기 때문에 터질 것이다. 이것이 장애를 터트려버리는 폭발적 팽창력(漲力)이다. 거대한 나무[148]는 바위틈에 싹이 트더라도 파고들 곳이 없을까 걱정하지 않는다. 나날이 크게 자라 바위가 자리 잡은 곳을 점점 차지하기 때문에 바위는 나무 때문에 무너지고 쪼개진다. 이것이 장애를 밀어내버리는 점진적 팽창력(擠力)이다. 학문도 폭발적 팽창력과 점진적 팽창력 두 가지를 갖추고 있다. 재주와 지혜가 나날이 총명해지고 일을 계획하는 깊은 생각이 나날이 커지며 목소리와 표정에 나타나는 뜻을 나날이 소통하고 살림살이가 나날이 풍부해지면 전진하더라도 남에게 손을 벌릴 필요도 없고 후퇴하더라도 자기에게만 기댈 필요도 없다. 위쪽 정부에도 뛰어난 사람들이 정부를 가득 채우고 아래쪽 재야에도 뛰어난 사람들이 민간에 즐비하게

148) 원문은 '豫章之木'이다. 豫는 枕木, 章은 樟木을 가리키는 말이다. 중국 남부 지방에서 나고 크게 자라는 나무들이다. 『史記』「司馬相如傳」을 참고하라.

될 것이다. 이것은 모두 학문에서 동일한 것, 다름 아니라 학문에 의해 포섭되는 것이다. 정부가 법령을 공표하고 시행하려고 할 때 올바른 사람을 천거해서 위에 두기만 하면[149] 된다. 아무개 등[150]은 '자기가 변하려고 해도 변하게 되고 자기는 변하지 않으려고 해도 다른 것 때문에 변하게 된다'[151]라고 말하기도 하고 아무개 등은 '자기가 통하려고 해도 통하게 되고 자기는 통하지 않으려고 해도 다른 것 때문에 통하게 된다'[152]라고 말하기도 한다. 이것은 마치 이탈리아가 로마를 쟁취한 것[153]과 같다. 애초에 무기를 번거롭게 사용하지 않고 곧바로 교황을 사람들의 이목에서 떨궈놓고 살 것인지 죽을 것인지 교황 자신에게 맡겼을 뿐이다. 불쌍하다고 생각하면 남겨두고 그렇지 않다면 없애버리더라도 내가 결정하지 않는 것이 없으니 이놈들이 무엇을 할 수 있겠는가! 폭발적 팽창력으로 낡은 것을 없애버리고 점진적 팽창력으로 새로운 것을 펼칠 테니 '어휴, 아름답구나'[154] 학문이 있다는 것은! 그러면 폭력적 수단으로 포악한 군주를 몰아내는 일도 평화로운 수단으로 대체하게 될 것이고 백성들이 대나무 장대를 깃발 삼아 치켜들고 나무를 깎아 무기를 만들어 들고 일어나서 새로운 왕조

---

149) 원문은 '直擧而措之'이다. 『論語』「爲政」에서 빌려온 말이다. '擧直錯諸枉, 則民服. 擧枉錯諸直, 則民不服.'

150) 아무개는 梁啓超를 가리킨다.

151) 원문은 '變亦變, 不變亦變'이다. 梁啓超 『飮冰室文集』 제1책 「變法通議」에 나오는 말이다.

152) 원문은 '通亦通, 不通亦通'이다. 누구 말인지 알 수 없다.

153) 1870년 사르디니아 왕국의 비토리오 엠마누엘 국왕은 교황 피우스 9세가 다스리던 로마에 입성해서 이탈리아를 통일하게 된다.

154) 원문은 '猗歟休哉'이다. 猗歟와 休哉는 『詩經』이나 『尙書』 등에 나타나는 오래된 감탄법을 연결해서 쓰던 말이다. 연결된 말이 직접 나타나는 고전은 없다.

를 만드는 일도 대체하게 될 것이다. 그러나 흘겨보기라도 해야 심사가 풀린다고 자기 윗사람을 원망하고 저주해봐야 무슨 소용이 있겠는가! 게다가 백성이 학문을 가지게 된다면 나라가 망하더라도 괜찮다. 군주를 얼마든지 바꿀 수 있다면 군주는 틀림없이 백성을 학대하지 못할 것이다. 군주만 망하는 셈이니까. 군주가 망하는 것을 노예로 삼은 포로를 바꾸는 것처럼 생각하더라도 백성에게는 해롭지 않다. 그러므로 서양 국가들은 자기 나라에 어쩌다 적당한 군주가 없는 경우에 다른 나라에서 아무 상관도 없는 사람을 초빙해서 군주로 세우기도 했다. 그래서 옛날 잉글랜드(英倫)를 비롯한 세 개의 섬나라나 노르웨이(挪威)에 대해 스웨덴(瑞典)이 그랬던 것처럼 결국 여러 나라를 병합해서 한 나라가 되기도 한다. 연방(聯邦)이라는 것은 모두 이런 것이다. 『춘추』의 대의는 천하가 한 집안이기 때문에 '분리된 땅은 있어도 분리된 백성은 없다'[155]는 것이다. 똑같이 지구에 태어났기 때문에 이른바 나라라는 것 자체가 없다. 우리 땅, 너희 땅으로 경계를 나누고 군주의 사유재산을 지키기 위해 몸과 목숨을 바치는 일을 누가 다시 할 수 있겠는가? 그러면 국가는 결국 주권이 없어지게 될 것이다. 국가에 주권이 없어진다면 주권은 어디에 속하는가? 주권이 결국 끊임없이 새어드는 곳[156]은 학문이다.

---

155) 원문은 '有分土, 無分民'이다. 『後漢書』「竇融傳」에 나오는 말이다.

156) 원문은 '尾閭而歸墟'이다. 『列子』「湯問」에 나오는 말이다. '渤海之東, 不知幾億萬里, 有大壑焉, 實惟無底之谷, 其下無底, 名曰歸墟.' 尾閭와 歸墟는 바다의 깊은 곳에 있는 바닥이 없는 물골을 가리킨다. 물이 끊임없이 새어든다는 곳이다. 권력의 속성을 정확하게 표현한 말이기도 하다. 밑바닥 없는 욕망 말이다.

42

그래서 대일통(大一統)[157] 차원에서는 천지 사이에 국가가 있으면 안 되는데 국가를 보존할 필요가 무에 있느냐고 이야기할 것이다. 이것은 그러나 단박에 바랄 수 있는 차원은 아니다. 세상의 혼란이 극에 달하지 않으면 '혼란을 평정하고 대일통의 올바른 질서를 회복할 수 있는'[158] 길도 없다. 그러므로 자기 나라가 결국 안정될 수 있는지 살펴보고 안정되지 않을 것 같으면 빨리 나라를 불안정하게 만들어서 혹시라도 안정시킬 수 있는 사람이 나타나기를 기다리는 편이 낫다. 게다가 대일통이 될 때까지는 겁운(劫運)[159]이 있다. 외로운 사내나 공공의 적이 죄를 저질렀어도 어쨌든 중생이 가진 무한한 생명의 업력이 감화될 때 비로소 매듭짓게 된다. 내 생각에 중국은 대겁(大劫)[160] 막바지에 이르렀다. 그렇지 않다면 인간의 마음이 어찌 이다지 기계적일[161] 수 있겠는가? 서양인은 마음 바깥에 있는 기계를 가지고 값어치 나가는 물건을 만들어내지만 중국은 마음 안에 있는 기계를 가지고 겁운을 만들어낸다. 기계의 마음[162]을 우러르지 않는 현대인은 없지만 기계의 마음은 모두 의심하고 꺼리는 데서 시작한다. 갑자기

---

157) 천하가 한 집안이라는 것을 절대적 원리로 하는 춘추공양학의 원칙. 『春秋公羊傳』「隱公 元年」 조에 나오는 말이다.

158) 원문은 '撥亂反之正'이다. 『春秋公羊傳』「哀公 14年」 조에 나오는 말이다.

159) 중생의 죄업에 의해 세계가 成住壞空을 반복하는 거대한 윤회를 가리킨다.

160) 매우 오랜 세월을 가리킨다. 成劫, 住劫, 壞劫, 空劫의 四劫을 합친 것이며 세계가 생길 때부터 없어질 때까지의 시간을 말한다.

161) 원문은 '機械'이다. 『莊子』「天地」에 나오는 말이다.

162) 원문은 '機心'이다. 『莊子』「天地」에 나오는 말이다.

누군가 마주치게 되면 눈은 휘둥그레지고 입은 굳게 다물며 혀는 팔딱팔딱 움직이고 몸은 낮추면서 팔다리는 날아갈 듯이 들고 어깨를 감싸 안으며 남과 얼마나 간격이 떨어졌는지 흘끔거리며 걸어가는 법이다. 어휴, 두렵구나! 남이 얼마나 악한지 이야기할 때는 크게 즐거워하지만 남이 얼마나 선한지 들을 때는 싫어하거나 성질을 부린다. 남을 헐뜯거나 욕하는 것을 고상한 절개라고 생각하기도 하고 보통 사람이 아니라고 생각하기도 한다. 처음에는 자기가 좋아하고 싫어하는 것을 차츰 잃어버리는 정도이겠지만 결국 온 천하에 옳고 그른 판단이 없어지게 된다. 그러므로 현대인이 인물을 평가할 때 진실을 잃지 않는 경우는 드물다.

중앙정부의 벼슬아치(京朝官)는 더욱더 공격을 일삼게 되는데 처음에는 그래도 군자의 당파와 소인배의 당파가 나뉘겠지만 곧 군자와 소인이 뒤엉켜 서로 공격하게 된다. 당파 가운데 다시 당파가 생겨서 같은 당파 안에서도 서로 공격한다. 똑같은 사람인데도 이전에는 이편이었지만 나중에는 저편이 되기도 하고 똑같은 시대인데도 까탈을 잡거나 추어주는 일이 앞뒤가 맞지 않는다. 솥에 넣은 새우와 게가 시끄럽게 다투다가 불길이 더욱 맹렬해지고 물이 더욱 뜨거워지면 더욱 심하게 다투는 것과 같다. 대겁이 머지않다는 것을 알겠다. 중국인의 몸가짐을 곰곰이 뜯어보아도 대겁의 이미지가 나타난다. 중국인의 몸가짐을 서양인과 비교해본다면 중국인은 풀이 죽어 보일 테고 중국인은 분수도 모르고 촌스러워 보일 것이며 중국인은 거칠고 막되어 보일 테고 중국인은 버르장머리 없고 사나워 보일 것이다. 어떤 중국인은 누르뎅뎅하니 비쩍 마르고 어떤 중국인은 뒤룩뒤룩 살이 쪘으며 어떤 중국인은 쪼그라들다 못해 구부정하다. 밝게 빛나며 뛰어나게 크고 몸가짐에 위엄이 있는 중국인은 천분의 일, 만분의 일도 안 될 것이다. 중국인은 생활에 근심걱정이 많고 힘이 들어서 피곤하고 사는 곳도 시끄럽고 비좁으며 불결하기 때문에 만성 질병이 생기기 쉽다고 말할 수도 있을 것이다. 예전에 내가 봤던 사람치고 병에 걸리지 않은 사람이 없는 것은 아마 당연할 것이다. 그러나 우리 뜻과 상관없이 마주친 상태에 따라 우리 외부를 치료하게 하면서 의심하고 꺼리며 교묘하게 속이는 바람에 우리 내부를 스스로 갉아먹게 만들지만 않는다면 외부에서 온 재난과 피해는 아직 없앨 만하다.[163] 기계의 마음이 병을 점점 심하게 만드는 것이 어찌 아니겠는가? 이것을 구제할 다른 방법은 없고 역시 마음으로 풀어주는 길밖에 없다. 겁운이 마음에서 생긴 것이기 때문에 마음에 따라 저절로 풀리게 될 것이다.

43

정신 에너지가 최대라면 불가능한 일은 없다. 정신 에너지가 크기 때문에 반대로 험난한 장애를 불러들이게 된다. 과학이 활발해질수록 밝히기 어려운 이치는 더욱 많아지고 화학과 전기학이 활발해질수록 분해하기 어려운 물질은 더욱 많아지며 의학이 활발해질수록 고치기 어려운 병이 더욱 많아지고 대수학이 활발해질수록 해답을 얻기 어려운 문제가 더욱 많아지며 정치(治理)가 활발해질수록 막기 어려운 옳지 못한 경향이 더욱 많아지는 법이다. '불도가 조금 높아질 때 마도

163) 외국과 중국의 관계 문제를 중국 의학의 內因論 전통에 따라 해설하고 있다.

는 열 배 높아진다'[164]라는 말처럼 진보할수록 장애는 더욱 늘어날 테고 영원히 멈추지도 않을 것이다. 그러나 반대로 보자면 과거에 이만큼 전진하지 않았다면 장애도 이만큼 생기지 않았을 것이다. 그래서 장애는 전진했다는 것을 증명하는 것이고 옳지 못한 경향은 통치가 잘 돼서 생긴 효과이다. 사그라지면 함께 사그라지고 자라면 함께 자라는 이유는 '통해서 하나가 되는 것이 도'[165]이기 때문이다. 이것 때문에 스스로 장애를 만들지 않는 것이 요령이다. 곤란해질까 두려워서 몰래 편안하게 지내려고 하고 손해를 막는다는 구실로 이익이 되는 사업도 일으키지 않으면서 걸핏하면 서양 국가의 인민 정당(西國民黨)이 불안정을 부른다는 사실을 끌어다가 서양 방식(西法)을 배워서는 안 된다고 생각한다면 이것이 바로 정치와 문명이 나날이 진보한다는 확실한 증거라는 것을 모르는 것이다. 조금 불안정하더라도 수천 년, 수만 년의 국면 전체를 통틀어 볼 때 그저 어린아이가 작은 구멍으로 들여다보는 것처럼 본다. 머리가 아프면 머리를 치료해야 하고 배가 아프면 배를 치료해야 하는데 결국 국면 전체를 내팽개치고 돌아보지 않는다면 정신 에너지는 정말 말하기 힘들다!

그러나 정신 에너지에 크게 의지할 만하다는 것을 알아도 정신 에너지가 어디에서 출발하는지 살피지 않고 감정이 내키는 대로 즉시 일을 해치우고 발이 가는 대로 성큼성큼 제멋대로 싸돌아다니면 기계

---

164) 원문은 '道高一尺, 魔高一丈'이다. 긍정적인 것이 늘어날 때 부정적인 것도 열 배는 늘어난다는 뜻이고 중국인들이 흔히 쓰는 말이다. 본래 智顗의 『釋禪波羅密次第法門』 4에도 나오고 宗頤의 『禪苑淸規』「座禪儀」에도 나오는 불교 용어이다.

165) 원문은 '道通爲一'이다. 『莊子』「齊物論」에 나오는 말이다.

의 마음을 가라앉힐 정신 에너지를 가지고도 기계의 마음으로 바뀔 것이다. 일단 기계가 되면 더욱 기계적이게 되고[166] 피스톤로드가 맞물려 돌아가는 것처럼 대겁을 도울 뿐이지 어찌 대겁을 구할 수 있겠는가? 그러면 어떻게 해야 하는가? 우선 개인 차원에서 시도해야 한다. 어떤 사람이 기계의 마음을 작동시켰다(用機) 하더라도 자기는 얼른 기계의 마음을 없애고 다시 자비로운 마음을 낸다면 그 사람이 가진 기계의 마음을 깨닫지 못할 것이다. 남이 가진 기계의 마음을 잊어야만 자기가 가진 기계의 마음도 잊을 수 있을 것이다. 기계의 마음을 불러내지 않는다면 기계의 마음은 저절로 오지 않게 될 것이다. 한두 사람에게 시도해서 즉시 효과가 나타나고 정신 에너지가 엄청난 속도와 규모로 증가하게 만든다면 천하가 가진 기계의 마음은 어렵지 않게 멸망시킬 수 있다. 정신 에너지가 엄청난 속도로 증가할 수 없다면 마음을 궁리하는 학파[167]를 하나 만들어서 불교(佛家)가 말하는 발원의 힘(願力)이나 미국인 헨리 우드(烏特亨立)[168]의 『치심면병법』(治心免

---

166) 원문은 '以機愈機'이다. 以機의 機는 명사이기 때문에 기계라고 옮겼고 愈機의 機는 술어이기 때문에 기계적이라고 했다. 이 구절을 포함한 문장 전체의 의미는 개인이 작은 기계가 되면 세상이라는 큰 기계의 부품으로 작동한다는 것이다. 기계가 되지 않으려고 각성한 개인이 기계 세상을 바꿀 테지만 반대로 기계가 하나 둘 늘어나면 기계 세상이 아니었더라도 기계 세상이 된다는 말이다.

167) 여기서 '학파'는 종교의 교파를 가리키는 말이다.

168) 헨리 우드(Henry Wood, 1834~1909)는 '신사상운동(New Thought Movement)'의 초기 인물이다. 그는 젊은 시절 장사를 통해 부자가 되었고 여러 권의 책으로 명성을 얻었지만 신경쇠약, 불면증, 소화불량 등으로 고통받았다. 쉰네 살이 되던 해에 정신으로 방향을 틀어 새로운 인생을 살고자 했다. 이때의 회심 덕분인지 건강도 회복되었고 '종교를 통한 치유'를 대대적으로 선전하는 책을 집필, 발간해서 인기를 끌었다. 호레이쇼 드레서는 신사상을 이성적으로 표현한 대표적 인물이자 박애주의자라고 그를 평가했다. 한 가지 추가할 말은 『인학』의 여러 판본

病法)[169]을 전문적으로 연구하는 편이 나을 것이다. 모든 사람의 정신 에너지를 합쳐서 이렇게 한다면 학파를 열기 어렵다고 걱정할 것도 없다. 모든 종교의 교주는 보통 사람의 개인적 의도를 홀로 행한 데서 시작되었다.

자비는 아마 가장 큰 정신 에너지의 실체일 것이다. 자비롭다면 나는 남을 자신과 평등하게 볼 것이고 나는 두려움이 없어질[170] 것이다. 남이 나를 자신과 평등하게 본다면 남도 두려움이 없어질 것이다. 두려움이 없어진다면 기계의 마음을 작동시키는 일도 없어질 것이다. 부처를 '크게 두려워하지 않는 자'[171]라고도 한다. 부처가 남을 제도하는 일을 '베푸는 일에 두려움이 없는 일'[172]이라고도 한다. 두

가운데 『亞東時報』 본만 제대로 그를 미국인이라고 했고 나머지 판본은 모두 영국인이라고 잘못 기록했다는 점이다. 아마 번역자 프라이어가 영국 선교사인 탓일지도 모른다.

169) '마음을 다스려 병을 막는 방법'이라는 것이 제목의 뜻이다. 원작은 헨리 우드의 *Ideal Suggestion Through Mental Photography: a restorative system for home and private use, proceeded by a study of laws of mental healing*(1893, Boston, Lee and Shepard)이다. 영국 선교사 존 프라이어(John Fryer, 1839~1928, 중국명 傅蘭雅)가 중국어로 번역했다. 주요 내용은 이러하다. 마음이 몸의 주인이라는 입장을 가지고 '神靈을 지각하는' 공부에 의해 본래의 아름다움이나 청정을 되찾는 것을 목적으로 한다. 구체적으로 매일 '天父의 全知'라는 간단하지만 중요한 문구를 낭송하고 명상하는 것이다. 아주 정신적인 방법으로 보이지만 헨리 우드는 이것이 과학과 모순되지 않는다고 주장한다. 지금 언급하고 있는 정신 에너지 자체가 무능한 형질을 활성화시키는 에너지의 근원이고 에테르라고 헨리 우드는 언급하고 있는데 담사동은 헨리 우드의 이런 동일시에서 아이디어를 얻은 것 같다.

170) 원문은 '無畏'이다. 부처의 덕 가운데 하나이다.

171) 원문은 '大無畏'이다.

172) 원문은 '施無畏'이다.

려움이 없는 것에는 죽음을 두려워하지 않는다,[173] 악명을 두려워하지 않는다,[174] 살 수 없을까봐 두려워하지 않는다,[175] 삼악도를 두려워하지 않는다,[176] 대중의 위협을 두려워하지 않는다[177] 다섯 가지가 있다. 그리고 자비가 아니라면 두려움을 없앨 길이 없다. 그러므로 자비는 정신 에너지의 실체이다. 만약 눈물을 흘리며 사무치게 가슴 아픈 일을 남에게 호소한다면 잠시라도 자기가 가진 기계의 마음을 풀고 그것을 슬퍼하고 가여워하지 않을 사람은 없다. 그는 참으로 슬퍼하는 사람도 아니고 자비로운 사람도 아니지만 어떻게 사람을 이다지도 감동시킬 수 있을까? 천지, 인류, 만물이 무한하게 큰 자비이기 때문이겠지!

44

마음으로 대겁을 구하는 것은 그저 제 나라만 구제하겠다고 발원하는 것이 아니라 현재 극히 강성한 서양 국가들까지, 생명을 품은 모든 것들까지 함께 제도하겠다고 발원하는 것이다. 마음이 열려 있지(公) 않으면 도의 힘(道力)도 전진하지 못한다. 그러므로 모든 교주와 교도는 자기가 어떤 나라 사람이라고 말해서는 안 된다. 예수가 천국을 세웠을 때 모든 나라를 제 나라라고 평등하게 보고 모든 백성을

173) 원문은 '無死畏'이다.
174) 원문은 '無惡名畏'이다.
175) 원문은 '無不活畏'이다.
176) 원문은 '無惡道畏'이다.
177) 원문은 '無大衆威德畏'이다.

제 백성이라고 평등하게 보았던 것처럼 말이다. 솔직히 나라가 없어도 괜찮다.[178] 어떤 법을 만들더라도 제 나라에만 이로워서는 안 되고 반드시 여러 나라에 해롭지 않을 뿐 아니라 이롭게 해줘야 한다. 어떤 종교를 시작하더라도 제 나라에만 퍼뜨려서는 안 되고 반드시 모든 나라의 자명한 진리에 들어맞고 지혜로운 사람이든 어리석은 사람이든 진리를 받아들일 수 있게 해줘야 한다. 이런 마음으로 한다면 비로소 인이든 관용(恕)이든 충실(誠)이든 남을 생각하는 마음(絜矩)[179]이든 '천지의 조화에 참여해서 천지가 변화시키고 기르는 일을 돕는다(參天地, 贊化育)'이든 어떤 것이나 말해도 좋다.[180] 한두 사람의 마음을 감동시키면 한두 사람이 변화할 것이다. 그러면 이런 방식으로 천하를 감동시켜서 겁운을 구할 수 있을 것이다.

현재 서양 국가들이 극히 강성하다고 말하지 않을 수 있겠는가? 그러나 지구가 영원에 가까운 시간 동안 겪은 전체 과정과 비교해본다면 인간의 말과 생각으로 그려낼 수 없을 정도로 강성한 지금 서양 국가들도 들판을 채울 정도로 무더기로 쌓인 누에고치에서 눈에 띄지도 않는 가는 실마리를 뽑아내는 것 정도일 뿐이니 어찌 극한이라고 할 수 있겠는가!

게다가 우리를 쇠퇴하게 만드는 방법도 여러 가지가 있다. 중국, 오스만 튀르크, 아프가니스탄, 페르시아, 조선은 병치레 잦은 약골(病夫)

---

178) 무정부주의에 가까운 생각일지도 모르겠다.

179) 絜矩는 '곱자를 가지고 잰다'는 뜻이다. 자기의 처지를 미루어 남의 처지를 아는 것을 가리킨다.

180) 仁과 恕는 『論語』에 나오는 공자의 말, 誠은 『中庸』에 나오는 자사의 말, 絜矩는 『大學』에 나오는 증자의 말이다. '參天地, 贊化育'은 『中庸』에 나오는 말이다. 유학의 어떤 단계에 형성된 개념이든지 모두 허용할 수 있다는 뜻이겠다.

이라고 전 세계에 이름난 나라들이다. 영국, 미국, 독일, 프랑스가 힘을 합쳐 그들의 해로운 정치를 억지로 개혁해서 병을 고쳐주지 않는다면 그들의 병은 병이 없는 데까지 전염될 것이다. 그러나 러시아는 옛날 제도를 유지하려는 의도를 낡은 방식 그대로 지키고 있다. 러시아는 다른 나라를 보호해준다는 탈을 쓰고 있지만 그저 다른 나라가 해로운 정치를 개혁할까 두려워서 몰래 다른 나라를 약하게 만들고 있을 뿐이다. 러시아는 군주국 체제를 고집하기 때문에 옛날 제도를 고집하는 제 나라 사람들이 군주의 은혜에 감격하도록 만들기도 하지만 옛날 제도를 유지하는 나라도 결국 군주에게 깊이 의지하고 맡기도록 만들기도 한다. 중국이 밀약을 맺자 조선은 러시아 공사관에 머물면서 러시아에 군사권을 줘버렸다.[181] 목마르다고 독 탄 술(鴆酒)을 마신 꼴이고 굶었다고 곰팡이 핀 육포(漏脯)를 배터지게 먹은 꼴이다. 우공(愚公)[182]처럼 어리석기 때문에 러시아에 들어가고도 안타까워 할 줄도 모르니 말이다. 직접 나서지 않고 곁에서 보기만 하는 사람들이 '손책이 강자 편에 빌붙은'[183] 정도라고만 생각하겠는가?

중국 관리가 회족[184]을 가혹하게 마구 죽인 적이 있다. 서녕(西寧)[185]에는 항복한 노약자와 부녀자가 만 명 이상 있었는데 주둔군 사

181) 1896년 친러파가 고종을 러시아 공사관으로 피신시킨 俄館播遷을 가리킨다.

182) 본디 『莊子』에 나오는 愚公移山 이야기의 주인공인 우공을 가리키지만 여기서는 글자 그대로 '어리석은 남자' 또는 '어리석은 제후', 곧 李命福을 가리킨다.

183) 원문은 '孫策坐大'이다. 諸葛亮 「出師表」에 나오는 말이다. 손책은 동한 말기 동란기에 그때그때 세력이 강한 편에 의탁했다가 결국 죽고 말았다.

184) 원문은 '回回族'이다. 동투르키스탄 지역에 살고 있는 이슬람 신자들을 가리킨다. 이들은 아라비아인의 후손이며 일찍부터 이 지역에서 살고 있었다.

185) 西寧은 현재 青海省의 중심 도시이다.

령관(鎭將) 등증(鄧增)은 하룻저녁에 하나도 남김없이 죽여버렸다. 그리고 삼국관[186]을 공격해서 빼앗았다고 장황하게 보고했다. 회족은 이를 악물고 러시아로 귀속될 궁리를 하게 되었다. 오스만 튀르크도 그리스의 동방정교회 교인, 크레타 섬의 아르메니아 사람들을 학살한 적이 있다.[187] 몇 년이 지나도록 쉬지 않고 군대의 재앙이 이어지자 그리스의 동방정교회 교인은 이를 악물고 러시아에 귀속될 궁리를 하게 되었다. 아아! 카자흐 기병이 장차 유럽과 아시아 대륙을 짓밟는 꼴이 내 눈에는 보이는데 유럽과 아시아의 나라들은 어찌 탈이 나지 않고 편안하겠는가! 중국과 오스만 튀르크 두 나라도 '모든 사물은 극한에 이르면 반드시 되돌아가는'[188] 것처럼 되거나 양쪽 모두 상처를 입고 망가지는 일이 없을 수 있겠는가! 지구에서 벌어지는 전쟁의 피해는 거의 끝이 없을 것이다.

그러나 이것은 분명하기 때문에 오히려 쉽게 볼 수 있는 것이다. 우리를 쇠퇴하게 만드는 이유는 이뿐만이 아닐 것이다. 서양 국가들이 아시아(遠近東)에 있는 병치레 잦은 약골 나라들을 속이고 깔보는 방법이 다름 아니라 우리를 쇠퇴하게 만드는 방법이라고 나는 감히 명확하게 단정할 수 있다. 왜 이렇게 말할 수 있는가? 세상천지의 나라들은 반드시 함께 유지되어야 하고 신뢰와 정의가 국내 정치와 국제 외교의 접착제가 되어야 한다. 나라가 강성해지려면 신뢰와 정의를

186) 원문은 '三國關'이다. 어디를 가리키는지 정확히 알 수 없다.

187) 크레타 섬은 17세기 오스만 튀르크에게 정복당했지만 본래 그리스계 주민이 많았고 1821년 그리스 독립전쟁에 많이 참전하기도 했으며 그리스에 귀속되기를 바라고 있었다. 이것을 인정하지 않고 1867년 자치를 허용했지만 불만을 품고 1897년 반튀르크 투쟁이 일어났다.

188) 원문은 '物極必反'이다. 『呂氏春秋』「博志」에 나오는 말이다.

근거로 하지 않으면 안 된다는 것은 온 천하가 다 아는 일이다. 불행하게도 소위 병치레 잦은 약골을 만날 때는 신뢰와 정의로 대해줘도 저들은 어리석어 도리어 느끼지 못하고 거칠게 뿌리치며 돌아보지 않는다. 그래서 어쩔 수 없이 약골을 힘으로 으르게 되고 옳지 못한 방법으로 속이게 된다. 게다가 불행하게도 으르고 속여서 결국 바라던 것을 얻게 되고 자신이 처음에 뜻했던 것 이상을 얻게 되면 '이것이 결국 외교의 묘수로구나'라고 생각하게 된다. 이런 방식이 익숙해져서 습관이 되면 신뢰와 정의를 도리어 느리고 더디다고 생각한다. 그러면 이런 방식으로 병치레 잦은 약골을 대하던 쪽은 자기도 모르게 병에 걸리지 않은 사람에게도 똑같은 방식을 쓰게 된다. 병에 걸리지 않은 사람은 그러면 견딜 수 없게 되고 상응하는 보복 수단을 따로 찾게 된다. 이런 방식으로 속이고 숨기게 되면 국제 외교의 신뢰와 정의는 사라지고 만다. 또한 이런 방식이 더욱 깊이 습관이 되면 외국을 대하던 방식을 자기도 모르게 제 나라 국민에게도 쓰게 된다. 위아래가 똑같이 속이고 숨기기 때문에 국내 정치의 신뢰와 정의도 사라지고 만다. 신뢰와 정의가 서지 않으면 병에 걸린 사람과 무슨 차이가 있겠는가? 그러므로 남을 대하는 방식과 나를 대하는 방식은 본래 다르지 않다. 그리고 인간의 마음도 붙잡기 어려운 것이다. 신뢰와 믿음으로 마음을 잡는다 해도 도를 가진 사람이 보기에는 결국 틀림없이 신뢰하지 않고 정의롭지 못한 결말일 것이라고 생각한다. 게다가 신뢰하지 않고 정의롭지 못한 수단으로 마음을 잡으려고 한다면 그 재앙을 어찌 말로 다할 수 있겠는가! 만약 앞으로 구해주려고 해도 병치레 잦은 약골은 신뢰와 정의가 아니라면 기꺼이 따르려고 하지 않을 것이다. 심하구나, 병치레 잦은 약골들이 남에게 누를 끼치는 일이! 그리고 나라들끼리 만날 때의 고통, 정말 불행하구나! 그래서 나라들마다 형편에 따라 생각해보면 두려워하지 말고 용기를 내서 자기가 못하면 대신해서라도 정치를 개혁해주고 소위 군주를 없애버리고 자기 나라에서 현명한 사람을 가려서 백성의 주인(民主)[189]으로 만드는 것이 최선이다. '천하의 현명한 사람을 가려서 천자, 곧 하느님의 아들로 세운다'[190]라는 묵자의 말처럼 한 사람, 한 사람이 스스로 주인이 되도록 만들어 이것을 근거로 보존할 대책을 세운다면 신뢰와 정의는 회복할 수 있다.

만약 러시아의 분탕질이 걱정된다면 우선 유럽과 아시아 대륙을 잇는 동서대철도를 건설하면 된다.[191] 동쪽의 조선에서 시작해서 중국,

---

189) 앞서 나온 民主라는 말은 우리가 현재 민주주의라고 부르는 것과 비슷하게 제도를 가리키는 말이다. 하지만 여기서 담사동이 말하는 民主는 제도의 의미가 아니라 민주제의 구성 요소 가운데 하나인 대의제에 의한 인민의 대리인을 가리키고 있는 것 같다. 일역본의 주는 아마 그래서 여기에 大統領이라는 말을 단 것 같다.

190) 원문은 '選天下之賢者, 立爲天子'이다. 『墨子』「尙同」에 나오는 말이다.

191) 동서양을 잇는 새로운 실크로드인 대륙 철도의 구상이 담사동 이전에도 없지 않았지만 담사동의 의도는 그것들과 다르다. 동서대철도가 비틀거리며 고꾸라지기 직전의 아시아 여러 나라들을 부흥시켜 세계 평화에 도움이 되리라는 구상을 담사동은 아래쪽에서 펼치고 있다. 러시아 쪽의 대륙 철도인 시베리아 횡단철도와 직접 비교하면 담사동의 의도는 분명하게 밝혀질 것이다. 덧붙여 담사동의 구상이 가진 현실성을 언급해야 할 필요가 있다. 2013년 중국 국가주석 시진핑은 21세기 육해상 실크로드 구상을 밝힌 적이 있다. 새로운 실크로드 구상은 육상 실크로드를 가리키는 一帶, 해상 실크로드를 가리키는 一路를 이어 '일대일로'라고 명명했다. 하지만 아쉬운 점이 여러 가지이다. '일대'에 대해서만 지적하자. 담사동이 지적한 것처럼 대륙 철도의 시작이 되어야 마땅한 우리나라가 빠져 있는 데다가 아프가니스탄 등지를 지나지 않고 구소련에서 독립한 중앙아시아 국가를 지나도록 설계했다는 따위 말이다. 21세기 초반의 국제 정치 현실을 그대로 반영한 계획이라고 짐작하지만 중국 쪽에서 개념을 창조한 장본인 담사동의 의도와

아프가니스탄, 페르시아, 동투르키스탄[192]을 지나 콘스탄티노플 해협에 다리를 놓고 서투르키스탄[193]에 도착하는 길이다. 동서대철도를 국제 도로(萬國公路)로 지정해서 어떤 나라든지 침범하지 못하게 한다. 지도에서 짚어보면 이들은 모두 병치레 잦은 약골들이고 모두 북위 30도에서 40도 사이에 있다. 하늘이 마치 미리 터를 잡아놓은 것처럼 그들의 땅은 일직선을 이루고 있다. 만약 자연의 공교로움을 근거로 하고 인간의 힘을 보태서 삼만 리 이상에 걸친 철도 레일을 처음부터 끝까지 뚫는다면 쇠코에 코뚜레를 꿰고 물고기 아가미에 버드나무 가지를 꿴 것처럼 병치레 잦은 약골들은 빈틈없이 서로 결집해서 얼마 남지 않은 목숨을 철도에 걸게 될 것이고 러시아[194]가 떠메고 도망가게 내버려두지 않을 것이며 병도 저절로 나아질 것이고 이상 여러 나라들이 철도를 통해 얻는 이익도 커질 것이다. 러시아의 시

달리 속박의 고통, 고통의 그물을 더 촘촘하게 만드는 결과를 빚을 것이 뻔하다.

192) 동투르키스탄은 본래 현재의 중국 新疆省으로 편입된 지역을 가리킨다. 동투르키스탄과 짝이 되는 서투르키스탄이 있는데 둘의 지리적 경계는 天山山脈이다. 담사동이 제시한 노선을 보면 동투르키스탄은 오늘날의 터키, 곧 소아시아를 가리키는 듯하다. 하지만 이것은 동투르키스탄이라는 낯선 용어를 제대로 이해하지 못한 담사동의 오해 때문에 빚어진 일이다.

193) 서투르키스탄은 동쪽으로 天山山脈부터 서쪽으로 카스피 해까지, 남쪽으로 힌두쿠시 산맥부터 북쪽으로 카자흐스탄까지 사이에 걸쳐 있으며 이슬람교를 믿는 투르크계 종족이 살고 있는 지역을 서양에서 가리키는 말이다. 현재 터키, 아제르바이잔, 카자흐스탄, 우즈베키스탄, 키르기스스탄, 투르크메니스탄 등이 여기에 속한다. 담사동은 동투르키스탄에 이어 서투르키스탄도 오해하고 있다. 노선에 따르면 서투르키스탄은 오늘날의 그리스를 가리키는 듯하다.

194) 원문은 '大力者'이다. 큰 힘을 가진 것이란 뜻인데 여기 문맥에서는 러시아를 가리킨다.

베리아 철도가 완성되면 일본[195] 상인들과 서양 상인들은 떼를 지어 그 길로 나서려고 할 것이다. 러시아의 이익이 커지면 이웃나라의 이익은 박해진다. 첫 번째 이익은 러시아 쪽처럼 멀리 돌지 않고 우리 쪽이 가깝다는 것이다. 만약 우리 쪽 철도를 건설한다면 러시아 쪽은 활처럼 멀리 돌게 되지만 우리 쪽은 직선이기 때문이다. 두 번째 이익은 러시아 쪽처럼 어렵지 않고 우리 쪽이 완공하기 쉽다는 것이다. 러시아 쪽 철도는 길기 때문에 완공하려면 힘이 들지만 우리 쪽 철도는 짧기 때문에 빨리 완공할 수 있다. 세 번째 이익은 러시아 쪽처럼 더디지 않고 우리 쪽이 빨리 갈 수 있다는 것이다. 러시아 쪽 철도는 길기 때문에 여행이 조금 오래 걸리지만 우리 쪽은 철도가 짧기 때문에 날짜를 헤아려보면 더 빠르다. 네 번째 이익은 러시아 쪽처럼 험준한 지역으로 가지 않고 우리 쪽이 평탄한 지역으로 간다는 것이다. 러시아 쪽은 우랄 산맥의 남북 방향 산줄기를 넘어서야 하기 때문에 우랄 산맥의 방향은 철도와 딱 직각이다. 우리 쪽은 파미르(葱嶺)의 동서 방향 산줄기를 따라가기 때문에 파미르의 방향은 철도와 평행이다. 다섯 번째 이익은 러시아 쪽처럼 추운 지역으로 가지 않고 우리 쪽이 따뜻한 지역으로 간다는 것이다. 러시아 쪽은 한대에 가까워서 날씨가 아주 추울 때가 있다. 우리 쪽은 온대에 있기 때문에 날씨가 아늑하고 따뜻하다. 여섯 번째 이익은 러시아 쪽처럼 물자가 모자라는 지역을 지나가지 않고 우리 쪽이 물자가 풍부한 지역을 지나간다는 것이다. 러시아 쪽은 황량하고 추운데다가 메마르기 때문에 생산물이 별것 없어 쓸쓸한 지경이다. 우리 쪽은 농업과 광업이 풍부하기 때문에 생산

195) 원문은 '東洋'이다.

물이 아주 많다. 일곱 번째 이익은 러시아 쪽처럼 벽지를 가지 않고 우리 쪽이 번화한 지역을 간다는 것이다. 러시아 쪽은 수공업이나 공업이 적막할 정도로 없지만 우리 쪽은 상품 유통이 활발해서 물건 대기에도 바쁘다. 여덟 번째 이익은 러시아 쪽처럼 사람이 뻣뻣하지 않고 우리 쪽이 순종적이라는 것이다. 러시아 쪽은 사람들이 야만적이고 사나워서 통제하기 급급하지만 우리 쪽은 사람들이 유순해서 부려먹기가 쉽고 효과적이다. 아홉 번째 이익은 러시아 쪽처럼 인구가 흩어져 있지 않고 우리 쪽이 밀집해 있다는 것이다. 러시아 쪽은 인구가 적어서 임금이 아주 높지만 우리 쪽은 인구가 많아서 임금이 저렴하다. 열 번째 이익은 러시아 쪽처럼 부담이 무겁지 않고 가볍다는 것이다. 러시아 쪽은 국가 하나가 혼자 짊어져야 하지만 우리 쪽은 여러 나라가 함께 받치고 있다. 열한 번째 이익은 러시아 쪽처럼 이기적이지 않고 우리 쪽에 공공성이 있다는 것이다. 러시아 쪽은 한쪽에만 이익이 되지만 우리 쪽은 모든 나라에게 이익이 되기 때문이다. 열두 번째 이익은 러시아 쪽처럼 이기적이지 않고 우리 쪽이 정의롭다는 것이다. 러시아 쪽은 남의 평화를 위태롭게 만들지만 우리 쪽은 남의 위기를 평화롭게 만든다. 열세 번째 이익은 러시아 쪽처럼 싫어하지 않고 우리 쪽을 좋아한다는 것이다. 러시아 쪽 철도는 모든 사람의 미움을 받고 있지만 우리 쪽 철도는 모든 사람들의 마음이 다투어 쏠리고 있다. 열네 번째 이익은 손실을 이익으로 바꾸는 것이다. 러시아 쪽 철도가 완성되면 천하의 군대를 불러올 테지만 우리 쪽 철도가 완성되면 천하의 불안정을 안정시킬 수 있기 때문이다. 열다섯 번째 이익은 등 돌린 쪽을 바라보게 만드는 것이다. 이상 열네 가지 이익을 종합하면 러시아 쪽은 차관을 빌리기 어렵고 우리 쪽은 주식을 모집하기 쉽기 때문이다. 열여섯 번째 이익은 의심을 믿음으로 바꾸는 것이다. 이상 열다섯 가지 이익을 종합하면 러시아 쪽이 치러야 할 이자는 많지만 우리 쪽의 이자가 적기 때문이다. 열일곱 번째 이익은 소모를 절약으로 바꾸는 것이다. 이상 열여섯 가지 이익을 종합하면 러시아 쪽 비용은 많아지고 우리 쪽 비용은 적어지기 때문이다. 열여덟 번째 이익은 인색한 것을 풍요로운 것으로 바꾸는 것이다. 이상 열일곱 가지 이익을 종합하면 러시아 쪽이 얻을 이익은 미미하지만 우리 쪽이 얻을 이익은 막대하기 때문이다. 열아홉 번째 이익은 없어질 것을 일어나는 것으로 바꾸는 것이다. 이상 열여덟 가지 이익을 종합하면 러시아 쪽 철도는 십 년을 조바심 내더라도 결국 '밑 빠진 골짜기에 황금을 던지는'[196] 격이지만 우리 쪽 철도는 일단 시작하기만 하면 잠깐이면 성공할 수 있기 때문이다. 스무 번째 이익은 망친 것을 성공으로 바꾸는 것이다. 이상 열아홉 가지 이익을 종합하면 러시아 쪽은 철도로 다른 나라 땅을 침범할 수 없을 테지만 우리 쪽은 철도로 도리어 우리의 목숨을 바치려고 하기 때문이다. 게다가 곧 터지려고 하는 전쟁의 실마리를 그치게 하고 다섯 대륙의 평화(太平)를 지키기 때문에 인정스런 정치[197]이다. 망해가는 약한 나라를 구하고 지극히 곤궁한 처지의 백성을 지탱해주기 때문에 정의로운 일(義擧)이다. 몰려드는 무역을 총괄하고 흩어지는 이익을 거두기 때문에 슬기로운 꾀(智謀)이다. 장기짝을 움직이는 대겁 판에서 선수[198]를 다투고 마구잡이로 넘치는 후

---

196) 원문은 '擲黃金於虛牝'이다. 韓愈의 「贈崔立之評事」에 나오는 말을 응용했다. '可憐無益費精神, 有似黃金擲虛牝.'

197) '인정스런 정치'의 원문은 '仁政'이다. 맹자의 개념이다.

198) 원문은 '棋劫之先看'이다. 당시 열강의 식민지 경쟁을 마치 체스에 비유한 것을

환을 막기 때문에 용감한 공로(勇功)이다.[199] 동서대철도의 실제 이익은 이상 스무 가지로 상세하게 말했다. 철도의 명분도 대략 네 가지를 들어 말했다. 이것은 아마 천지를 뒤흔들 만한 공훈이자 은덕이 될 텐데 왜 꺼리면서 오랫동안 하지 않을까?

영국, 프랑스, 독일, 이탈리아, 오스트리아, 네덜란드, 벨기에, 스페인, 포르투갈, 스웨덴, 노르웨이, 덴마크, 일본 등은 모두 상업으로 나라를 꾸리기 때문에 이런 책임을 짊어져야 마땅하다. 그리고 영국의 상업이 비교적 크기 때문에 앞장서는 것이 마땅하다. 영국은 미국이 만 리가 넘는 장대한 철도를 건설하는 것을 보고 미국이 건설한 철도를 본받아 캐나다에 미국 철도와 평행하게 철도를 건설했다. 캐나다는 미국만큼 토지가 풍부하고 이익이 많지 않지만 미국과 경쟁하려고 한다. 이것을 반대하는 사람이라 하더라도 깊이 생각해본다면 그것을 완전히 잊을 수 있겠는가? 미국은 이런 판 바깥에서 평소 하던 방식을 지키고 있지만 무역과 관련된 것이라면 남에게 뒤지는 것을 달갑게 여기겠는가! 또한 조지 워싱턴이 먼저 민주주의를 주장하고 링컨(林肯)이 나중에 흑인 노예를 해방시켰다. 정의롭다는 명예가 온 세상에 눈부시게 빛나는 호기를 올라타서 팔을 걷어붙이고 세상에 나선다면 빛나는 업적을 계승할 만하고 세발솥처럼 든든히 버티고 서게 될 것이다. 꼭 전쟁을 멈추려고 따로 수고하지 않아도, 공평하게 체결

응용한 표현이다.

199) 이상 네 가지는 동서대철도의 명분이라고 소개하고 있다. 앞의 두 가지는 仁義를 말하고 뒤의 두 가지는 智勇을 말한다. 仁義는 孟子, 智勇은 孫子에 근원을 두고 있는 것 같다. 또한 智勇은 孔子의 개념이라고 해도 무방하다. '故善戰者之勝也, 無智名, 無勇功.'(『孫子』「形」)

한 조약을 기다리지 않아도 거룩한 무력과 밝은 슬기는 거기서 취하게 될 것이다! 일본의 『고쿠민잣시』(國民雜誌)[200]는 중앙아시아(中部亞洲)에서 양자강 기슭으로 나오는 최고로 좋은 길에서 중국만 이익을 보는 것이 아니라 천하도 편리함을 누리게 될 것이라고 보도했다. 영국 런던의 『타임스』(泰晤士報)는 러시아 쪽 철도가 개통된 뒤에 두 번째로 중국 쪽 길을 뚫어야만 중국의 무역이 러시아 길과 나란히 페르시아나 튀르크를 거쳐 유럽에 도달할 수 있게 될 것이라고 보도했다. 『고쿠민잣시』나 『타임스』는 아쉽게도 중국 쪽 철도의 의미를 완전히 파고들지 못했지만 대략이나마 실마리를 드러냈다. 중생의 업력이 장차 소멸한다면 중국이나 외국이나 똑같은 마음을 가진 사람이 틀림없이 많아질 것이다.

그래서 중국이 자주 강국이 되려는 계획을 세운다면 더구나 늦출 수 없다. 그것을 '자주 강국'이라고 이름 짓는다면 자기에게 책임이 있지 남에게 책임이 있는 것이 아니다. 그러므로 원수를 갚고 치욕을 씻을 생각이라면 자기 본래 의도를 스스로 어지럽히지 말고 신중하게 생각해야 한다. 저들이 우리를 대수롭지 않게 생각하고 우리를 업신여긴다 해도 약하고 어리석은 것들을 겸병하고 공격한다거나 불안정하고 망하는 것들을 빼앗고 모욕하는 일은 저들의 입장에서 당연히 그럴 만한 일이고 우리가 체제를 개혁하지 않으면 당해도 싼 일이라고 생각해야만 한다. 자신을 반성하고 꾸짖으며 힘을 내서 스스로 실력을 갖추는 일은 저 하기에 달린 것이기 때문에 더구나 원망을 없애야 한다. 그런 다음 한결같은 의도로 채찍질하고 자기의 정신 에

200) 일역본조차 어떤 책인지 정확히 알 수 없다고 한다.

너지를 뭉뚱그려 자신이 스스로 강해질 길을 찾는 일에 집중해야 한다. 그러면 나를 흉보고 훼방하는 사람은 나를 금쪽같이 생각하는 사람이다. 내게 창칼을 들이대는 사람은 나를 약과 침으로 고쳐주는 사람이다. 어떤 일이든 거울 삼지 않을 것이 없다면 어떤 경우라도 효과를 볼 수 있을 것이다. '원수를 친구처럼 보라'는 예수의 말은 정말 친구 덕분이라는 뜻이다. '남이 버린 것을 내가 취한다'[201]라거나 '재앙 덕분에 복이 생긴다'라거나 '망가진 것을 성과로 바꾼다'[202]라는 관자(管子)의 방법도 천하에서 가장 교묘한 것이겠다. 정신 에너지를 쓰는 목적은 아마 마음을 하나로 집중하려는 것이리라. 불교의 밀종(密宗)은 주문의 힘(咒力)을 널리 행하는데 주문은 다른 것이 아니라 마음을 하나로 집중하는 것일 뿐이다. 일단 주문의 의미를 찾으려고 하면 마음이 흐트러져 집중하지 못할 테니까 산스크리트어 주문(梵咒)은 번역하지 않는다. 그래서 전수를 존중하는 사람은 제 스스로 지어낸 것을 의심하면서 집중하지 않을 것이다. '생각하고 또 생각하면 귀신도 통할 것이다.'[203] 공자는 이렇게 말한다. '따르게 만들 수는 있어도 알게 만들 수는 없는 것이 백성이다.'[204] 공자의 말은 거의 여기에 가까울 것이다. 스스로 강해진다는 것은 자신을 강하게 만드는 것일 뿐이다. 자기가 강해지는 주체라는 것을 안다면 내게 앎이 한 가지 많아졌다는 것을 깨닫게 된다. 그러면 남에게도 보태주려고 하겠지!

---

201) 원문은 '人棄我取'이다. 『史記』「貨殖列傳」에 나오는 말이다.

202) '재앙을 바탕으로 복으로 만든다'의 원문은 '因禍爲福'이고 '망가진 것을 성과로 바꾼다'의 원문은 '轉敗爲功'이다. 두 가지는 모두 『史記』「管晏列傳」에 나오는 말이다.

203) 원문은 '思之思之, 鬼神通之'이다. 『管子』「心術」에 나오는 말이다.

204) 원문은 '民可使由之, 不可使知之'이다. 『論語』「泰伯」에 나오는 말이다.

자주 강국이 되려는 계획은 현재 자주 이야기하는 사람이 세상에 있기 때문에 나는 이야기하지 않겠다. 결국 자신에게서 자주 강국의 방법을 찾아야만 한다는 것이 그들의 요점이다. 자주 강국의 방법을 시행한다면 왕성해질 것이고 시행하지 못한다면 망할 것이다. 이러면 어떨까 저러면 어떨까 망설이지 않고 굳은 의지로 끄떡없이 결행할 수 있다면 옷차림에 대한 규정을 바꾸라고 제안하고 싶다. 문화가 사그라지거나 일어나는 것은 일상생활이 번거로운 방식인지 간소한 방식인지에 동일하게 비례한다.[205] 인간은 그저 게으름을 피우려고 하지 뭐라도 하려고 하지 않기 때문에 간소한 것을 찾으려는 의도는 없고 번거로운 것을 따르려는 마음이 있다. 게다가 집단지성이 크게 열리면 온 세상을 경영하고 만물을 다루느라 바빠서 짬도 없을 텐데 번거롭고 까다로운 옷차림을 돌볼 겨를이 어찌 있겠는가? 번거로우면 틀림없이 얽매이기 마련이고 간소하면 틀림없이 잘 반응하기 마련이다. 간소해져야만 번거로운 것을 잘 통제할 수 있다. 그러므로 다뤄야 할 사물이 많아서 번거로운 사람은 틀림없이 자기를 우선 간소하게 만들려고 할 것이다. 이것은 변함없는 이치이기 때문에 바꾸지 못한다. 서양인이 자기 나라 말(方言)을 논하는 일을 나는 들은 적이 있다. 문명이 대단히 왕성한 나라는 말도 틀림없이 간단하면서 가볍게 잘 반응하게 마련이라고 한다. 입술과 앞니에서 내는 소리가 많고 혀에서 내는 소리는 그보다 적으며 어금니에서 내는 소리는 혓소리보다 더 적고 목구멍에서 내는 소리는 아주 적고 목구멍 깊숙한 곳에서

205) 영역본에 따르면 이 생각은 동시대 사람 黃穎初에게도 발견된다고 한다. 黃穎初의 「傳音快字簡法敍」(1887년 3월)를 참조하라.

내는 소리는 거의 없다시피 하다고 말이다. 그래야 소리 내기가 편해서 말을 만들기도 힘들지 않고 조작하기도 간단해서 무한대까지 말을 조합할 수 있다. 문명이 깊고 얕은 차이는 몽땅 이것 때문이다. 이것도 번거로움과 간소함의 구분이다. 또한 법률가에게도 들어보았다. 문명이 최고 수준에 도달한 나라는 나라 법을 때맞춰 개정하고 편한 쪽을 좇기 때문에 형편에 따라 융통성 있게 처리하고 모든 사람을 이롭게 한다. 그래야 인간을 위한 법이고 인간이 도리어 법에 휘둘리지 않을 것이다. 이렇게 한 다음이라야 변함없는 법률이 생길 것이다. 문명이 깊고 얕은 차이는 몽땅 이것 때문에 생긴다. 이것도 잘 반응하는 것과 얽매임의 구분이다.

그렇다면 옷차림도 간소하게 해야 하지 않겠는가? 옛날처럼 저고리와 치마를 입는 것도 아니면서 굳이 앞섶을 길게 소매를 넓게 만든다. 옛날처럼 바닥에 자리를 깔고 꿇어앉는 것도 아니면서 굳이 무릎 꿇고 머리를 바닥에 대고 절한다. 앞뒤가 뒤집히고 이치를 잃은 일이 어찌 이보다 지나칠 수 있겠는가? 사대부가 이렇게 한다면 오히려 그럴 만하다고 하겠다. 그러나 밭고랑과 이랑에서 일하는 농부나 기계를 다루는 장인(工役)이나 전쟁터에 나간 병사나 여기저기 뛰어다녀야 하는 하인은 현재의 옷차림에 대한 예의범절을 크게 불편해하지만 그런 제도를 이상하게 여긴다는 말을 들어보지 못했다. 무엇 때문인가? 아하! 천하를 약하게 만들려는 군주는 틀림없이 예의와 풍속을 번거롭게 만들[206] 것이다. 그렇게 해야 백성

206) 원문은 '正繁重之禮與俗'이다. 여기서 正 다음의 명사구 전체를 名으로 바꾸면 正名이 된다. 예를 명분의 체제로 파악하는 것은 유학의 상식이고 담사동은 여기서 한 발 더 나간 생각을 보여준다. 유학을 업고 있지만 거기서 벗어나기 위해 업

들이 평생을 기울여도 모자랄 정력을 소모시키게 만들 수 있고 예의와 풍속의 번거로움을 겨우 견디게 만들 수 있으며 제 몸뚱이 간수할 궁리나 하지 시대를 거스르지 않게 만들 수 있기 때문이다. 그러면 천하에는 자기 정력을 나눠 군주에게 대항하려고 생각할 겨를이 없어질 것이다. 이런 일이 오랫동안 지속되면 자신이 왜 이 모양이 되었는지 근원과 시작은 잊어버리고 결국 당연한 이치라고 생각하게 된다. 그러나 사태의 진실은 번거로움에 의지를 종속시킨 것을 불쌍하게 여기지 않고 자기의 지혜를 스스로 막고 가둔 데 있다.[207] 재앙과 근심이 눈앞에 닥쳤지만 돌이켜 생각해보려고도 하지 않고 간편한 것만 주장하는 사람은 내 말을 이상하다고 하면서 도리어 남을 속일 것이다. 그러므로 번거로운 습속에 오랫동안 길들여져 뼛골까지 스며든 탓에 중국의 사대부와 백성은 체제 개혁을 바라지 않는다. 몸에 가장 가까운 옷차림을 바꾸지 않으면 결국 남의 주장을 들어보려고 귀를 쫑긋 세울 길도, 제 의지와 생각을 결정할 길도, 함께 새로워질 길도 없어질 것이다. 일본이 강해진 것은 옷차림을 바꾸는 데서 시작했다. 일본은 우선 급한 일을 알았다고 말할 수 있다.

그런데 중국에는 우선 하루빨리 바꾸지 않으면 안 되는 것이 있다. 앞머리를 바싹 밀고(薙髮) 뒷머리를 땋아 늘어뜨리는 것이다. 이것이 북쪽 오랑캐의 촌스러운 풍속에서 나왔다는 것은 말할 것도 없고 자연인에게 크게 불편한 것이기도 하다. 내가 옛날과 지금, 중국과 외국

고 있는 것 말이다.

207) 앞 문장에서 '당연한 이치'의 원문은 '理之當然'이고 이 문장에서 '사태의 진실'의 원문은 '事之固然'이다. 송명이학의 중요한 개념이다.

에서 머리카락을 어떻게 처리했는지 예를 들어볼 테니 알아서들 고르기 바란다. 머리카락을 처리하는 방법은 네 가지가 있다. 고대 중국의 제도처럼 머리카락을 고스란히 기르는 방법(全髮)이 있다. 머리카락은 하늘에서 받은 것이기 때문에 틀림없이 쓸모가 있을 것이다. 머리카락은 아마 신경을 보호하는 것이리라. 고스란히 기르는 방법은 다듬지 않아도 된다는 것이 장점이다. 그러나 머리카락이 길면 병에 걸려 퉁퉁 부은 다리처럼 거추장스럽다는 단점이 있다. 불교 승려의 제도처럼 머리카락을 빡빡 깎는 방법(全薙)도 있다. 정갈하고 거추장스럽지 않다는 것이 장점이다. 그러나 머리카락을 빡빡 깎으면 뇌를 보호하지 못하는 단점이 있다. 서양의 제도처럼 머리카락을 반만 자르는 방법(半剪)도 있다. 뇌를 보호할 수도 있고 거추장스러운 것도 가벼워지기 때문에 두 가지 이익을 얻게 된다. 몽고나 타타르(韃靼)의 제도처럼 머리카락을 반만 빡빡 깎는 방법(半薙)도 있다. 빡빡 깎은 곳이 마침 대뇌 자리이기 때문에 머리 앞쪽을 가리거나 보호할 수도 없어진다. 게다가 머리를 길게 길러 땋기 때문에 마침 뒤쪽도 무겁고 거추장스럽게 만들기 충분하다. 그래서 두 가지 다 손해가 된다. 어떤 것이 이익이고 어떤 것이 손해이며 어떤 것을 버리고 어떤 것을 따라야 할지를 알 만한 사람은 스스로 판단할 수 있을 것이기 때문에 내가 이러쿵저러쿵 풀어줄 것도 없겠다.

45

정신 에너지는 볼 수 있는 것인가? 인간은 이것에 기대서 일을 처리하고 있는데 말이다. 우리가 그것을 그려낼 방법은 없지만 물리학자(力學家)는 인력과 척력(凹凸力)이라고 그려낸다. 일을 더 잘 처리하는 것일수록 인력과 척력이 더 크고 인력과 척력이 없다면 일을 처리할 수 없을 것이다. 활을 힘껏 잡아당길 때 팽팽해지다가 쏘지 않을 수 없는 순간이 있는 것처럼 인력과 척력이 불끈 움직이려는 순간에는 수천 명, 수만 명이 덤벼도 막을 수 없고 방향도 바꿀 수 없다. 힘의 종류는 대충 들어보면 다음 열여덟 가지로 요약할 수 있다.[208] '지속력(永力)'은 활을 팽팽하게 당긴 것처럼 성질이 오랫동안 변하지 않는다. '반발력(反力)'은 활을 느슨하게 푼 것처럼 갑자기 완전하게 변한다. '끌어당기는 힘(攝力)'은 오른손으로 줄을 당기는 것처럼 끌어당겨 가까워지게 만든다. '밀치는 힘(拒力)'은 왼손으로 활을 쥐고 있는 것처럼 밀어내서 멀어지게 만든다. '통합력(總力)'은 지레의 무게 중심처럼 모든 중력을 감당할 수 있다. '절삭력(折力)'은 쐐기의 빗면처럼 조각조각 쪼갤 수 있다. '회전력(轉力)'은 도르래처럼 끝없이 서로 바꾼다. '돌입력(銳力)'은 나사처럼 돌면서 들어갈 수 있다. '속도의 힘(速力)'은 현악기를 연주할 때 줄이 떠는 것처럼 오가면서 흔드는 것이다. '탄력(韌力)'은 유사(遊絲)[209]의 리듬이 있는 운동처럼 일정하게 제어하며 흐트러지지 못하게 한다. '뒤트는 힘(擰力)'은 그물을 만들 때 새끼를 꼬아 밧줄을 만드는 것처럼 서로 다른 방향으로 어긋나는 것이다. '탄력(超力)'은 스프링을 움츠렸다가 튀어 오르게 한 것처럼 순식간에

208) 오늘날 우리가 알고 있는 것과 다른 종류의 힘들을 열거하고 있다. 이것의 근거가 무엇인지는 나중에 다시 찾아볼 문제이다.

209) 시계 부속품의 하나이다. 탄력 있는 납작하고 가느다란 쇠줄을 나선형으로 감은 것이다. 이것을 태엽의 풀리는 힘이 최종적으로 전달되는 부분에 끼우는데 이것의 탄력과 태엽의 힘의 조절로 시계의 초침이 움직인다.

지나간다. '거는 힘(鉤力)'은 미끼를 달아 물고기를 낚을 때 잡아당기다가 풀어주다가 하는 것처럼 깊숙이 숨은 것을 맞이해서 탐색하는 것이다. '거친 힘(激力)'은 바람이 물결을 일으킬 때 갑자기 솟았다가 갑자기 소멸하는 것처럼 반대로 작용하는 힘들이 다투어 일어나는 것이다. '관통력(彈力)'은 쇠뇌의 기관에서 화살을 발사하면 빠른 화살이 갑옷의 미늘을 꿰뚫는 것처럼 갑자기 일어나 후려치거나 눌러서 어떤 견고한 것도 꺾어버린다. '절단력(決力)'은 칼 몸통도 부러트릴 각오를 하고 칼끝을 곧추 찌르는 것처럼 자신을 해칠 것을 각오하고 때가 왔을 때 즉시 결단하는 것이다. '기우는 힘(偏力)'은 방앗공이처럼 낮아지지 않으면 올라가기 때문에 양쪽이 절대로 평형을 이룰 수 없다. 그래서 자기를 무거운 쪽에 두게 된다. '평형력(平力)'은 저울대를 다는 것처럼 한쪽이 낮아지지도 올라가지도 않기 때문에 평형을 적절하게 조절한다. 그래서 만물의 다툼을 진정시킨다. 이상 열여덟 가지 힘이 대겁을 구할 수 있을까? 그럴 수는 없다. 이것은 부처가 생멸심[210]이라고 부르는 것이고 부정취[211]이다. 자신도 혼란스럽게 만들고 남도 혼란스럽게 만드는 기이한 환상이 헤아릴 수도 없이 변하면서 끝없이 퍼져 대겁을 만들어낸다. 나는 이것이 슬프다. 세상에 있는 어떤 기계라도 이상 여러 가지 힘들 덕분에 나타나지 않은 것이 하나도 없으니 말이다. 하느님이 인간에게 아름다운 자질을 부여했는데 인간은 그것을 빌미로 서로 다툰다. 그러므로 재주와 지혜가 커지는 만큼 다툼은 더 커지게 마련이다. 인력과 척력은 이래서 해롭다. 그래도 이런 힘이

210) 원문은 '生滅心'이다. 일정하지 않은 가짜 마음을 가리킨다.

211) 원문은 '不定聚'이다. 바르게 될 수도 있고 바르지 않게 될 수도 있는 범부의 본성이다.

없다면 일을 처리할 수 없게 된다. 그렇다면 어떻게 해야만 할까? 왜 인력과 척력을 아울러서 인한 데다 쓰지 않을까?

인이 도가 되는 경우는 모두 네 가지이다.[212] 하늘과 땅이 서로 얽히면 태평하고 서로 얽히지 않으면 막히기[213] 때문에 위쪽을 덜어 아래쪽에 보태야 하는데 보태는 쪽을 뒤집으면 손해가 난다.[214] 이것이 '상하통'이다. 공자가 중국을 떠나서 살려고 했던 일[215]도 있고 황지(黃池)에서 회맹한 일[216]을 『춘추』는 대서특필하기도 했다. 이것이 '중외통'이다. 공자가 위나라 남자를 만났다.[217] 이것이 '남녀내외통' 이다. 결국 이런 의미들을 총괄하면 '인아통'이 된다. 이것은 세 가지

---

212) 앞쪽 「인학의 정의」 3이 말하는 뜻을 풀이하고 있다.

213) 원문은 '天地交泰, 不交否'이다. 이것은 『周易』의 泰卦와 否卦의 괘상을 응용한 말이다. 『周易』에서 하늘을 상징하는 乾卦는 ☰, 땅을 상징하는 坤卦는 ☷로 그린다. 泰卦는 乾卦가 아래에, 坤卦가 위에 있는 모양이다. 乾卦는 위로 올라가려는 성질이 있고 坤卦는 아래로 내려오려는 성질이 있기 때문에 둘은 서로 어우러져 하나가 될 수 있다는 말이다. 乾卦와 坤卦의 자리가 泰卦와 반대인 否卦는 乾卦와 坤卦가 제각각 갈 길을 가기 때문에 멀어지고 어우러질 수 없다. 泰卦의 괘명이 가진 뜻은 태평이고 否卦의 괘명이 가진 뜻은 막힘이다.

214) 원문은 '損上益下, 益反之損'이다. 이것도 『周易』의 益卦와 損卦의 괘상을 응용한 말이다. 益卦는 위가 ☴ 아래가 ☳인 괘이다. ☰☷ 모양의 否卦에서 九四爻와 初六爻가 자리를 바꾼 모양이 益卦이다. 이것을 거꾸로 뒤집으면 위가 ☶ 아래가 ☱인 반대 괘가 되는데 이것이 損卦이다. 益卦의 괘명이 가진 뜻은 보탬이고 損卦의 괘명이 가진 뜻은 손해이다. 담사동은 『周易』의 괘를 이리저리 엮어서 자기 뜻을 말하고 있다.

215) 원문은 '子欲居九夷'이다. 『論語』 「子罕」에 나오는 말이다.

216) 黃池의 會盟은 哀公 13년 여름에 哀公이 진나라(晉) 임금, 오나라(吳) 임금과 황지에서 만난 기사를 가리킨다. 진나라는 중국에 속하지만 오나라는 춘추시대에 이민족 취급을 받았기 때문에 두 나라와 만난 것은 중국과 외국을 함께 만난 셈이 된다.

217) 원문은 '子見南子'이다. 『論語』 「衛靈公」에 나오는 말이다.

종교의 자명한 진리이고 백성을 인하게 대하는 것이 바로 인이 되는 이유이다.

남과 내가 통하지 못하는 이유를 찾아보면 신경의 운동 방식이 제각각 다르기 때문이다. 나는 마음을 가라앉히고 고요한 가운데 내면을 살펴볼 때마다 신경의 운동을 본다. 신경의 빛깔은 대단히 희고 빛은 찬란하며 실처럼 가늘고 구불구불하게 감싸고 있는 모양이다. 신경의 운동 방식은 길 때도 있지만 짧을 때도 있고 많을 때도 있지만 적을 때도 있으며 있을 때도 있지만 없을 때도 있어서 자주 변하고 일정하지 않다. 그러나 신경의 운동 속도는 말할 수 없이 빠르다. 구름이 품고 있는 전기인 번개처럼 낌새가 닮았다. 정말인가? 뇌가 전기와 같다는 것은. 내가 처음 낌새를 알아챘을 때는 일정한 방식이 없는 운동이라고 생각했지만 내면을 계속 살펴보니 그렇지 않다는 것을 알게 되었다. 온갖 생각을 환히 들여다볼 정도로 정신이 맑아질 때는 신경과 힘을 모두 빼고 엎드려도[218] 아무 생각도 나타나지 않는다. 무슨 생각이 어쩌다가 싹트면 번개 모양으로 즉시 나타나서 생각과 생각이 꼬리를 물고 이어지고 운동이 멈추지 않는다. 이런 생각을 다른 생각으로 바꾸면 운동도 크게 달라지는데 생각하면 할수록 더욱 달라진다. 생각이 쌓이고 쌓여서 아주 번거로워지면 다시 이미지를 만들지 못할 정도로 생각이 혼탁해진다. 생각이 달라지면 운동도 달라지기 때문에 운동 방식이 결국 생각을 본뜬다는 것을 알게 된다. 어떤 생각이 어떤 방식으로 바뀌고 다른 생각이 다른 방식으로 바뀐다면

---

218) 원문은 '靜伏'이다. 중국 의학 용어이고 정신이나 기력이 없이 기대거나 엎드린 것을 말한다. 『靈樞』「五亂」에 나오는 말이다. '故氣亂于心, 則煩心密嘿, 俯首靜伏.'

이것은 틀림없이 일정한 방식이 있는 운동일 테고 동시에 일정한 비례도 생길 것이다. 안타깝지만 이치가 대단히 복잡해서 온갖 것과 관련되어 있고 눈 깜빡할 새도 허용하지 않을 정도로 시간이 아주 짧기 때문에 상세하게 비교해보려고 해도 방법이 없다. 예전 천문학자들은 천왕성과 해왕성의 운동에 법칙이 없다고 오해했지만 오랫동안 관찰한 결과 천왕성과 해왕성 이외에 끌어당기는 힘(攝力)이 뒤섞여 있다는 것을 알게 되었고 천왕성과 해왕성의 운행이 들쭉날쭉해지기 쉽다는 것도 비로소 알게 되었다. 그래서 숱한 궤도 전체를 모아 통계를 내보니 역시 천왕성과 해왕성의 궤도를 계산에 넣을 수 있었고 천왕성과 해왕성을 천문도에 나열할 수 있었으며 법칙이 없는 것이 아니었다. 신경의 운동도 이것과 비슷할 것이다.

신경의 운동은 의식[219]이고 대뇌의 작용이다. 대뇌의 본질이 되는 것은 장식이다. 운동에 일정한 방식을 부여하는 것이 집식이고 집식이 소뇌의 본질이다. 소뇌의 작용이 되는 것은 다섯 가지 감각[220]이다. 꿈이나 환각이 불규칙한 운동이라면 의식이 아직 끊어지지 않았어도 집식은 먼저 끊어질 것이다. 집식도 남김없이 끊어지지 않았다면 법집이 먼저 끊어지지만 아집은 여전히 끊어지지 않는다. 대뇌는 분명하고 똑똑하지만 소뇌는 반쯤 흐리멍덩하다. '정신이 푹 까부라진다'[221]라는 유식불교의 말은 일곱 번째 식이 잠시 끊어지는 사례를 든 것이다. 식이 끊어질 때도 본디 정해진 순서가 있다. 의식이 먼저 끊어지고 집식이 나중에 끊어지며 집식에서는 아집이 먼저 끊어지고 법집이

219) 유식불교의 八識說에서 여섯 번째 식이다.
220) 원문은 '前五識'이다.
221) 원문은 '昏沈'이다.

나중에 끊어진다. 만약 순서를 완전히 뒤바꾼다면 일정한 규칙이 없는 운동이 되고 만다. 꿈은 다음과 같은 것이다. 다섯 가지 감각이 평소 받아들여 물들어 있는 사물의 성질과 형상은 대뇌의 장식에 깊이 각인되어 있고 소뇌가 그것을 여닫는 일을 주관해서 질서정연하게 정리해두기 때문에 체계적 이치가 모두 갖춰지게 된다. 꿈꿀 때는 법집이 끊어지기 때문에 소뇌의 절반을 끊어버린 것이나 마찬가지이지만 아집은 여전히 있기 때문에 내가 있다는 것을 모르지 않는다. 장식으로부터 의식이 점점 드러나게 되면서 물들어 있던 것들이 다섯 가지 감각에서 하나하나 다시 나타나다가 갑자기 다섯 가지 감각이 사물을 직접 실감하는 것처럼 되면 꿈을 꾸게 된다. 사실 다섯 가지 감각은 소뇌의 작용이다. 소뇌가 끊어졌다면 다섯 가지 감각도 이미 끊어진 것이다. 그래서 분명하지 못하고 황당무계하며[222] 이치에 맞지 않는 것을 생뚱맞게 결합시켜[223] 현실과 다른 세계를 스스로 창조할 수 있는 것은 가지런히 순서대로 정리된 법집이 없기 때문이다. 그래서 어린아이가 꿈을 꾸지 않는 것은 자기가 무엇을 안다는 반성적 의식(智識)이 아직 발달하지 않았기 때문이다. 어리석은 사람이 꿈을 꾸지 않는 것은 장식이 잘 반응하지 않기 때문이다. 지인도 꿈을 꾸지 않는데[224] 다섯 가지 감각이 받아들여 물들지 않기 때문이다. 이것이 꿈꿀 때 신경이 운동하는 방식이다. 꿈의 방식으로 환각을 추론해도

---

222) 원문은 '謬悠'이고 莊子의 개념이다. 『莊子』「天下」에 나오는 말이다. '莊周聞其風而悅之, 以謬悠之說, 荒唐之言, 無端崖之辭時恣縱而不儻.'

223) 원문은 '湊泊'이고 禪宗의 개념이다.

224) 원문은 '至人亦無夢'이다. 본디 至人無夢이란 말이 있다. 덕이 높은 사람은 헛된 망상에 사로잡히지 않는다는 뜻이고 至人은 莊子의 개념이자 캐릭터이다.

역시 이와 같아야만 한다. 곧 다섯 가지 감각이 아직 끊어지지 않았기 때문일 뿐이리라.

모든 존재가 고르지 않기 때문에 의식이 그것을 올라탈 때 어지럽다. 이렇게 일어나는 것이 신경의 운동 방식이다. 사람에 따라, 지역에 따라, 때에 따라, 일에 따라 모두 달라진다면 남과 내가 어떻게 서로 통할 수 있는 이치를 가질 수 있을까? 정신 에너지의 인력과 척력(凹凸力)이 해롭다는 것은 다름 아니라 의식이 해롭다는 것이다. 만약 그것을 통하게 하려면 반드시 의식을 끊어야만 한다. 의식을 끊으려면 반드시 자기 신경의 운동 방식을 바꿔야만 한다. 바깥에서 끌어당기는 것을 끊고 내면을 순수하게(易簡) 되돌리는데 순수하게, 더욱 순수하게 만들다보면 아무것도 없는 지경에 도달하게 된다. 그러면 의식이 끊어진다. 의식이 끊어지면 자아의 관념이 제거된다. 자아의 관념이 제거되면 차이가 소멸하게 된다. 차이가 소멸하면 평등이 나타난다. 평등에 이르게 되면 저쪽과 이쪽의 구분을 깊이 살펴 환하게 깨닫게 되고 티끌 하나만큼도 떨어지지 않게 되기 때문에 타인과 자아를 완벽하게 통하게 된다. 부처(佛氏)는 이렇게 말했다고 한다. '무엇이 산하와 대지이냐?'[225] 공자(孔氏)의 말은 다음과 같다. '무엇을 생각하고 무엇을 걱정하느냐?'[226] 이것이 의식을 끊어버리는 절묘한 방법이고 신경이 제멋대로 움직이지 않게 하는 길이며 정신 에너지가 드러나는 길이다. 그것이 바로 인이겠지!

---

225) 원문은 '何是山河大地'이다. 산이나 강이나 대지는 객관적 세계 전체를 가리키는데 그것은 다름 아니라 부처의 본성이라는 禪宗의 말이다.

226) 원문은 '何思何慮'이다. 『周易』「繫辭下傳」에 나오는 말이다.

46

천하의 모든 사람들이 자신의 정신 에너지를 잘 발휘한다면 정치와 문명은 어느 정도까지 발달하겠는가? 이것은 한두 가지로 쉽게 말할 수 있는 것이 아니지만 거칠고 얕은 내 지식을 근거로 말해보자면 이렇게 말할 수 있다. 농학(農學)을 보면 지구의 정치가 진보하는지 퇴보하는지 알 수 있다고 말이다. 맹자는 이렇게 말한다. '천하는 생긴 지 오래되었고 안정과 불안정을 반복해왔다.'[227] 안정되었다가 불안정해지는 데는 틀림없이 어쩔 수 없는 사정이 있을 테지만 안정을 지키는 방법이 아직 충분히 좋지는 않다. 어쩔 수 없는 사정 가운데 인구 과잉(人滿)보다 큰 이유는 없다. 지구의 면적은 확장할 수 없는데 인류의 증가는 세대마다 배로 증가할 것이다. 생산이 소비를 따라가지 못한다면 이것 자체가 틀림없이 불안정해지는 길이다. 지금은 다행히 증기선과 철도가 중국과 외국에 남김없이 통하고 있어서 여유가 있는 쪽과 부족한 쪽을 참작하여 조절할 수 있다. 그리고 황무지가 얼마나 되는지 모아서 계산하면 인구(丁口)가 다시 백배나 천배가 증가하더라도 오히려 생활하기 쉽다. 나는 서양 국가들이 땅을 개척하고 통상을 하기 위해 식민 정책에 집중하는 것을 곰곰이 살펴보고 그들의 의지와 생각이 원대하다고 감탄했다. 왕부지는 전한과 후한의 역사가[228]가 정치 체제를 잘 모른다는 점을 한탄한 적이 있다. 그들의 시대는 거대한 불안정을 겪은 이후이기 때문에 귀순하거나 항복

227) 원문은 '天下之生久矣, 一治一亂'이다. 『孟子』「滕文公 下」에 나오는 말이다.
228) 원문은 '史官'이다. 『漢書』를 지은 班固와 『漢紀』를 지은 荀悅을 가리킨다.

한 사람의 숫자가 걸핏하면 수십만에서 백만에 이르렀지만 동원된 병사의 수는 여기에 그치지 않을 것이 틀림없다. 이들은 모두 농사도 지어보지 않고 보습도 잡아본 적이 없는 실업자이자 떠돌이 백성들이다. 이들을 일단 집에 돌려보내려고 보니 어떻게 해야 다시 떠돌지 않게 만들지, 어떻게 해야 일을 하게 만들지, 게다가 안정적으로 모아둘지, 어떤 방법을 취해야 그들이 직업을 가지게 만들어서 스스로 벌어먹게 하고 불안정해지지 않게 만들지 등등이 당시 지극히 크고 어려운 일이었다. 이것보다 어려운 일이 또 있을까! 그러나 역사를 기록하는 벼슬아치가 한 글자도 언급하지 않았으니 참 무식하다고 말할 수밖에 없다.[229] 고전에 자료가 없어서 증명할 수 없다면 현재 아무리 생각하더라도 그렇게 된 이유를 알 수 없다.[230] 병사를 제대시켜 돌려보내는 일이 어려운 것은 제대 이후를 보장할 방법이 없기 때문이고 이것이 병사를 모집하고 훈련시키는 것보다 어렵다고 증국번(曾國藩)은 깊이 개탄했다. 제대한 병사(散勇)들이 흩어져 반란을 일으키고 항복한 사람들이 뒤집어엎는 일은 한두 차례가 아니었고 이제껏 안심하지 못하고 있다. 이것을 해결할 수 있는 방법을 한 가지 생각해보자면 드넓은 황무지로 이주시켜 경작하게 하는 것이 가장 좋다. 그래서 러시아는 폴란드 사람들을 시베리아로 이주시켰고 영국은 죄수들을 오스트레일리아(澳洲)로 이주시켰으며 미국이 흑인 노예를 해방시킨 다음 그들에게 트란스발(曲蘭斯佛耳)을 주고 민주주의 국가를 만든 것[231]처

229) 여기까지 王夫之의 말은 『讀通鑑論』 권6의 내용을 따른 것이다.

230) 『論語』를 응용한 말이다.

231) 독립전쟁 이후 많은 미국 남부인은 북부의 주장에 동조해서 흑인 노예 문제를 해결할 궁리를 한다. 남부인은 1816년 미국식민협회(American Colonization

럼 아프리카로 이주시킨 나라도 여럿 있었다. 이것은 모두 농업 정책이 인구를 소화할 수 있는 꾀라고 생각했기 때문이다. 더구나 미국이 흑인 노예에게 나라를 세워준 일은 이제까지 없었던 인정스런 정치라고 칭찬할 만하다. 그러므로 인구 과잉의 근심은 틀림없이 나중에 토지가 가득 차기 때문에 생기는 것이지 진짜로 가득 차는 것은 아니다. 토지가 가득 차서 생기는 근심도 틀림없이 사람들이 사는 지역과 살지 않는 지역의 불균형이나 토지를 개간하는 좋은 방법을 궁리해서 대책을 마련하지 않는 데서 생기는 것이지 진짜로 가득 차는 것이라고 단정할 수도 없다. 만약 다섯 대륙의 인구와 토지를 통합해서 고르게 나눴지만 여전히 인구 과잉을 걱정해야 한다면 이것이 진짜로 가득 차는 것이다.

그래서 농업 때문에 학문이 소중한 것이다. 지리학(地學)은 지형을 살피고 수리학(水學)은 가뭄과 홍수를 제어하며 동물학과 식물학은 사물의 성질을 구분하고 화학은 물질(品質)을 살피며 증기기관학(汽機學)은 노동력(人力)에 도움을 주고 광학은 광선의 빛깔을 논하며 전기학은 빛과 열을 돕는다. 학문이 있는 농업은 학문이 없는 농업에 비해 수십 배를 거둘 것이다. 그러나 지구의 힘을 남김없이 활용한다면 이 정도에 그치지 않을 것이다. 지구의 힘을 남김없이 소진하는 바람에 인류에게 먹을거리를 제공하기가 부족해진다면 틀림없이 다른 방

Society)를 결성하고 라이베리아로 흑인 노예들을 이주시키는 사업을 시작한다. 1822년 라이베리아에 자유 흑인을 위한 식민지를 세우고 1847년 7월 26일 라이베리아공화국을 건국한다. 그런데 트란스발이라고 지목한 땅은 남아프리카공화국의 동북부 지방 트란스발(Transvaal)뿐이기 때문에 아마도 담사동이 오해하고 있는 것 같다.

법이 생길 것이다. 먹을 수 있는 물질을 연구할 때 모든 원소들을 배합해보고 원소들을 각각 합성해보아서 물질을 만든다면 농업에 모든 것을 의존하지 않게 될 것이다. 원소를 제공하기가 부족해진다면 틀림없이 공기 속의 원소들을 취해서 덩어리진 물질을 배합해낼 것이고 본래 덩어리진 물질에만 전적으로 의존하지도 않게 될 것이다. 게다가 의학에 정통해서 인간의 내장과 몸이 꼭 먹어야 할 필요가 있는 이유를 상세히 연구한다면 인간의 체질을 점차 개선해서 도가의 벽곡이나 복기[232] 같은 방법처럼 공기와 어울리는 방법을 찾게 될 것이기 때문에 세상의 사물을 더 이상 사용하지 않아도 모자랄 것이 없게 될 것이다. 게다가 인구 과잉이 도저히 견딜 수 없는 지경에 도달한다면, 곧 어떤 사물도 사용하지 않지만 남의 어깨에 내 어깨가 부딪치고 남의 발에 내 발을 포갤 정도라서 지구에 수용하기가 부족해진다면 틀림없이 다른 방법을 생각해내게 될 것이다. 현재의 전기학처럼 무선으로 힘이나 열 같은 에너지를 전달할 수 있고 힘줄, 뼈, 간, 허파 같은 내장을 비춰서 볼 수 있고 신경의 본질과 작용도 측정할 수 있게 될 것이다. 오랫동안 이렇게 하다 보면 틀림없이 인간의 무거운 성분(重質)은 제거하고 가벼운 성분(輕質)만 남기게 될 것이고 틀림없이 인간의 육체는 덜어내고 영혼만 늘리게 될 것이다. 아울러 우생학[233]을 연구

---

232) 辟穀은 곡식을 먹지 않고 솔잎, 대추, 밤 따위만 날로 조금씩 먹는 것을 말한다. 服氣는 호흡을 통해 대기에 충만한 기운을 흡입하는 것을 말한다. 이것은 神仙術에서 長生不死의 방법이라고 하는 것이다.

233) '우생학'의 원문은 '進種之學'이다. 유전학적인 방법으로 인간을 개선시키고자 연구하는 학문이고 달리 人種改良學이라고도 옮긴다. 1883년 영국의 유전학자 골턴(F. Galton)이 제창했다. 인간의 유전 형질 중 바람직하지 않은 것을 확인하고 제거함을 목적으로 하지만, 자연에 대한 간섭이라거나 독재 정권에 의해 악용

해서 세대를 거듭할수록 나아지게 만든다면 영원히 변화하게 될 것이다. 그러면 틀림없이 다른 종류의 인간이 생길 텐데 그들은 순전히 지력만 사용하지 체력은 사용하지 않을 것이며 순전히 영혼만 있지 육체는 없어질 것이다. 마치 까마득한 옛날 처음 생명이 생겼을 때 먼저 멍청한 사물이 생기고 나중에 약은 사물이 생긴 것과 같다. 사물이 나날이 약아지는 쪽으로 달려가야만 약은 사물의 수많은 영혼을 모아 인간이 될 것이다. 현대인은 고대인보다 약다. 인간도 나날이 약아지는 쪽으로 달려가야만 틀림없이 약은 사람들의 수많은 영혼을 모아 순수하게 지력만 사용하고 순수하게 영혼만 사용하는 사람이 될 것이다. 그러면 물속에서도 살 수 있고 불 속에서도 살 수 있으며 바람 속에서도 살 수 있고 공중에서도 살 수 있으며[234] 태양계의 여러 행성과 태양계 바깥의 여러 항성까지 날아서 오고 갈 수 있을 것이다. 그렇다면 지구가 완전히 부서진다고 해도 해로울 것이 없을 텐데 지구가 수용하지 못할까 하는 걱정이 생기겠는가![235]

그렇다고 하더라도 중생의 업력이 줄어드는 반면 지구의 변동은 나날이 심해지고 있다. 지구는 뜨거운 상태에서 식어왔고 팽창하는 상태에서 수축해왔으며 푸석한 상태에서 팽팽해졌고 원형에서 타원형으로 변했다. 해마다 수십 초씩 세차가 나기 때문에 칠십 년 이상 지나면 일 도씩 차이가 날 테고 이만 년 이상 지나면 시작점으로 복귀할 것이다.

될 수 있다는 등의 비판을 받기도 한다. 실제 나치나 일본 군국주의자에 의해 악용된 사례가 있다. 담사동은 여기서 긍정적으로 평가하고 있다.

234) 땅, 물, 불, 바람, 공중 다섯 가지를 모아 불교는 五大라고 부른다.

235) 담사동은 아서 클라크의 1968년 작품 『2001: 스페이스 오디세이』를 선취하고 있는 것 같다.

시작점으로 복귀하더라도 자기가 출발한 원점으로 복귀하지는 못한다. 그렇기 때문에 이만 년씩 무한하게 반복한다면 지구의 남극과 북극은 우주의 남극이나 북극과 서로 자리를 바꾸게 될 것이다. 그러는 동안 물과 불, 바다와 대륙이 몇 번이나 거대한 변화를 겪을지 알 수도 없고 지구가 결국 멸망하는 때도 닥칠 것이다. 미래의 안정과 불안정, 흥망성쇠는 정말 인간의 개인적 의도로 예측할 수 없는 것이다. 그러나 결국 미륵이 우리 세상에 나타나고[236] 유마힐이 병석에서 일어나며[237] 모든 인간이 풍요롭고 즐거워지고 산과 강이 거울 같이 되며 부처의 참된 본성 자체(眞性如如)가 법계를 가득 채우게 되고 모든 중생은 하나 남김없이 모두 부처가 될 것이다. 아직 부처가 되지 못한 중생은 이 세계와 지구가 궁극적으로 안정될 때를 제외한다면 틀림없이 지구가 곧 멸망할 때까지 있게 될 것이다. 무엇 때문인가? 중생의 업력이 소멸하면 지구의 업력도 소멸하고 중생의 육체를 제거하면 지구의 육체도 제거하기 때문이다. 지구도 중생이기 때문에 역시 한꺼번에 중생을 제도하는 것이다. 지구가 지금 당장 멸망하지 않는 것은 중생이 지구에 누를 끼치고 있기 때문이다.

47

천하는 존속해도 국가가 없어지는 것이 지구의 통치이다. 장자는

236) 원문은 '彌勒下生'이다. 미륵보살은 석가모니 부처가 적멸하고 56억 7천만 년이 지나면 이 땅에 내려와서 부처의 설법에 따라 중생을 제도한다고 한다.

237) 원문은 '維摩病起'이다. 유마힐의 병은 중생의 병을 대신 앓는 것이다. 유마힐의 병이 낫는 때는 중생의 죄업이 모두 소멸하는 때이다.

이렇게 말한다. '천하는 있는 대로 둔다는 말은 알아도 천하를 다스린다는 말은 모른다.'[238] 여기서 '다스린다'는 말은 국가가 있다는 의미이다. '있는 대로 둔다'는 말은 국가가 없다는 의미이다. 아무개는 '재유(在宥)'가 아마 '자유(自由)'의 소리가 바뀐 말일 것이라고 말했다.[239] 맛깔나구나, 이 말은! 모든 사람이 자유로워질 수 있다면 이들은 틀림없이 나라가 없는 백성일 것이다. 나라가 없다면 경계가 없어지고 전쟁이 그치며 남을 샘하고 미워하는 일이 끊어지고 권모술수를 버리게 되며 너와 나의 구분이 없어지고 평등이 나타날 것이다. 그러면 천하가 있더라도 천하가 없는 것처럼 될 것이다. 군주가 없어지면 신분이 높은 사람과 낮은 사람이 평등해질 것이다. 자명한 진리가 분명해지면 가난한 사람과 부유한 사람이 고르게 될 것이다. 천리를 떨어져 있든, 만리를 떨어져 있든 같은 집안이고 같은 사람이 될 것이다. 자기 집안을 여관처럼 보고 자기 식구를 같은 어머니에게서 난 형제처럼 보게 될 것이다. 부모도 부모의 자애를 쓸 데가 없어질 것이고 자식도 자식의 효심을 쓸 데가 없어질 것이며 형제도 형제의 우애와 공손함을 잊게 될 것이고 부부도 부부의 도리를 잊게 될 것이다. 서양에서 들어온 『백년일각』(百年一覺)[240]이라는 책도 『예기』「예

238) 원문은 '聞在宥天下, 不聞治天下'이다. 『莊子』「在宥」에 나오는 말이다.

239) 현대 중국어에서 재유의 소리값은 짜이여우이고 자유의 소리값은 쯔여우이다. 둘은 가까운 소리로 들리기 때문에 이렇게 말한 것이다. 여기서 아무개는 아마 강유위를 가리키는 것이리라. 강유위 『論語注』 5를 참조하라.

240) 지은이는 미국인 에드워드 벨러미(Edward Bellamy, 1850~1898)이고 원래 제목은 *Looking Backward* 2000-1887이다. 1887년도 보스턴의 한 시민이 불면증 때문에 시술받은 최면술 치료 때문에 잠이 들었다가 꿈속에서 2000년도의 미국을 경험한다는 내용이다. 꿈속에서 본 유토피아 미국 사회를 통해 19세기를 비판하는 내용의 소설이다. 시간여행이라는 판타지를 이용했다는 점은 나중에 대중예

운」(禮運) 편에 나오는 대동의 이미지와 거의 비슷할 것이다.

나라가 안정된다는 말이 이런 뜻이라야 집안을 정돈하는 일도 아마 말할 수 있을 것이다. 그러면 '집안이 정돈된 다음에 나라가 안정되고 나라가 안정된 다음에 천하가 평화로워진다'[241]라는 『대학』의 말은 틀린 말이겠지? 틀린 말이다. 저기서 말하는 것이 봉건 시대(封建之世)[242]의 주장이라고 아무개는 말한다. 봉건 시대는 군주가 윗자리에 신하가 아랫자리에 있고 동일하게 종법(宗法)[243]에 따라 통치한다. 천하의 대종(大宗)[244]이라든지 제후나 경대부도 모두 세습하며 각각 종가가 된다.[245] 백성은 윗사람에게서 농사지을 땅(民田)을 받는데 이 땅도 윗사람이 받은 삯(制祿)이다.[246] 윗사람의 삯은 따라서 농부

술에도 큰 영향을 미쳤고 당시에도 세계적으로 폭발적인 인기를 끌었다. 중국에서는 1891년 12월부터 1893년 4월까지 『萬國公報』에 「回頭看」이라는 제목으로 번역, 연재되었기 때문에 담사동도 잘 알고 있었을 것이다. 일본에서는 사회주의자 사카이 토시히코(堺利彦)가 1904년 『百年後の新社會』라는 제목으로 출판했고 우리나라에는 2011년 『뒤를 돌아보면서』라는 제목으로 출판했다. 영역본은 이것을 워싱턴 어빙(Washington Irving)의 1819년 작품 The Sketch Book이라고 오해하고 있다.

241) 원문은 '家齊而後國治, 國治而後天下平'이다.

242) 중국 전통 역사학은 진나라, 한나라 제국의 시대 이후를 郡縣制라고 부르고 진제국 이전을 封建制라고 부른다. 서양의 퓨덜리즘을 번역한 봉건제와 다르기 때문에 그저 봉건 시대라고 옮겼다.

243) 封建制에서 단계적으로 중첩된 혈연 가족의 지배자 집단을 조직하는 규율을 가리킨다.

244) 大宗은 宗家의 모임인 宗法 체계에서 뿌리가 되는 제일 큰집을 가리킨다. 여기서는 天子 집안을 가리킨다.

245) '각각 종가가 된다'는 말은 大宗에서 갈려나온 작은집을 가리킨다. 이것을 宗法 체계에서는 小宗이라고 한다.

246) 농민이 일정한 농지를 받고 지배자 계층이 농지의 생산물 일부를 거두는 형태를 '分田制祿' 제도라고 한다.

에게서 얻은 수입에 따라 차이가 난다. 공자진(龔定盦)[247]이 『농종』(農宗)[248]이란 작품을 지은 것은 이 때문이다. 종법이 시행되고 천하는 한 집안 같아졌다.[249] 그러므로 먼저 자기 집안을 정돈해야만 나라를 안정시키고 천하를 평화롭게 만들 수 있었다. 진나라 이후부터 봉건 제도가 오랫동안 묻혀버리고 종법이 남김없이 사라져버렸기 때문에 나라와 집안은 아득하게 멀어져 아무 상관도 없는 것이 되어버렸다. 집안이 정돈되더라도 나라는 여전히 안정되지 못한 경우가 생기고 집안이 정돈되지 못하더라도 나라는 안정되는 경우가 생겼다. 그러나 나라가 안정되지 못하면 자기 집안을 마음대로 부리려고 해도 정돈하지 못할 것이다. 나라를 안정시켜야 한다고 주장하는 사람은 먼저 천하를 평화롭게 만들려고 한다. 집안을 정돈해야 한다고 주장하는 사람도 반드시 먼저 나라를 안정시키려고 했다. 유교 경전(經傳)에 있는 내용은 거의 모두 봉건 시대의 통치 방식이기 때문에 오늘날 형편과 상반되는 경우가 잦다. 유교 경전을 이해하는 사람이라면 유교 경전에 있는 내용을 시행하지 못한다는 것을 확실히 알 것이다. 그러나 케케묵고 초라한 벽창호 유학자는 경전을 인용해서 근거로 삼는 일을 기뻐하고 고대 제도를 마구 지껄이면서 그것을 시행하는 날을 보기를

247) 공자진(龔自珍, 1792~1841)은 현재의 浙江省 杭州 출신이다. 定盦은 호이다. 청나라 말기의 유명한 시인이다. 林則徐 등과 宣南詩社를 결성하고 사회 문제도 날카롭게 비평했다. 經世致用을 중시하는 춘추공양학을 연구했고 유교와 불교의 융합을 주장하는 彭紹升의 영향으로 불교도 잘 아는 사람이었다.

248) 봉건제의 토대가 경작지 소유 체제에 있다는 것을 주장하며 龔自珍이 1823년에 지은 작품이다.

249) 실제로 핏줄을 나눈 같은 집안일 수도 있지만 그렇지 않은 집안까지 擬似家族으로 만드는 제도라는 말이다.

학수고대한다. 그러나 그것이 현실과 부합하지 않는다는 것을 깨닫지 못하니 참 애처롭다.

이렇게 말하는 경우도 있을 것이다. '천하가 이상적으로 평화로워지면 천하는 없어지고 나라가 이상적으로 통치되면 나라는 없어지며 집안이 이상적으로 정돈되면 집안이 없어진다. 육체와 관련된 일(肉體之事)을 가볍게 만들거나 소멸시키는 것은 다름 아니라 인간관계의 떳떳한 도리라고 규정된 것에 인간이 더 이상 얽매이지 못하게 만드는 일일 뿐이다. 그러면 몸을 파는 창녀를 예로 들어보자. 이들은 인간관계의 떳떳한 도리도 아니지만 인간관계의 떳떳한 도리가 아닌 것도 아니다. 인간을 얽매는 것도 아니지만 인간을 얽매지 않는 것도 아니다. 그러면 몸을 파는 창녀를 금지시켜야 하는가? 아니면 그들을 그대로 놔둬야 하는가?' 나는 이렇게 말하겠다. 육체와 관련된 일이 하나도 남지 않는다면 몸을 파는 창녀도 저절로 없어질 것이기 때문에 금지할 필요가 없다. 만약 육체와 관련된 일이 남김없이 사라지지 않는다면 금지시킨다 하더라도 멈추지 않을 것이다. 그대는 서양 국가의 경우를 보지 못했는가? 정치와 문명이 융성해졌어도 몸을 파는 창녀는 나날이 많아져서 결국 그들을 금지시킬 방법이 없었기 때문에 결국 다섯 대륙에 일반적으로 통용되는 풍속이 되고 말았다. 그렇다고 해서 금지시킬 수 없다고 그들을 끝내 그대로 놔둘 수도 없다. 벼슬아치와 백성의 관계는 집안 식구로 치자면 부모자식과 같다. 자식이 선하지 않은 일을 저지른 것을 보았을 때 부모에게 하지 못하게 할 힘이 있다면 하지 못하게 하는 것이 좋다. 부모가 하지 못하게 할 힘이 없더라도 자식은 자기 책임이기 때문에 이익과 손해를 자식과 함께 해야만 한다. 귀와 눈을 틀어막고 자식을 돌보지 않고 내버려둔 채

자식이 무슨 짓을 하는지 듣지도 않고 묻지도 않으면서 떳떳하지 못하게 자기만 결백하다고 하지는 못하는 법이다. 몸을 파는 창녀도 마찬가지이다. 절대로 없애버리지 못한다는 것을 분명하게 알면서 어찌 전문적으로 담당하는 벼슬아치를 두고 그 일을 관리하지 않는가? 창녀의 구역을 제한해서 선량한 백성과 뒤섞여 살지 못하도록 하라. 창녀의 인원수를 제한해서 차라리 넘치더라도 숨기게 하지 말라. 창녀의 주거지를 청결하게 해서 병이 걸리게 만들지 말라. 창녀에 대한 법률을 제대로 정비해서 학대받도록 만들지 말라. 비용을 조금 들여도 급할 때 이익을 보는 보험처럼 비용을 일부 거둬서 사무를 보는 모든 사람의 봉급으로 충당하라. 세세한 법규와 조문이 확실해지면 속이거나 숨길 수 없게 될 것이고 창녀로 전락한 사람도 저절로 발붙일 데가 생길 것이다. 이것이 어찌 인정스런 정치 가운데서도 중대한 것이 아니겠는가? 그렇지만 창녀의 사례에서 생각한 원칙으로 중국 백성과 관련된 일을 생각해보면 창녀의 사례보다 더욱 중대한 일이 있다. 그래도 자기랑 아무 상관도 없다는 듯 그냥 보고만 있을 뿐, 기쁘다거나 꺼림칙하다거나 아무런 감정의 동요가 없다. 그러니 하물며 몸을 파는 창녀처럼 자그마한 일이야 어떠하겠는가!

48

비판하는 사람은 이렇게 말한다. '그대가 진술한 정의는 고상하지만 시행하지 못할 일이다. 그런데 그대가 거침없이 말해봐야 허튼 소리일 뿐이지 무슨 보탬이 되겠는가?' 나는 이렇게 말하겠다. 나는 아는 것을 소중하게 생각하지 행하는 것을 소중하게 생각하지 않는다.

아는 것은 영혼과 관련된 일이고 행하는 것은 육체와 관련된 일이다. 공자는 이렇게 말한다. '아는 것을 안다고 하고 모르는 것을 모른다고 하는 것이 아는 것이다.'[250] 아는 것도 지식이고 모르는 것도 지식이다. 그래서 행위는 유한하지만 지식은 무한하고 행위는 막히는 경우가 있지만 지식은 막히는 경우가 없다. 그래서 행위가 지식보다 못하다는 것은 거역할 수 없는 사실이다. 손과 발이 닿는 범위는 틀림없이 귀와 눈이 닿는 범위만큼 멀지 않을 것이다. 경험해서 얻은 지식의 범위는 틀림없이 추리해서 얻은 이성의 범위만큼 넓지 않을 것이다.[251] 저울과 자로 측정하는 것은 틀림없이 측량 기구를 써서 측정하는 것만큼 정확하지 않을 것이다. 구체적인 현실이 구체성을 떠난 이치(空理)[252]만큼 정밀하지 못한 것은 틀림없지만 누가 억지로 그것을 바꿀 수 있겠는가? 알 수는 있어도 행할 수는 없다[253]고 걱정하는 벽창호 유학자의 생각은 참된 지식이 아니기 때문이다. 참된 지식이라면 행할 수 없지 않을 것이다.

지식을 찾는 방법이 교이다. 그러므로 모든 교주와 교인들은 허튼 소리를 제시했을 뿐이고 제 스스로 행하지도 않았기 때문에 당시 태어나지도 않은 사람들에게 욕먹고 큰 모욕을 당하더라도 돌

---

250) 원문은 '知之爲知之, 不知爲不知, 是知也'이다. 『論語』 「爲政」에 나오는 말이다.

251) '경험해서 얻은 지식'의 원문은 '記性'이고 '추리해서 얻은 이성'의 원문은 '悟性'이다. 記性은 기억의 능력, 悟性은 깨달음의 능력이다.

252) 흔히 空理는 폄하하는 뜻으로 쓰지만 여기서 담사동은 긍정적 의미를 부여하고 있다.

253) 『尙書』 「說命 中」 편에 '아는 것이 어려운 것이 아니라 행하는 것이 어렵다'라는 말이 나온다. 여기서 知易行難이라든지 知行合一이라는 주장이 전통을 이루게 된다. 담사동은 이것을 뒤집어서 말하고 있다. 전통을 벗어난 대담한 주장은 나중에 孫文이 혁명을 주장할 때 知難行易를 주장하는 밑거름이 된다.

아보지 않는다. 예수가 자신을 희생했을 때 예수의 제자 열두 명은 모두 죽지 않았다. 공자는 자신을 희생하는 일은 겨우 피했지만 공자의 제자 칠십 명 가운데 통달한 사람은 아마 적을 것이다. 부처와 제자들은 모두 굶주림 속에 빌어먹고 살았고 고행하면서 삶을 마쳤다. 이들은 자기 육신의 목숨이 없어지더라도 나중에 알게 될 사람을 깨우쳐준 먼저 안 사람이고 나중에 깨달을 사람을 깨우쳐준 먼저 깨달은 사람이다. 어찌 행하느냐 행하지 않느냐를 물을 겨를이 있었겠느냐! 권력으로 자기 종교를 시행한 모세나 무함마드 같은 사람은 군주일 뿐이지 어떻게 교주가 될 수 있겠는가? 그러니까 아는 것과 행하는 것 가운데 어느 쪽이 소중하고 어느 쪽이 하찮은 것이겠는가? 게다가 행위를 흉본다면 행하지 않으면 그뿐이지만 지식을 흉본다고 지식 바깥으로 벗어날 수 있겠는가? 종교를 흉본다고 종교 바깥으로 벗어날 수 없는 이치와 마찬가지이다. 오늘날 이렇게 말하는 사람이 있다. '나는 오로지 학문만 있을 뿐이라고 주장하기 때문에 종교도 학문(學教)이다.' 종교가 학문에 포함된다고 말하는 경우가 아니라면 이렇게 말하는 경우도 있다. '나는 오로지 정치만 있을 뿐이라고 주장하기 때문에 종교도 정치(政教)이다.' 결국 이렇게 말하는 경우도 생길 것이다. '나는 종교를 말하지 않는다. 그래서 저절로 종교를 주장하지 않는 교(不言教之教)가 되었다.' 종교를 주장하지 않는 교를 선종(禪宗)에서는 '불립문자'라고도 하고 '운수반시가 모두 신통묘용'이라고도 한다.[254] 아

254) '불립문자'의 원문은 '不立文字'이고 '운수반시가 모두 신통묘용'의 원문은 '運水搬柴, 盡是神通妙用'이다. 不立文字는 문자를 세우지 않는다, 곧 언어는 소용없다는 뜻이다. 運水搬柴, 盡是神通妙用은 물을 긷고 땔감을 나르는 일이 인간이

마 정치와 학문을 종교는 포용할 수 있어도 정치와 학문이 종교를 포용할 수는 없을 것이다. 종교는 무종교를 포용할 수 있지만 무종교는 종교를 포용할 수 없다. 종교를 흉보는 놈들은 종교의 위대함에서 천하가 도피할 수 없다는 것을 모르고 종교 바깥에 머물려고 애를 쓰지만 종교 내부로 깊이 빠져들어 간다. 제 깜냥도 모르는 것이 어찌 그리 심한지! 그러므로 부처의 설법에는 이런 것이 있다. '부처를 헐뜯는 것이 다름 아니라 부처를 믿는 것이다.'[255] 부처가 있다는 것을 자신이 이미 알고 있기 때문에 헐뜯어도 자신이 알고 있다는 사실을 없앨 수는 없다. 이것을 명백하게 안다면 내 말에 대해 어찌 의심할 수 있겠는가?

또한 지구가 변동한다는 이야기도 내가 처음 말한 것이 아니라 『주역』의 말이다. 『주역』은 이렇게 말한다. '천하의 모든 도를 포괄하기'[256] 때문에 '지극히 복잡해도 싫어하지 않는다.'[257] 아무개가 「건괘」(乾卦)를 논할 때 『춘추공양전』의 삼세설과 부합하는 것이 「건괘」에 있다고 말하는 것을 나는 들은 적이 있다. 『주역』에는 '삼재를 겸하는데 그것을 두 번 반복한다'[258]라는 말이 있다. 그래서 삼세가 두 번 나

할 수 있는 최고의 일이다, 곧 구체성을 떠난 대단한 이치는 아무것도 없다는 뜻이다. '運水搬柴, 盡是神通妙用'은 『景德傳燈錄』「希遷禪師」 조에 기록된 당나라 때 龐居士의 게송에서 나왔다. 게송의 문장은 본래 '신통과 묘용은 운수와 반시(神通幷妙用, 運水及搬柴)'라고 뒤집어져 있다.

255) 원문은 '謗佛者卽是信'이다. 출전을 알 수 없다.

256) 원문은 '冒天下之道'이다. 『周易』「繫辭上傳」에 나오는 말이다. '夫易, 開物成務, 冒天下之道.'

257) 원문은 '至賾而不可惡'이다. 『周易』「繫辭上傳」에 나오는 말을 응용했다. '言天下之至賾而不可惡也.'

258) 원문은 '兼三才而兩之'이다. 『周易』「繫辭下傳」에 나오는 말이다. 三才는 하늘,

타나는 셈인데 내괘(內卦)는 역방향이고 외괘(外卦)는 순방향이다.[259] '첫 번째 양효. 물속에 숨어 있는 용이다. 쓰지 않는다.'[260] 삼세에서는 태평세이고 으뜸가는 근원의 통치 체제이기 때문에 교주도 없고 군주도 없다. 인간의 역사에서는 까마득히 먼 옛날이다. 어디에도 매이지 않은 자연인(氓)[261]은 어리석기 그지없었고 번갈아가며 원시 사회의 우두머리가 되었을 뿐이다. 개인의 일생에서는 막 태어난 때이다. '쓰지 않는다'라는 말은 쓰려고 해도 쓸 데가 없다는 뜻이다. '두 번째 양효. 용이 나타나 땅바닥에 있다. 대인을 만나기에 이롭다.'[262] 삼세에서는 승평세이고 하느님의 통치 체제이다. 인간의 역사에서는 점차 교주와 군주가 생길 때이지만 백성(民)과 거리가 아직 멀지 않았기 때문에 '땅 위에 있다'라고 한다. 중국 역사에서는 삼황오제(三皇五帝) 때이고 개인의 일생에서는 어린아이 시절이다. '세 번째 양효. 군자가

땅, 인간을 가리키고 팔괘를 이루는 세 개의 선은 하늘, 인간, 땅을 가리킨다는 말이다. 『周易』의 육십사괘는 각각 두 개의 팔괘로 이뤄져 있기 때문에 하늘, 인간, 땅이 두 번씩 나타나게 된다.

259) 여섯 개의 효로 이뤄진 육십사괘에서 내괘는 아래쪽 세 개의 효로 구성된 팔괘, 외괘는 위쪽 세 개의 효로 구성된 팔괘를 가리킨다.

260) 원문은 '初九, 潛龍勿用'이다. 「乾卦」의 첫 번째 효를 옮긴 말이다. 初는 괘를 구성하는 여섯 개의 선 가운데 처음 것을 가리킨다. 두 번째는 二, 세 번째는 三, 네 번째는 四, 다섯 번째는 五, 여섯 번째는 上이라고 한다. 괘를 구성하는 선은 양을 나타내는 ―과 음을 나타내는 --이 있다. 九는 양효를 표시하는 숫자이고 六은 음효를 표시하는 숫자이다. 아래쪽에 있는 「乾卦」의 효들도 이 원칙에 따른다.

261) '어디에도 매이지 않은 자연인'의 원문은 '氓'이다. 아직 국가 따위가 없었기 때문에 속박되지 않았다는 개념으로 쓴 말이다. 아래쪽에서 국가가 등장한 이후의 상태는 '民', 곧 백성이라고 부르고 있다.

262) 원문은 '九二, 見龍在田, 利見大人'이다. 「乾卦」의 두 번째 효를 옮긴 말이다.

날이 저물도록 내내 쉬지 않고 부지런히 움직였다. 날이 저문 뒤에도 걱정하면 위태롭지만 허물은 없을 것이다.'[263] 삼세에서는 거란세이고 군주의 통치 체제이다. 군주가 거리끼지 않고 제멋대로 굴기 시작했기 때문에 교주가 세상에 나와서 균형을 맞추지 않을 수 없었다. 그러므로 걱정하는 말이 많은 것이다. 중국 역사에서는 하나라, 은나라, 주나라 때이고 개인의 일생에서는 어른이 되어 결혼할 무렵이다. 이것이 역방향으로 가는 내괘의 삼세이다. '네 번째 양효. 어쩌면 뛰어올라 볼까 하면서 깊은 못에 있다. 허물이 없다.'[264] 삼세에서는 거란세이고 군주의 통치 체제이다. '위쪽이라고는 하지만 하늘에 있는 것이 아니고 아래쪽이라고는 하지만 땅바닥에 있는 것은 아니다.'[265] '어쩌면'이라는 말은 시험해볼까 하는 뜻이다. '해봐야 되지 않을 것을 알지만 하는 사람'[266]이 공자이다. 중국 역사에서는 공자 시대부터 오늘날까지 모두 이 모양이다. 개인의 일생에서는 장년 이후일 것이다. '다섯 번째 양효. 용이 날아올라 하늘에 있다. 대인을 만나기에 이롭다.'[267] 삼세에서는 승평세이고 하느님의 통치 체제이다. 지구의 모든 종교는 동일한 교주를 함께 받들려고 하게 되고 지구의 모든 국가는 동일한 군주를 함께 받들려고 하게 된다. 인간의 역사에서는 대일통이고 개인의 일생에서는 천명을 안다는 쉰 살 무렵이다. '여섯 번째 양효. 위

263) 원문은 '九三, 君子終日乾乾, 夕惕若厲, 无咎'이다. 「乾卦」의 세 번째 효를 옮긴 말이다.

264) 원문은 '九四, 或躍在淵, 无咎'이다. 「乾卦」의 네 번째 효를 옮긴 말이다.

265) 원문은 '上不在天, 下不在田'이다. 『周易』 「乾卦」의 「文言傳」에 나오는 말이다.

266) 원문은 '知其不可而爲之者'이다. 『論語』 「子路」에 나오는 말이다.

267) 원문은 '九五, 飛龍在天, 利見大人'이다. 「乾卦」의 다섯 번째 효를 옮긴 말이다.

로 지나치게 올라간 용이다. 후회가 생긴다.'[268] 삼세에서는 태평세이고 으뜸가는 근원의 통치 체제이다. 지구를 통합하여 동일한 교주와 동일한 군주가 되면 고립된 형세이다. 고립되기 때문에 위로 지나치게 올라가고 지나치게 올라갔기 때문에 후회가 생긴다. '후회가 생긴다'는 말은 모든 사람에게 교주의 은덕이 생기기 때문에 결국 교주가 없어지는 셈이 되고 모든 사람에게 군주의 권한이 생기기 때문에 결국 군주가 없어지는 셈이 된다는 뜻이다. 인간의 역사에서는 지구 전체에서 민주주의가 실현되는 것이다. 개인의 일생에서는 공부가 무르익은 때이고 이른바 '마음이 바라는 대로 좇아도 법도를 넘지 않는다'[269]라는 일흔 살 무렵이다. 이것이 순방향으로 가는 외괘의 삼세이다. 그러나 아직 흔적의 이미지는 남아 있다. '건괘의 여섯 양효를 통틀어 보자. 용이 떼 지어 나타나는데 우두머리가 없다. 길하다.'[270] 이 말은 하느님의 은덕이 으뜸이 될 수 없다는 뜻이다. 또한 이렇게 말할 수도 있겠다. 천하가 안정되면 모든 중생이 두루두루 부처가 될 것이다. 교주가 없어질 뿐만 아니라 아예 종교도 없어지는 지경이 될 것이다. 군주가 없어질 뿐만 아니라 아예 민주주의도 없어지는 지경이 될 것이다. 지구가 구분할 수 없는 한 덩어리가 될 뿐만 아니라 아예 지구도 없어지는 지경이 될 것이다. 하느님을 통치하는 것뿐만 아니라

268) 원문은 '上九, 亢龍有悔'이다. 「乾卦」의 여섯 번째 효를 옮긴 말이다.

269) 원문은 '從心所欲不踰矩'이다. 『論語』「爲政」에 나오는 말이다.

270) 원문은 '用九, 見群龍無首, 吉'이다. 用九가 무슨 뜻인지 많은 풀이가 있었지만 썩 잘된 것이 없었다. 최근 수십 년 사이에 발견된 출토문헌에서 실마리를 찾을 수 있을 것 같다. 用은 甬의 통가자이고 甬은 通의 통가자라는 주장이 있다. 그렇다면 用도 通과 통가할 수 있게 되고 '통틀어' 정도의 뜻으로 이해하면 적당할 듯하다.

아예 하느님도 없어지는 지경이 될 것이다. 그런 다음에 더 이상 보탤 것이 없이 모든 것이 이상적이게 될 것이다.

아하! 교주를 존중하는 일이 어찌 교주가 바랐기 때문이겠는가? 질이 떨어지고 나쁜 중생이 생기고 난 다음에 가까이 할 수 없이 거룩한 교주가 생기는 법이다. 중생이 끝내 질이 떨어지고 나쁜 상태에 있는 것을 바라지 않기 때문에 교주가 오래도록 가까이 할 수 없이 거룩한 상태에 있는 것도 바라지 않는다. 이것을 통치 원리까지 추리해서 궁리해보면 무종교가 최고의 경지인 것은 틀림없겠다. 공자는 이렇게 말한다. '천하에 도가 있다면 나는 바꾸는 일에 참여하지 않겠다.'[271] 맹자는 이렇게 말한다. '내가 어찌 변론을 좋아하겠는가? 나는 어쩔 수 없기 때문에 그렇게 한다.'[272] 교주가 나타난 일은 정말 불행하지만 어쩔 수 없는 경우일 뿐이다. 슬프고도 슬프구나!

49

인간을 구제하는 것 말고 다른 뛰어난 공적은 없다. 다름 아니라 중생을 제도하는 것 말고 부처의 진리는 없다는 말이다. 그러나 남을 제도하는 일을 나를 제도하는 일보다 앞세우지 않는다면 자기의 지혜는 펼쳐 쓸 수가 없을 테고 남을 제도하는 방법도 결국 궁해지게 될 것이다. 자기를 제도할 방법을 찾으려고 할 때 중생을 버리기 쉬워질

271) 원문은 '天下有道, 丘不與易也'이다. 『論語』「微子」에 나오는 말이다.
272) 원문은 '予豈好辯哉? 予不得已也'이다. 『孟子』「滕文公 下」에 나오는 말이다.

테고 '부처의 실제 상태를 깨달으려다가 개인의 깨달음에 얽매인 성문이나 연각의 차원으로 타락할 것'[273]이라는 부처의 말처럼 확실히 부처의 본래 뜻과 어긋나게 될 것이기 때문이다. 그렇다면 남을 먼저 제도해야 하는가? 자기를 먼저 제도해야 하는가? 나는 이렇게 대답하겠다. 이것은 남과 나를 지나치게 구분한 것이 잘못인 탓이다. 주의를 기울여 자세히 들어보라. 그러면 다음과 같은 것을 알아야만 할 것이다. 남의 바깥에 내가 있는 것이 아니고 내 바깥에 남이 있는 것은 아니며 남을 제도하는 것이 곧 나를 제도하는 것이고 나를 제도하는 것이 곧 남을 제도하는 것 말이다. 이것을 몸에 비유해보자. 머리를 먼저 제도할 것인가? 손을 먼저 제도할 것인가? 머리도 몸에 달린 머리이고 손도 몸에 달린 손이다. 제도한다면 동시에 아울러 제도하는 것이지 먼저 제도하는 것과 나중에 제도하는 것의 구별은 없다. 만약 세속을 따라서 이것과 저것을 억지로 구분한다면 도리어 이렇게 말해도 될 것이다. '자기를 제도하는 것은 자기를 제도하는 것이 아니라 남을 제도하는 일이다. 남을 제도하는 것은 남을 제도하는 것이 아니라 자기를 제도하는 일이다.' 어떻게 이렇게 말하는 것인가? 만약 아무도 없는 산속에서 수행을 통해 깨달으려고 마음의 근원을 깨끗하게 다스린다고 해보자. 세속에서 자기를 제도한다고 말하는 것은 이것이다. 그러나 마음의 근원은 자기의 근원이 아니라 모든 중생의 근원이다. 무한한 진리의 바다에 온갖 현상이 빽빽하게 들어찼다.[274] 마

273) 원문은 '證於實際, 墮落二乘'이다. 『大般若波羅蜜多經』 권506에 나오는 말이다. '不應今時證於實際, 墮二乘地不得菩提.'

274) 원문은 '無邊海印, 萬象森羅'이다. 일치하는 구절은 불경에서 딱히 찾을 수 없지만 華嚴宗의 중요한 비유라는 것은 잘 알려져 있다. 다음과 같은 데서도 두 가지

음의 근원이 일단 깨끗해지면 중생은 모두 깨끗해진다. 남을 제도할 때 이것보다 큰일이 무엇이 있겠는가? 게다가 사만 팔천 마리나 되는 시충(尸蟲)[275]이 자기 몸에 있다니 자기에게 무수한 중생이 있는 셈이 된다. 어떻게 자기 몸이 결국 자기 것이라고 볼 수 있겠는가? 그러므로 '자기를 제도하는 것은 자기를 제도하는 것이 아니라 남을 제도하는 일'이라고 말한 것이다. 만약 방편으로 보시를 베풀고 선행을 널리 행한다고 해보자. 세속에서 남을 제도한다고 말하는 것은 이것이다. 그러나 중생의 육체에만 보탬이 된다면 부족하나마 자그마한 도움은 될 것이다. 중생이 헷갈리면서 깨닫지 못한다면 예전과 마찬가지이다. 진리를 크고 넓게 시행하고 모든 중생을 구하겠다는 부처의 크나큰 바람이 향기가 배듯 스며들며 남의 힘을 빌리기 쉽더라도 중생 스스로의 힘이 어떠한지 살펴봐야만 한다. 모든 사람에게 남부터 제

를 연결해서 쓰는 사례를 찾을 수 있다. 『續傳燈錄』 권27 「昭覺圓悟克勤禪師法嗣」에 나오는 말이다. '示衆曰: 豁開戶牖萬里不挂片雲, 杲日騰空, 四顧清風滿坐, 湖光浩渺野色澄明, 萬象森羅全彰海印, 直得頭頭妙用物物眞機.' 海印은 부서지는 바다의 파도에 달이 산산이 비추고 있다는 말이다. 여기서 바다는 마음을 비유하고 바다처럼 너른 마음이 모든 존재와 현상을 담고 있다는 말이다. 이렇게 실재를 현상하는 마음은 부처의 지혜라는 생각의 비유이다.

275) 尸蟲은 도교에서 사람의 뱃속에 있다고 믿은 벌레이다. 세 마리가 있다고 해서 三尸 또는 三尸蟲이라고도 한다. 시충은 庚申日에 하늘로 올라가 사람의 떳떳하지 못한 행위나 생각을 天帝에 일러바친다고 믿었고 여기서 시충이 하늘로 올라가지 못하도록 庚申日에 잠을 자지 않고 지키는 풍속이 생겼다. 사만 팔천이라는 숫자는 불교에서 유래한 것이다. 당나라 義淨 스님이 옮긴 『藥師琉璃光七佛本願功德經』은 아직 깨닫지 못한 중생에게 갖가지 번뇌가 몸과 마음을 괴롭히는데 특히 탐욕(貪), 노여움(嗔), 어리석음(痴) 세 가지가 번뇌의 근원이고 이것이 조합되어 사만 팔천 가지 번뇌가 나온다고 한다. 도교의 삼시충 이야기가 결국 불교가 번뇌의 근원이라고 한 탐욕, 노여움, 어리석음 三毒에서 유래한 것이기 때문에 담사동은 사만 팔천과 시충을 연결시켜 말한 것이다.

도하라고 억지로 시킬 수는 없다. 그래서 하나도 남김없이 제도할 수 없더라도 남을 제도한다면 자기의 공덕은 이미 헤아릴 수 없이 무한하다고 말할 수 있다. 그러므로 '남을 제도하는 것은 남을 제도하는 것이 아니라 자기를 제도하는 일'이라고 말한다. 이런 주장을 아무개에게 질문한 적이 있다. 그는 이렇게 대답했다. '그대가 앞에 말한 것이 옳다. 하나도 남김없이 제도할 수 없더라도 남을 제도한다고 나중에 말한 것은 아직 충분하지 못한 점이 있다. 만약 내가 남에게 돈을 한 푼 주거나 남이 한 걸음을 떼도록 거들어준다면 그것도 남을 제도하는 일이기는 하지만 보잘 것 없을 것이다. 그러나 이런 작은 일에서 늘려나가 충실하게 하고 꾸준히 새기면서 버리지 않아 무한한 수량까지 도달하게 된다면 결국 하나도 남김없이 제도하게 될 것이다. 하나도 남김없이 제도하는 인연은 그래서 작은 일에서부터 맺게 된다. 남을 제도하려는 사람은 작은 일에 만족하지도 말아야 하고 이 정도면 됐다는 생각도 하지 말아야 한다.'

50

중생은 하나도 남김없이 제도할 수 있을까? 언제가 되어야 하나도 남김없이 제도할 수 있을까? 그때그때 하나도 남김없이 제도하기도 하지만 그때그때 모두 제도하지 못하기도 한다. 중생이 처음 나타난 이래로 각자 자기 세계를 가지게 되었다. 의식이 만든 것이 각자 다르기 때문에 다섯 가지 감각이 보는 것도 각자 다르다. 작은 일에 대해서 말해보자. 화창한 햇살이나 밝은 달빛, 큰 바람이 분 뒤에 남은 바람이나 가뭄 끝에 단비는 누구에게나 동일하고 유명한 산이나 큰 강,

울창한 숲이나 깊은 골짜기는 누구에게나 동일하지만 술잔을 쥐고 소리 높여 노래하면서 피부에 닿는 모든 감각 대상(觸境)을 헛된 것으로 돌리는 사람도 있고 멀리 떠난 사람을 그리워하거나 가슴 아파하면서 눈에 닿는 감각 대상(成形) 때문에 비참해하는 사람도 있다. 그들이 보는 것은 그래서 똑같지 않다. 큰일에 대해서 말해보자. 문자와 언어는 누구에게나 동일하지만 '인한 사람은 인을 보고 지혜로운 사람은 지혜를 보는'[276] 법이다. 천하와 국가는 누구에게나 동일하지만 천하와 국가가 안정되면 자기도 안정되고 천하와 국가가 불안정해지면 자기도 불안정해진다. 지혜가 깊어지면 산하와 대지는 즉시 금빛 찬란하게 되지만 죄업이 무거우면 음식이 입가에만 가도 모두 세찬 불길로 바뀌고 만다. 보는 것은 그래서 똑같지 않다. 삼계가 오로지 마음일 뿐이고 온갖 존재가 오로지 식일 뿐이다.[277] 세계는 중생 때문에 달라지지만 중생이 세계 때문에 달라지지는 않는다. 그래서 세계와 중생을 남김없이 제도하느냐 제도하지 못하느냐는 것도 중

---

276) 원문은 '仁者見仁, 智者見智'이다. 『周易』 「繫辭上傳」에 나오는 말이다. '一陰一陽之謂道. 繼之者善也, 成之者性也. 仁者見之, 謂之仁. 知者見之, 謂之知. 百姓日用而不知, 故君子之道鮮矣.'

277) 현대 중국의 고승 太虛禪師가 1913년 4월 창간한 불교 월간지 『佛學月報』 第3期에는 태허가 쓴 「宇宙眞相」이란 글이 실려 있다. '以唯幻故'라는 말을 덧붙여 불교의 빛깔로 다시 풀었지만 太虛는 '화창한 햇살이나'부터 여기까지 담사동의 말을 거의 그대로 옮겨 이렇게 썼다. '以唯幻故, 同一朗日皓月緒風晤雨, 同一名山大川長林幽谷, 或把酒吟嘯, 觸境皆虛, 或懷遠傷離, 成形卽慘. 以唯幻故, 同一文字语言, 仁者見仁, 智者見智, 同一天下国家, 治者自治, 亂者自亂, 以唯幻故, 智慧深則山河大地立成金色, 罪業重則食到口邊都化猛火. …… 以唯幻故, 三界唯心, 萬法唯識.' 太虛禪師도 南京 楊文會의 제자이기 때문에 담사동과 관련이 있는 사람이다. 담사동의 영향이 훗날까지 얼마나 깊었는지 비교할 수 있는 구절이라서 참고로 싣는다.

생이 보는 것이 어떠냐는 데 달렸을 뿐이다. 작은 일과 큰일을 떠나 진실 자체를 직시해서 말한다면 부처와 중생의 양이 증가하지도 감소하지도 않는 점은 마찬가지이다. 중생을 모두 제도하지 못한다고 한다면 중생은 나날이 증가하게 될 것이다. 중생을 하나도 남김없이 제도한다고 하면 부처는 나날이 증가하게 될 것이다. 증가하는 것이 있다면 감소하는 것도 틀림없이 생기게 되기 때문에 증가하는 동시에 감소한다는 것은 이치에 맞지 않는다. 사실 부처 이외에 따로 중생이 있는 것도 아니고 중생 이외에 따로 부처가 있는 것도 아니다. 부처의 참된 본성은 움직이지 않지만 이전과 다름없이 곳에 따라 화신이 나타난다. 여러 세상을 돌고 돌지만 이전과 다름없이 법계에 두루 가득 차 있다. 속세를 떠난다고 해서 깨달은 자들의 정토에서 다시 태어난 적도 없고 정토에서 다시 태어난다고 해서 속세를 떠난 적도 없다. 부처의 몸은 무한한 몸이고 부처의 마음은 무한한 마음이다.

'모든 것은 하나가 머금고 하나는 모든 것이 머금는다.'[278] 하나도 남김없이 제도했다든지 완전히 제도하지 못했다고 말할 만한 것이 아직 무엇이 남았겠는가? 그러므로 '아무리 작은 중생 하나라도 제도되지 못한 중생이 남는다면 나는 부처가 되지 않겠다고 맹세하노라'[279]라고 말하는 동시에 '모든 번뇌에서 벗어나 진리를 깨달을 수 있는 중

278) 원문은 '一切入一, 一入一切'이다. 북송 때 화엄종 스님 子璿이 지은 『起信論疏筆削記』에 나오는 말이다. '故得一一事法相卽相入, 一卽一切, 一切卽一, 一入一切, 一切入一. 互爲主伴重重無盡.'

279) 원문은 '有一小衆生不得度者, 我誓不成佛'이다. 당나라 때 實叉難陀 스님이 옮긴 『地藏菩薩本願經』에 일관되게 나타나는 생각을 옮긴 것이다.

생은 결국 하나도 없을 것'[280]이라고 부처는 말한다. 하나도 남김없이 제도했다는 동시에 완전히 제도하지 못했다는 말이다. 『주역』에 이런 말이 있다. '천하가 가는 길은 달라도 결국 돌아가는 지점은 같다. 천하의 생각은 제각각이지만 결국 도달하는 생각은 같다.'[281] 돌아가는 지점이 같아도 가는 길이 다르다든지 도달하는 생각이 같아도 생각이 제각각이라고 말하지 않은 이유가 있다.[282] 가는 길이 다르다면 돌아가는 지점이 다시 같아지지는 못한다. 그러나 돌아가는 지점이 같아지게 하려면 가는 길을 억지로 같아지게 만들지 않을 수 없다. 생각이 제각각이라면 도달하는 생각이 다시 같아지지는 못한다. 그러나 도달하는 생각이 같아지게 하려면 제각각인 생각을 억지로 같아지게 만들지 않을 수 없다.[283] 어허! 천하의 형편은 마치 홍수가 난 강물과

---

280) 원문은 '卒無有一衆生得滅度'이다. 쿠마라지바가 옮긴 『金剛般若波羅蜜經』「大乘正宗分」의 생각과 같은 것이다. '如是滅度無量無數無邊衆生, 實無衆生得滅度者, 何以故?'

281) 원문은 '天下同歸而殊途, 一致而百慮'이다. 『周易』「繫辭下傳」에 나오는 말이다.

282) '돌아가는 지점이 같아도 가는 길이 다르다'의 원문은 '殊途同歸'이고 '도달하는 생각이 같아도 생각이 제각각'의 원문은 '百慮一致'이다. 바로 앞에 나오는 『周易』「繫辭下傳」의 구절을 순서를 달리해서 쓴 것이다. 그 이유는 다음 주에 밝힌다.

283) 『周易』「繫辭下傳」의 이 구절은 동일성과 차이에 대한 입장에 따라 달리 이해할 수 있다는 말이다. 『周易』「繫辭下傳」의 이 구절은 同歸와 一致라는 동일성에 초점을 맞추고 殊途와 百慮라는 차이를 부차적인 것으로 보고 있다. 현상은 달라도 처음부터 끝까지 동일한 본질이 유지된다는 뜻이겠다. 그러나 殊途同歸와 百慮一致라고 바꿔 쓴다면 의미가 달라진다. 여기서 중심어는 각각 殊途와 百慮이고 同歸와 一致는 부차적인 것이 되기 때문에 차이에 초점이 맞게 된다. 담사동은 아마 『周易』「繫辭下傳」이 말하는 세계의 동일성도 인정하지만 현실에 대한 인위적 노력도 없어서는 안 된다고 생각하는 것이겠다.

같구나! 일단 지나가면 영원히 합치지 않는다. 『주역』이 「건괘」에서 시작해서 「미제괘」로 마치는 이유는 이것인가 보다.[284]

284) 未濟卦는 혼란이나 해결되지 않는다는 뜻을 가진 『周易』의 마지막 괘이다. 바로 앞의 『周易』 「繫辭下傳」에 대한 담사동의 생각이 이어지고 있다. 앞쪽과 연결해서 읽는다면 세상은 혼란스럽고 이상적이지 않으니 이것을 이상적으로 돌리려면 인위적 노력이 필요하다는 말이겠다.

해제

임형석

담사동은 백여 년 전에 살았던 중국 사상가이자 활동가이다. 우리 고조부 나이 거리나 되는 양반이다. 숨 가쁜 세월, 자본주의 세계 체제가 뜨겁게 접속하기 시작한 무렵이라 살기 힘들었겠거니 짐작한다. 동아시아가 수동적으로 전환한 시절에 담사동은 능동성을 자신하고 실천에 옮기려 시도한 사람이다. 이처럼 소중한 사람이니 생각에도 귀 기울일 만하지 않겠는가.

『인학』의 초고가 완성된 때는 1897년 봄, 우리 나이로 담사동이 서른셋 되던 해라고 짐작한다. 서른넷 나이로 억울하게 죽은 게 이듬해이다. 온갖 속박을 싹 쓸어버리려는 길에 첫발을 디딘 지 얼마 되지도 않았는데 말이다. 하지만 담사동이 예견하고 의지를 가졌던 왕조의 타파는 불과 십여 년 뒤에 현실이 되고야 말았고 중국 혁명의 기나긴 여정도 시작될 것이다. 그의 이름 복생(復生)처럼 말이다.

담사동–격정적인 삶과 소용돌이치는 시대

담사동은 양력 1865년 3월 10일 호남성 유양(瀏陽) 출신 담계순(譚繼洵)의 셋째 아들로 북경에서 태어났다. 아버지 담계순이 중앙정부의 벼슬살이를 하고 있었던 탓이다. 자는 복생이고 여러 가지 호를 쓰긴

했지만 장비(壯飛)가 널리 알려진 호이다.

아버지 담계순이 북경과 인근에서 벼슬살이를 계속했기 때문에 북경에서 자랐다. 열하나 되던 해에 유양회관으로 이사하고 평생의 스승 구양중곡(歐陽中鵠)을 처음 만나 학문을 익히기 시작한다. 열두 살 되던 1876년에 북경에 디프테리아가 돌았는데 어머니, 형, 누나가 목숨을 잃고 말았다. 담사동도 지독한 돌림병에 걸렸지만 사흘 만에 기적적으로 살아났다. 복생이란 이름을 얻은 것도 이 사건 때문이지만 트라우마를 가지게 된 것도 이 사건 탓이다. 어머니와 한동기의 죽음을 겪은 데 이어 아버지의 시앗에게 당한 핍박은 유년 시절을 불행하게 만든 일 가운데 하나이다.

십 대 초반부터 담사동은 동향 출신 스승 구양중곡이 존경한 호남성 출신의 대학자 왕부지를 사숙하게 된다. 유학의 일파인 기학과 새로 유행하던 민족주의에 일찍 눈뜬 셈이다. 당시 협객으로 명성이 자자한 왕오에게 칼 쓰기를 배운 것도 담사동의 일생에 중요한 계기가 된다. 회족 출신 왕오의 협객질에서 이민족에 대한 관점, 묵자 사상에 대한 관심, 무력의 본질에 대한 통찰이 생겼을지도 모른다.

아버지가 감숙이나 신강 등 서북 지역부터 강남 곳곳과 대만까지 중국 각지에서 벼슬살이한 탓에 아버지를 따라다닌 담사동은 각지에서 실감 나는 경험을 많이 하게 된다. 스물아홉 되던 해인 1893년 북경과 상해를 여행하고 서양의 과학, 문화, 사회에 관한 번역서들을 읽을 기회가 생겼다. 서양에 흥미를 가지게 된 담사동이 사색한 기록인 『석국영려필지』(石菊影廬筆識)가 아직 남아 있어서 당시 담사동의 관심과 생각을 엿볼 수 있다. 『석국영려필지』는 『인학』의 원초적 형태로 평가받고 있다.

서른 되던 해인 1894년 청일전쟁이 터지고 이듬해 1895년에 시모노세키조약을 맺게 된다. 패전국 청나라에 강요한 여러 가지 불평등조항들이 당시 지식인 사회를 들끓게 만든다. 담사동도 다른 이들처럼 당연히 격분하지만 패전과 불평등조약의 원인을 생각하고 청나라에 더 이상 희망을 걸지 않게 된다. 이런 탓인지 담사동은 더 이상 과거 시험에 연연하지 않고 고향 호남성에서 동향 친구 당재상(唐才常)이나 스승 구양중곡 등과 함께 민관이 합작한 신정운동에 참여하게 된다. 과학 교육과 기업 창업을 목표로 하는 신식 학교를 만들기 위한 준비 단계로 산학사(算學社)를 만들었을 뿐 아니라 민관이 함께 광산을 개발할 계획을 세운다든지 성냥 공장을 창업하는 일에 관여한다. 지금 눈으로야 별 것 아니지만 성냥 공장은 당시 하이테크 산업이었다. 스승 구양중곡의 영향 탓이겠지만 담사동은 이때 왕부지의 '도기론'을 빌린 생각, 곧 변화한 현실에 맞춰 법(器)을 바꿔야 하고 최종적으로 군주제(道)를 바꿔야 한다고 생각했다.

서른두 살 되던 1896년 당시 호북성 순무로 취임한 아버지를 거들어 물난리를 당한 이재민 구제에 매달렸다. 아버지가 돈을 내서 강소지부후보 직위를 사주었지만 어찌된 영문인지 상해, 천진, 북경을 차례로 여행한 뒤에 남경에 부임했다. 담사동이 신정운동을 벌이는 일을 아버지는 어쩌면 못마땅하게 생각했을지도 모른다. 여행하는 동안 강유위의 문하생 양계초 등과 만나는데 담사동의 운명을 결정하게 된다. 이때부터 왕부지 노선을 고수한 스승 구양중곡과 멀어지고 춘추공양학에 바탕을 둔 강유위의 변법운동에 기울기 시작한다. 백성을 구제하기 위한 방편으로 종교에 흥미를 가지기 시작하는 것도 이 무렵일 것이다. 서양 선교사를 방문하거나 민간종교단체인 재리교에 입문한 일도 그렇고 남경에서 금릉각경처를 이끌던 양문회에게 불교를 배운 것도 말이다. 이런 경력이 오롯이 모여 1897년 봄 남경에서 『인학』을 쓰게 된다.

담사동은 『인학』을 탈고하고 고향에 돌아가 호남시무학당과 남학회를 운영하는 등 신정운동에 다시 합류한다. 이때 만난 양독생(楊篤生)이나 양창제(楊昌濟) 등의 인물은 나중에 중국 혁명과 담사동을 연결시키는 고리가 된다. 남학회에서 대중 계몽을 위한 강연회를 개최하고 잡지 『상보』를 출판하는 활동을 했다. 당시 학술 단체 내지 계몽 단체의 간판을 내걸고 활동하던 다른 단체와 마찬가지로 남학회는 실제 정치 조직이었다. 담사동은 당시 비밀결사인 가로회와 연락하면서 가로회가 혁명을 위한 무장 세력으로 탈바꿈하기를 기대했으며 왕조 체제를 전복시킬 때 남학회를 의회로 발전시킬 작정이었던 것 같다.

잘되리라 기대한 호남의 활동이 이런저런 헤살 탓에 주춤해졌을 때 강유위가 담사동을 광서제에게 추천한다. 담사동은 곧 북경으로 올라가 황제의 측근이 된다. 『인학』에서 내비친 군주제에 대한 반감과 혁명의 꿈을 생각하면 담사동도 역시 중국인이라는 생각이 들게 만드는 처사이다. 1898년 무술년, 입헌군주제를 목표로 한 변법유신운동, 곧 무술변법은 백 일 남짓 진행되다가 서태후를 중심으로 한 군부 세력이 광서제를 유폐시키고 쿠데타를 일으키면서 실패가 가까워진다. 파국이 코앞에 닥치자 강유위 등은 외국 공사관 등에 피신했다가 결국 망명하지만 담사동은 절망하지 않고 천진에 주둔해 있던 원세개에게 무력으로 응원해줄 것을 교섭한다. 시국을 저울질하던 원세개는 결국 변법운동을 배신하고 서태후 편에 서서 관련자를 체포하는데 담사동은 곧 동지 다섯 명과 함께 북경 선무문 바깥 채시구에서 처형당한다. 망해가던 왕조가 붙인 죄명은 '대역부도'였다. 속으로 코웃음 쳤을 서른넷의 담사동은 그의 호처럼 당당하게 하늘로 날아갔다.

인학-제목에 담긴 담사동의 의도

제목은 얼굴이니 제목을 제대로 파악해야 의도를 알 수 있는 법이다. 담사동이 지은 『인학』은 흔히 '인'과 '학'으로 쪼개서 이해해야 한다고들 말한다. 이것은 오해이다.

중국 전통의 개념 '인'은 무엇보다 사회성으로 이해해야 한다. 하지만 기존 체제에서 말하는 '인'은 얼기설기 얽힌 사회적 관계로 인간을 옥죄는 속박일 뿐이다. '인'이 지배 계급의 구두선이나 죽은 개념에 머물 뿐인 상황에서 전통의 속박을 넘어 인간을 비롯한 만물의 평등을 실현하고 생명을 살리는 길이 '인'의 본뜻이라고 담사동은 생각했다. 일이 간단치 않다. 똑같이 '인'이라는 이름을 쓰면서도 다른 개념을 표현하기가 쉬운 일은 아니잖은가. 새로운 개념을 창조한 담사동은 '인'의 정당성을 새로운 '학', 곧 서양에서 유래한 과학에서 찾았다.

그런데 '인학'은 실상 '인'과 '학'의 단순한 결합이 아니다. 차라리 '인의 학'으로 읽으라고 권유하고 싶다. 중국의 중체서용, 일본의 화혼양재나 조선의 동도서기처럼 '인학'이 그저 '인'과 '학'의 결합일 뿐이라면 수동성의 굴레, 곧 '어쩔 수 없는 현실'주의에서 담사동도 벗어나기 쉽지 않았을 것이다. 따라서 '인의 학'으로 '인학'을 이해하는 것이 담사동이 생각한 능동성을 제대로 이해하는 길이라고 힘껏 말하고자 한다. 적어도 담사동의 생각을 변증법이라고 여길 때 말이다.

『인학』에는 정치에 해당하는 '정', 학문 일반에 해당하는 '학', 참된 종교에 해당하는 '교' 세 가지 개념을 대조해서 설정한 대목이 있다. '학'은 전통 학문뿐 아니라 새로운 학문인 과학도 포함하고 '정'은 '인'과 동등한 위상의 개념이다. 따라서 '정'과 '학'을 지양한 '교'가 '인의 학', 곧 '인학'이다. 그것이 춘추공양학의 태평세가 되었든, 『예기』의 대동이 되었든, 기독교의 천국이 되었든, 불교의 불국토가 되었든 모두 '으뜸가는 근원의 통치 체제'가 시행되는 참된 종교의 상태 말이다. 참된 종교는 장차 도래할 세계 정부의 모습이기도 하겠지만 생명의 정치여야 할 것이다. 담사동이 사상가일 뿐 아니라 사회 활동가이기도 한 근거는 여기 있다. 다시 말하지만 '인학'은 '인'과 '학'이 아니다.

'인의 학'으로서 '교'를 최종적 형태로 생각하면서도 담사동이 굳이 '인학'이라고 '학'을 내세운 이유는 무엇일까? 아마 '교'를 내세웠을 때 초래할지 모를 쓸데없는 비난을 피하려는 의도뿐 아니라 새로운 '학'의 형식을 보여주려는 의도도 있었을 것이다. '교'를 내세우지 않은 것이나 '학'을 내세운 것은 아마 같은 일이리라. 이것은 담사동이 좋아한 불교의 방식이기도 하기 때문이다. 담사동이 세계의 사실을 말하고 원인을 논증하며 결국 불교의 주장으로 귀결시키는 경우가 『인학』에 자주 나타나지만 내가 이것만 가지고 불교적이라고 말하는 것은 아니다.

담사동은 고통을 실감한 사람이다. 물론 고통이 개인사만 가리키는 것은 아니다. 친구 왕강년에게 보낸 편지에서 담사동이 한 말, '자유롭지 못한 속박의 고통을 싹 쓸어버리고 얼기설기 얽혀 옴짝달싹 못하게 만드는 고통의 그물에 숨통을 틔운다(掃蕩桎梏, 衝決網羅)'가 담사동의 동기를 잘 요약하고 있는 것처럼 세계가 느끼고 생명이 느끼는 고통이 담사동의 문제이다. 문제 해결은 어디서 시작하고 마무리되는가? 고통의 원인을 알고 그것을 고치는 데서 시작하고 마친다. '알지 못함(無明)'에서 고통의 근원을 찾는 불교의 사유와 동일하다고 보는 이유이다.

『인학』-개념들과 가치

제목을 설명하면서 담사동의 의도를 찾아보았다. 이제 '교'가 아닌 '학'으로 자리 잡은 담사동 사유의 방향을 생각해보자. 이사야 벌린이 인용한 그리스 시인 아르킬로코스의 말을 빌리자면 '큰 것 하나를 아는 고슴도치' 유형이 아닐까 싶다. 담사동은 『인학』이 아직 원고 상태일 때 친구들에 돌려 보게 한 적이 있다. 이것을 읽은 친구들의 반응을 모두 알 수 없지만 장병린의 평가는 '잡박(雜駁)', 한마디였다. 잡박은 질서가 없이 이것저것 마구 뒤섞여 있다는 뜻이다. 뭔가 말은 많아도 줄거리를 알 수 없다는 말이겠다. 다시 아르킬로코스의 말을 빌리자면 장병린은 담사동을 '많은 것을 아는 여우' 유형이라고 파악한 것이겠다. 장병린과 달리 나는 『인학』의 글쓰기가 그리 큰 문제라고 생각하지 않는다. 담사동의 사유는 여우가 아닌 고슴도치 유형이라고 생각한다. 이제 『인학』의 주요 개념들과 가치를 소략하나마 소개해볼까 한다.

1) 인: 유통 – 생명의 본질

제목 그대로『인학』의 최상위 개념은 '인'이다. 담사동 스스로 말하게 해보자. '통한다는 것이 인의 가장 중요한 뜻이다. 에테르라든지 전기라든지 정신 에너지 같은 것은 통하게 만드는 도구를 가리킨다.'『인학』의 첫머리, 「인학의 정의」에서 담사동이 밝힌 구도는 이렇다. 인간의 사회성이라고 말할 수 있는 '인' 개념은 공자가 창조했다. 전국시대 음양가가 유행한 이후 '인' 개념은 윤리적인 것뿐 아니라 우주론적 내용도 포함하게 된다. 본래 용법인지 알 수 없지만 중국 의학에서 신체의 기운이 잘 유통하고 있는 상태를 '인'이라고 부른 적도 있다. 송나라 정호는 의학이 제시한 개념을 포착하여 '인'을 생명 내지 생명의 본질이라고 밝힌 적이 있다. 담사동이 통하는 작용을 '인'에서 가장 중요하게 본 것도 세계를 생명으로 이해한다는 말과 다름없을 것이다. 담사동 사상이 중국 전통에서 물려받은 것은 이런 점이다.

'인'이라는 보편개념에 딸린 개념들, 에테르, 전기, 정신 에너지 등을 따져보아야겠다. 이것은 모두 중국 전통에 고유한 것이 아니라 서양에서 새로 들어온 개념들이다. 담사동은 '세계에 충만한 하나의 물질'이 있다고 밝힌다. 이것은 유기체로서 세계를 파악하는 중국 형이상학(예를 들어 氣學 같은)에도 이미 나타나는 주장이지만 담사동은 그것을 에테르 따위의 서양 개념들로 파악한다.

2) 도구 1: 이태–에테르

담사동은 앞서 '인' 개념의 세 가지 '도구'를 언급하는데 '인'의 현상이라고 봐도 좋을 듯하다. 도구 개념은 아마 왕부지의 도기론에서

'기'에 해당하는 것이리라. 나는 이것을 각각 도구 1, 2, 3이라고 부를 텐데 이제 그중 첫 번째를 이야기해보자.

세계에 충만한 물질을 담사동은 『인학』에서 '이태'라고도 부른다. 근대 서양 과학이나 형이상학에서 모든 존재를 이룰 뿐 아니라 존재 사이에도 있는 물질이라고 가정한 '에테르'를 번역한 중국말이다. 이태-에테르는 인이나 영혼처럼 정신적인 것뿐 아니라 몸, 감각기관, 사회, 우주까지 물질적인 데도 두루 나타난다. 이처럼 에테르의 편재성 때문에 담사동은 에테르의 본질을 소통이라고 파악하고 다시 이태-에테르가 인이라는 동일시까지 나아간다. 아무래도 중국 전통의 체용론, 특히 기학의 영향을 받았다고 생각할 수밖에 없다. 이태-에테르와 대응할 만한 중국 개념은 기운(氣)일 텐데 담사동이 왕부지를 사숙한 적이 있고 왕부지 사상의 뿌리가 송나라 장재의 기학이라는 것을 생각해도 전혀 무리가 없다.

기학 이외에 담사동은 어쩌면 청나라 말기에 유행한 불교 사상의 영향을 받아 이태-에테르를 사유했을지도 모른다. 담사동이 남경에서 인연을 맺은 양문회는 마명종(馬鳴宗)이란 중국 근대 불교의 일파를 만든 사람이다. 마명이라는 이름에서 알 수 있다시피 중관과 유식을 결합한 『대승기신론』을 소의경전으로 삼은 종파이다. 직접 읽어본다면 알 수 있겠지만 『인학』을 불교 사상으로 읽는 것도 당연히 가능하다. 불교도 여러 가지이겠지만 『인학』에 나타나는 불교 사상은 선종, 화엄종, 유식종 등이다. 이것을 모두 아우르는 꼭짓점에 『대승기신론』이 있다는 것이 내 생각이다. 담사동은 『대승기신론』이 말하는 것처럼 '미생멸'이 이태-에테르에서 저절로 생기는 것이고 이것은 불생불멸하는 이태-에테르의 성질이라고 본다.

이태-에테르 개념의 유래에 대해 다시 요약하자면 첫째 서양의 에테르 개념, 둘째 기학의 기운 개념, 셋째 불교의 미생멸 개념이라고 할 수 있겠다.

3) 도구 2: 전기

두 번째 도구로 담사동이 전기를 언급한 것은 상당히 흥미롭다. 담사동이 '전기 시대'가 세계 차원에서 막 시작된 때 사람이라는 점을 고려해야 한다. 형태를 가질 수도 있고 가지지 않을 수도 있는 에테르에 비해 전기는 늘 형태 없이 있다. 형태 없는 전기에서 담사동은 에테르의 본질을 생각하고 있는지도 모른다. 형태도 없고 정처도 없는 전기는 하드웨어와 소프트웨어의 구분에 익숙한 우리 상식을 벗어난다. 담사동의 말을 되새겨보자. '뇌가 모양과 성질을 가진 전기라면 전기는 틀림없이 모양과 성질이 없는 뇌일 것이다.'

담사동이 미처 보지는 못했지만 담사동이 생각한 전기가 무엇인지는 인류가 최근에 겪고 있는 IT 혁명을 떠올리면 어느 정도 이해할 수 있겠다. 하드웨어를 떠날 수 없던 소프트웨어가 구름처럼 떠도는 클라우드 컴퓨팅, 생명체의 신경 전달 체계를 닮은 신경망 컴퓨터, 아예 조작자가 배제된 사물 인터넷 등등, 어디까지 가게 될지 가늠하기 어렵고 현란한 현상들 말이다. 한 가지는 확실하다. 모든 것의 밑바탕에 전기 에너지가 있다는 사실 말이다.

매클루언의 '자기 확장하는 미디어' 개념을 빌려 담사동의 이태-에테르 개념을 파악할 수 있다는 주장이 있다. 『인학』 일역본 옮긴이가 한 말이다. '자기를 채우는 에테르가 우주와 사회를 채우고 있기 때문에 에테르 자체는 자기와 우주, 사회를 매개하는 유대로서의 미디어가 된다'거나 '시대의 요청인 대중의 소통이라는 매스 커뮤니케이션까지 전개된다'라는 일역본 옮긴이의 해설은 흥미롭고 일리도 있다고 생각한다. 하지만 담사동이 '전기 시대'의 사상가인 것은 맞지만 매클루언은 아니다. 담사동의 전기에 대한 생각은 정보과학의 입장이라기보다 앞서 말한 생명의 입장에서 읽어야 할 것이다. 정보도 생명이지만 반대로 생명이 정보이기만 한 것은 아니기 때문이다. 일역본 옮긴이는 너무 전기라는 문자 자체에 충실하게 생각하고 있다.

4) 도구 3: 심력-정신 에너지

'뇌가 모양과 성질을 가진 전기라면 전기는 틀림없이 모양과 성질이 없는 뇌'라고 말한 담사동에게서 전기 개념의 위치를 가늠해보았다. 형태는 없지만 작용을 일으키는 전기 개념을 매개로 삼은 담사동은 이태-에테르 모델을 심력-정신 에너지 모델과 다름없는 것으로 상정한다. 이태-에테르가 미생멸의 대칭성 사유에 뿌리를 둔 것처럼 심력-정신 에너지도 생멸심의 대칭성 사유에 뿌리를 두고 있다. 상대성이라는 말로 표현한 대칭성 사유는 아마 『주역』에서 배운 것이리라. 이태-에테르와 심력-정신 에너지가 전기를 매개로 해서 '감응한다'고 보는 대칭성 사유가 담사동의 관점이 아닐까 싶다.

생명을 전체라고만 이해한다면 담사동의 심력-정신 에너지 개념은 전체주의로 향할 가능성도 있다. 하지만 '마지막으로 불교의 진리라는 속박을 깨트리려고 들 것'이라는 자기 말처럼 '자유롭지 못한 속박의 고통을 싹 쓸어버리고 얼기설기 얽혀 옴짝달싹 못하게 만드는 고통의 그물에 숨통을 틔운다'는 저항 정신에 의해 담사동의 사유에서 전체주의의 계기는 차단되고 만다. 심력-정신 에너지의 본질이 인이나 자비인 이상, '업식을 전환시켜 지혜를 완성하는' 유식불교의 방법처럼 우리 개개인도 결국 '기계의 마음'을 벗고 생멸심을 버리게 되리라는 긍정적 낙관주의 말이다. 물론 긍정성에는 부정의 계기도 포함되어 있다.

심력-정신 에너지 개념은 당시 중국에 유행한 다양한 종교의 신비주의에도 영향을 받았을 것이다. 중국 내부에서 발전한 것이든 서양에서 유래한 것이든 상관없이 신비주의는 긍정적 낙관주의와 더불어 단순히 중국 내 왕조 교체 정도에 머물지 않고 지구 차원의 근본적 사회 변혁을 꿈꾸게 만든다. 대우주와 소우주의 상관성은 이제 개인의 변화뿐 아니라 사회 변혁까지 꿰뚫는 매개이다.

5) 생명의 참된 종교: 소통과 평등

담사동의 개념이나 사상이 반가운 이유는 '생명의 참된 종교' 관념이 있기 때문이다. 생명이나 참된 종교 개념은 앞서 '인학'이라는 제목을 해설하면서 이미 말했다. '정'과 '학'의 변증법적 합인 '교'를 궁극적인 목표로 담사동은 생각했다. 참된 종교에 해당하는 '교'가 속박의 그물 가운데 하나인 기성 종교를 겨냥한다는 점은 분명하다. 기성 종교, 특히 국가 종교를 부정적이라고 보는 이유는 그들이 생명을 대변하는 일을 등한시한 탓이 크다. 담사동은 당시 새로운 종교 운동들을 살피기도 하고 가까이 하기도 하면서 참된 종교의 사명을 생각했을지도 모른다. '어쩔 수 없는 현실'주의 내지 수동성으로 일관한 당시 조선과 중국의 지배 계급과 달리, 살려고 발버둥친 대중들은 얼마나 새로운 종교를 갈망했던가. 그들은 기성의 국가 종교에 등 돌렸고 생명을 추구하는 종교 주변으로 모여 새로운 세상을 꿈꾸고 저항했다.

동학이 바로 그런 것 아닌가.

일본의 사상사학자 미조구치 유조는 이런 말을 한 적이 있다. '일본과 중국의 지식인들 사이에는 일본과 한국 간에는 보이지 않는 단층이 있다.'(『중국의 충격』 11쪽) 식민지 시절을 포함한 우리 현대사만 돌아보아도 그의 말은 일리가 있지 싶다. 그러나 시야를 옮기면 미조구치의 말을 일반화시킬 수 없다고 나는 생각한다. 세상을 바꾸겠다는 새로운 종교의 열정이 생겼다는 관점에서 중국과 한국이 한편이고 단층은 오히려 일본과 한중 사이에 있는 것이다. 일본 지식인 미조구치는 '지식인'이라는 단서를 붙여 교묘히 빠져나가려고 했지만 강유위, 담사동, 최제우 등은 어떻게 설명할 것인지 되물어야 한다.

한량없는 고통과 속박을 벗어나려고 할 때 소극적이거나 부정적이지 않으면서 생명에 대한 긍정적 낙관주의를 굳게 믿는 태도는 생명을 가진 만물의 소통뿐 아니라 만물의 평등까지 나아가게 만든다. 이것을 인이나 자비 등으로 표현할 수도 있겠지만 고통스러운 속박의 그물 전체에 대한 부정으로 우선 나타나게 될 것이다. 삼강오륜을 주장하고 상하 질서를 고착시키는 명교는 속박의 그물이 사회에 나타난 형태이고 정치는 최종심급이다. 그래서 명교를 지속시킨 왕조 중심의 사회 체제나 군주권을 부정하고 민권을 주장하는 형태가 되어야 한다는 것이 담사동 사유에 나타난 논리적 귀결이다. 『인학』의 과격한 주장과 달리 담사동이 광서제의 신정에 참여하겠다고 마음을 고쳐먹은 일은 풀리지 않는 수수께끼이다. 담사동의 처사는 여전히 의문이지만 『인학』의 주장은 결국 왕조 타파로 나타나게 된다. 왕조 멸망 이후 중국의 오사운동 시절에 '민주와 과학'이라는 슬로건이 등장한다. 이원적으로 이해한 '인학'과 오사운동의 슬로건을 연결시키는 이해 방식이 이제껏 주류를 이루고 있지만 나는 '인학'이 과연 오사운동을 선취했을까 의심한다. 담사동은 과거도 아니지만 미래도 아니다. 중체서용론자도 아니지만 전반서화론자도 아니라는 말이다.

수운에서 해월로 넘어가는 동학 인간관의 흐름으로 담사동을 이해해야 한다고 나는 생각한다. 데자뷔는 여기서 그치지 않는다. 아나키즘이 되었든, 중국공산당이 되었든 그 수면 아래 깊숙한 변화의 물길은 새로운 인간관계를 전제로 해야 할 것이다. 바로 '우정의 공동체' 말이다.

일역본 옮긴이는 내가 우정의 공동체라고 부른 것에 상응하는 '친구 코뮌' 개념을 제시하고 있다. 그 말을 옮겨볼까. '친구 코뮌의 지향은 불교를 가장 높이 두는 평등교로서의 종교관이 된다. 결국 이것이 진화론 및 중국 전통의 대동사상과 결부되어 유토피아 사상이 된다. 아메리카 벨라미의 책을 빌려 독특한 근대 진보주의적, 국가사회주의적, 낙관적인 1888년 당시의 아메리칸 드림을 전통적 대동사상과 도가적 아나키즘에 무게를 실은 유토피아론이다.'

일역본 옮긴이가 본래 '호유 코뮨(朋友コミューン)'이라고 부른 친구 코뮌 개념은 '인학'을 잘 파악한 것이다. 그러나 불교 공동체에서 유래를 찾은 점 등에는 반론의 여지도 있다. 인을 인간의 사회성이라고 파악한 공자는 중국 전통의 여러 인간관계에서 가장 기본적인 것을 친구 관계라고 파악하고 있다. 이것은 나중에 유교나 유학이 저버린 인의 본뜻에서 유래한 것이다. 인과 결부된 우정의 공동체가 불교에서 기원하고 있다고 생각한 것은 정작 담사동이기 때문에 일역본 옮긴이에게 탓을 돌릴 수는 없겠다. 유토피아가 되었든 그 이상의 무엇이 되었든 담사동이 생각한 미래의 인간관계는 우정의 공동체여야만

했다. 그래야 명교를 비롯한 속박의 그물을 모두 벗어나 생명의 참된 종교 상태로 나아갈 수 있을 테니까 말이다.

『인학』-판본과 번역서

『인학』은 1897년 남경에서 담사동이 썼고 친구들에게 돌려 보도록 했다고 앞서 말했다. 필사본이 몇 개나 있었는지 알 수 없지만 두 가지가 남아 있다고 생각하고 있다. 첫째가 양계초에게 준 필사본이다. 『청의보』에 연재되었던 양계초 필사본은 1901년 단행본으로 출판되고 이후 단행본 형태의 『인학』은 대부분 이것이 저본이다. 1954년 싼리앤슈디앤(三聯書店)에서 발행한 『담사동전집』도 이 판본이고 1958년 중화슈쥐(中華書局)에서 출판한 『인학』 단행본도 이 계열이다.

둘째가 당재상에게 준 필사본이다. 탕즈쥔(湯志鈞)은 1963년 양계초 계열과 다른 판본이 있다는 연구 결과를 발표했다. 19세기 끝자락 상하이에서 발행된 잡지 『아동시보』에 연재된 『인학』을 당재상에게 준 필사본이라고 탕즈쥔은 추정했다. 그리고 양계초 계열 판본은 양계초가 손을 댔을 가능성이 있기 때문에 좋은 판본이 아니라고 보았다. 1981년 중화슈쥐가 『담사동전집』의 증보수정판을 내면서 『아동시보』본을 『인학』의 저본으로 바꾸게 된 것도 이런 성과 덕분이다.

이제 『인학』의 번역서를 소개할까 한다. 부분 번역은 여러 언어로 번역되었기 때문에 완역을 대상으로 하겠다. 『인학』의 완역은 일역본이 최초이다. 1977년 이와나미쇼텐(岩波書店)에서 발행한 '겐텐 츄고쿠킨다이시소시(原典中國近代思想史)' 시리즈의 제2책에 니시 쥰조(西順藏)가 『仁と學』이라는 제목으로 완역했다. 이보다 앞서 두 가지 정

도 일역본이 있지만 모두 부분 번역이다. 니시 쥰조는 양계초 계열 필사본을 저본으로 번역했기 때문에 중화슈쥐본이 출판되자 재번역을 결심한다. 그러나 병에 걸린 탓에 재번역을 마치지 못하고 죽고 말았다. 본래 역주만 돕기로 약속한 사카모토 히로코(坂元ひろ子)는 니시 쥰조의 기존 번역에 새로 번역한 부분을 정정하거나 가필한 새로운 완역본『仁學 : 淸末の社會變革論』을 1989년 출판하게 된다. 현재 확인된 일본어 완역본은 이상 두 가지인 셈이다. 사카모토의 일역본은 마음에 들지 않거나 오역이 분명한 데가 몇몇 있지만 훌륭한 번역이라고 생각한다. 우리말로 번역할 때 참조계 노릇을 톡톡히 했다는 점도 아울러 밝힌다.

최초의 일본어 완역본이 나온 뒤에 홍콩의 찬신와이(Chan Sin-wai, 陳善偉)가 1984년 *An Exposition of Benevolence : The Jen-hsüeh of T'an Ssu-t'ung*이라는 제목으로 영어 완역본을 출판했다. 본래 근대 중국 불교 연구자가 불교에 대한 관심에서 출발한 번역이라 불교 쪽의 주석은 볼 만하다. 내가 찾을 수 있었고 참고한 번역 언어는 영어와 일본어에 지나지 않는다. 혹시 다른 언어로 번역된 것이 있는지 알지 못한다는 점을 밝힌다.

끝으로 기존의 우리말『인학』번역을 언급하고 글을 맺을까 한다. 우리말 번역은 이제껏 부분 번역밖에 없었다. 첫째, 박한영(朴漢永) 스님이 1913년 1월부터 1913년 8월까지, 곧『조선불교월보』(朝鮮佛敎月報) 제12호부터 제19호까지 8회에 걸쳐 연재한『仁學節本』이 있다. 시대와 제목에서 짐작할 수 있다시피『인학』의 완본도 아니고 완역도 아니지만 소중한 문헌이다. 토씨를 붙여 중국어 원문을 노출한 상태를 번역으로 칠 수 있겠느냐는 반론도 만만찮겠지만 당시 지성계의 수준을 생각하면 이것은 번역이라고 쳐야 한다. 둘째, 정세현이 1982년에 펴낸 『近代中國思想家의 佛教觀』(동국대학교 부설 역경원)의 셋째 대목 「인학 속의 불교 인식」이 있다. 이것은 『인학』의 발췌 번역이지만 『인학』을 읽어보지 않은 사람은 도대체 정세현의 번역만 보고 원래 모습을 상상하기 힘들다. 그래도 정세현은 「해설」 끝머리에서 이런 힌트를 주고 있다. '경도대학(京都大學) 동양사 연구실(島田虔次) 교수를 비롯한 일본 측의 번역본을 참조하였음을 밝혀둔다.' 설핏한 고백에서 정세현의 『인학』 번역이 그 모양인 이유를 알 수 있다. 정세현은 『인학』 원문을 옮기지 않고 일본에서 나온 부분 번역의 하나(島田虔次·小野信爾, 『清末民國初政治評論集』, 平凡社, 1971)를 옮긴 것 같다. 1982년 당시 척박한 우리 학계의 부끄러운 자화상이라고 꼽겠다. 셋째, 이명수가 2010년에 지어 펴낸 『담사동』(성균관대학교 출판부)의 제6부 「담사동의 저작 절선」 제5장에도 『인학』의 부분 번역이 실려 있다. 담사동 전공자인 저자의 번역에서 사카모토의 그림자를 확인할 수 있었다. 과거야 어찌 되었건 이제 완역본이 생겼다.

찾아보기

ㄱ

ㄹ

ㅁ

ㅂ

ㅅ

ㅇ

ㅊ

ㅍ

ㅎ